PROBLÈMES D'ÉLECTRONIQUE

2 - Composants électroniques

CHEZ LE MÊME ÉDITEUR

DU MEME AUTEUR

COURS D'ELECTRONIQUE
1 - Introduction. Circuits à régime variable
2 - Composants électroniques
3 - Amplification. Circuits intégrés
5 - Diodes. Thyristors. Commande des moteurs

PROBLEMES D'ELECTRONIQUE AVEC LEURS SOLUTIONS
1 - Introduction. Circuits à régime variable
4 - Contre-réaction. Oscillation. Transformation des signaux
5 - Diodes. Thyristors. Commande des moteurs

ELECTROTECHNIQUE
Tome 1 : Compléments d'électricité. Electrostatique. Electromagnétisme. Electrocinétique

AUTRES OUVRAGES

A. DELUZURIEUX, M. RAMI
COURS D'ELECTRONIQUE ANALOGIQUE
1 - Etude temporelle et fréquentielle des signaux et des systèmes
2 - Analyse fréquentielle des signaux et des systèmes. Analyse de Laplace

A. DELUZURIEUX, M. RAMI
PROBLEMES D'ELECTRONIQUE ANALOGIQUE
Tome 1. Amplification. Filtrage. Oscillateurs. Multiplicateurs
Tome 2. Asservissement. Modulation

A. DELUZURIEUX, M. RAMI
PROBLEMES D'ELECTRONIQUE NUMERIQUE
Echantillonnage, filtrage, asservissement, modulation

A. DELUZURIEUX, M. RAMI
COURS D'ELECTRONIQUE NUMERIQUE ET ECHANTILLONNEE

G. LOVEDAY
LE DEPANNAGE DES CIRCUITS ELECTRONIQUES

H. PIRAUX
DICTIONNAIRE DES TERMES RELATIFS A L'ELECTRONIQUE,
L'ELECTROTECHNIQUE,
L'INFORMATIQUE ET AUX APPLICATIONS CONNEXES
Anglais-français

PROBLÈMES D'ÉLECTRONIQUE

2 - Composants électroniques

Francis MILSANT

Ancien élève de l'E.N.S.E.T. et de l'E.S.E.
Ingénieur de l'École Supérieure d'Électricité
Professeur des Écoles d'Ingénieurs Arts et Métiers
Expert judiciaire National en Électrotechnique et en Électronique

SIXIÈME ÉDITION
revue et augmentée

EYROLLES

LES ÉDITIONS EYROLLES
vous proposent
deux services gratuits

---

1 - UN CATALOGUE COMPLET
de la discipline qui vous intéresse :

vous nous écrivez en nous précisant cette discipline et votre adresse

2 - UN SERVICE PERMANENT D'INFORMATIONS
sur nos nouvelles parutions :

vous retournez la carte postale que vous trouverez dans ce livre

ÉDITIONS EYROLLES - Service "Lecteurs"
61, Bld Saint Germain - 75240 Paris Cedex 05
Tél. : (1) 44.41.11.54.

AVERTISSEMENT

Ce deuxième tome de «*Problèmes d'Electronique*» est, comme le cours correspondant, la suite logique de l'étude des «circuits à régime variable» car il utilise la théorie des dipôles et des quadripôles pour la résolution de nombreux problèmes d'Electronique générale. Ce livre, rédigé dans le même esprit que le premier tome, comporte, dans le chapitre des diodes à jonction, de nouveaux problèmes sur le **redressement** et le **filtrage**.

En dehors des problèmes classiques sur les diodes et les transistors, nous avons introduit des études de base sur les fonctions fondamentales de transistors, l'étude plus approfondie de ces fonctions étant reportée dans les tomes III et IV.

Dans toutes les solutions des problèmes posés une large place est accordée aux **circuits équivalents**. En particulier, nous avons montré par des exemples qu'un amplificateur à plusieurs étages peut toujours être défini à partir de ses trois paramètres fondamentaux : la **résistance d'entrée**, la **résistance de sortie** et le **gain en tension à vide**. Ainsi n'est-on pas surpris quand on définit par ces trois mêmes paramètres un amplificateur aussi complexe que l'amplificateur opérationnel à circuits intégrés.

Ce livre qui est avant tout destiné aux étudiants de l'Enseignement supérieur, est également recommandé aux ingénieurs de l'industrie qui désirent se tenir au courant de ces nouvelles techniques.

TABLE DES MATIÈRES

PHYSIQUE ÉLECTRONIQUE

CHAPITRE PREMIER

CONSTITUTION DE LA MATIÈRE

Recommandation importante.

Dans la mesure du possible, il sera toujours fait appel aux unités du **système international** pour les différentes formules utilisées pour la révolution des problèmes proposés. Ainsi n'est-il pas nécessaire de préciser à chaque fois les noms des unités qui correspondent aux différentes grandeurs. En revanche, si dans certains cas particuliers, on est amené à employer d'autres unités comme l'électron-volt au lieu du joule, le nom de cette unité devra être soigneusement signalé dans la formule.

Rappelons que le système international encore appelé le **système MKSA rationalisé** est défini à partir de quatre unités fondamentales : le mètre, le kilogramme, la seconde et l'ampère. Les unités dérivées sont alors le newton (force), le joule (énergie), le weber (flux)... La permittivité du vide (ε_0) et la perméabilité du vide (μ_0) ont respectivement pour valeur :

$$\boxed{4\pi\varepsilon_0 = 1/(9\cdot 10^9) \quad , \quad \mu_0 = 4\pi\cdot 10^{-7}}$$

La permittivité (ε) et la perméabilité (μ) d'un milieu quelconque peuvent alors s'écrire : $\varepsilon = \varepsilon_0\varepsilon_r$ et $\mu = \mu_0\mu_r$, ε_r et μ_r désignant respectivement la permittivité et la perméabilité relatives du milieu par rapport au vide.

Rappelons également quelques formules importantes de l'électrostatique écrites dans le système international :

$$f = \frac{1}{4\pi\varepsilon}\frac{qq'}{r^2}$$ (Loi de Coulomb).

$$V = \frac{1}{4\pi\varepsilon}\frac{q}{r}$$ (potentiel produit par une charge q).

$$\mathcal{E} = -\frac{dV}{dx}$$ (relation champ potentiel).

$$C = \varepsilon\, S/e$$ (capacité d'un condensateur plan).

Enfin, pour terminer signalons certains résultats qu'il est important de connaître pour la résolution des problèmes :

N (nombre d'Avogadro) $= 6{,}02 \cdot 10^{23}$.
m (masse de l'électron) $= 9 \cdot 10^{-31}$ kg.
e (charge de l'électron) $= 1{,}6 \cdot 10^{-19}$ C.
h (constante de Planck) $= 6{,}6 \cdot 10^{-34}$ J/s.
k (constante de Bolzmann) $= 1{,}38 \cdot 10^{-23}$ J/degré absolu.

A) PROBLÈMES RÉSOLUS

I-1 Quelle est la force d'attraction entre le proton et l'électron d'un atome d'hydrogène (fig. I-1) si le rayon de la trajectoire de l'électron a pour valeur : $r = 0{,}533 \times 10^{-10}$ m.

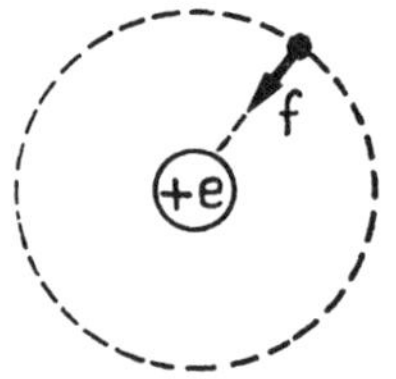

FIG. I-1.

L'atome d'hydrogène ne possède qu'un seul électron périphérique et par suite qu'un seul proton puisque la charge globale d'un atome doit être nulle (C. II [1], p. 21). Sous sa forme la plus simple, on considère que l'électron est animé d'un mouvement circulaire uniforme autour du noyau, la force attractive de ce noyau équilibrant à chaque instant la force centrifuge provoquée par le mouvement.

Pour déterminer la force attractive, il suffit d'appliquer la loi de Coulomb, soit : $f = \dfrac{1}{4\pi\varepsilon} \dfrac{qq'}{r^2}$.

Application numérique.

$$q = q' = e = 1{,}6 \times 10^{-19}\ \text{C} \quad , \quad r = 0{,}533 \times 10^{-10}\ \text{m}$$

$$4\pi\varepsilon = \frac{1}{9} \times 10^{-9} \quad , \quad \text{car :} \quad \varepsilon = \varepsilon_0$$

[1] Les indications C. I, C. II... renvoient au *Cours d'Electronique*, tome I, tome II... alors que les indications P. I, P. II... renvoient aux livres de Problèmes.

d'où :

$$= 2{,}56 \times 10^{-38} \times 9 \times 10^{9} \times \frac{10^{22}}{28{,}5}$$

$$\boxed{f = 8{,}1 \times 10^{-8}\ \text{N}}$$

I-2 Calculer la vitesse linéaire de l'électron de l'atome d'hydrogène du problème précédent. Doit-on tenir compte de la variation de sa masse?

Pour calculer la vitesse linéaire de cet électron, il suffit d'écrire que la force d'attraction est égale et opposée à la force centrifuge, soit :

$$f = mv^2/r$$

Comme la masse de l'électron, dans le système MKSA (C. II, p. 21) est : $m = 9 \times 10^{-31}$ kg, il vient :

$$v^2 = \frac{8{,}1 \times 10^{-8} \times 0{,}533 \times 10^{-10}}{9 \times 10^{-31}} = 4{,}8 \times 10^{12}$$

$$\boxed{v = 2{,}18 \times 10^{6}\ \text{m/s}}$$

Cette vitesse est inférieure à un pour cent de la vitesse de la lumière puisque celle-ci a pour valeur : $C = 3 \times 10^8$ m/s. Dans ces conditions il n'y a pas lieu de tenir compte de la variation de la masse de l'électron, la correction n'étant nécessaire que pour des vitesses supérieures à 0,1 C (C. II, p. 19).

I-3 Calculer la concentration moléculaire d'un tube à vide, pris à 27 degrés centigrades, sa pression étant de 10^{-6} mm de mercure.

La pression exercée par un gaz parfait sur les parois d'un récipient est proportionnelle à la concentration moléculaire n, c'est-à-dire au nombre de molécules par m^3 (C. II, p. 30), elle a pour expression :

$$p = nkT$$

k : constante de Bolzmann ($k = 1{,}38 \times 10^{-23}$ J/degré absolu).

T : température absolue ($T = t + 273 = 300°$ absolus)

Dans le système MKSA l'unité de pression est le pascal (1 Pa = 1 N/m^2) et l'on a :

$$p = 10^{-6} \times 10^{-3} \times 13{,}6 \times 1\,000 \times 9{,}81 = 1{,}333 \times 10^{-4}\ \text{Pa}$$

soit :

$$n = \frac{1,333 \times 10^{-4}}{1,38 \times 10^{-23} \times 300}$$

$$\boxed{n = 23 \times 10^{16} \text{ molécules/m}^3}$$

Remarque.

On peut retrouver le résultat précédent par application du principe d'Avogadro (C. II, p. 20). En effet à 0 °C et à 760 mm de mercure 22,4 l d'un gaz contiennent $N = 6,02 \times 10^{23}$ molécules ainsi dans ces conditions la concentration moléculaire a-t-elle pour valeur :

$$n_0 = \frac{6,02 \times 10^{23}}{22,4} \times 1\,000 = 2,7 \times 10^{25} \text{ molécules/m}$$

D'après la relation précédente ($p = nkT$), il est facile de calculer la concentration du gaz dans des conditions différentes de température et de pression, soit :

$$n = n_0 \times \frac{p\text{ (mm)}}{760} \times \frac{273}{T}$$

$$= 2,7 \times 10^{25} \times \frac{10^{-6}}{760} \times \frac{273}{300} = 3,24 \times 10^{16} \text{ molécules/m}^3$$

I-4 Refaire le problème précédent pour un tube à gaz pris à la même température, sa pression étant de 0,01 mm de mercure.

Comme la concentration est proportionnelle à la pression, la température étant inchangée, il vient :

$$\frac{n'}{n} = \frac{p'}{p} = \frac{0,01}{10^{-6}} = 10^4$$

d'où :

$$n' = 3,23 \times 10^{16} \times 10^4$$

$$\boxed{n' = 3,23 \times 10^{20} \text{ molécules/m}^3}$$

I-5 Un électron est lancé à la vitesse $2,7 \times 10^6$ m/s, déterminer si cet électron possède une énergie suffisante :

a) Pour ioniser un atome d'hélium ($V_i = 24,5$ V).

b) Pour ioniser un atome de mercure ($V_i = 10,4$ V).

c) Pour exciter un atome d'hélium ($V_e = 19,7$ V).

Un électron dont la masse est $m = 9 \times 10^{-31}$ kg possède à la vitesse $v = 2{,}7 \times 10^6$ m/s une énergie cinétique :

$$W = \frac{1}{2} mv^2 = \frac{1}{2} \times 9 \times 10^{-31} \times 2{,}7^2 \times 10^{12} = 32{,}8 \times 10^{-19}\ \mathrm{J}$$

soit en électron-volts (C. II, p. 17) :

$$W = \frac{32{,}8 \times 10^{-19}}{1{,}6 \times 10^{-19}} = 20{,}5\ \mathrm{eV}$$

On sait que les énergies d'ionisation et d'excitation d'un gaz exprimées en électron-volts sont données par les mêmes nombres que les tensions d'ionisation et d'excitation exprimées en volts. Ainsi est-on conduit aux conclusions suivantes :

a) L'électron incident (fig. I-2) dont l'énergie cinétique est de 20,5 eV ne peut pas ioniser un atome d'hélium, l'énergie d'ionisation nécessaire à cette opération étant $W_i = 24{,}5$ eV.

b) L'électron incident peut ioniser un atome de mercure dont l'énergie d'ionisation est $W = 10{,}4$ eV. Dans ces conditions un électron périphérique d'un atome de mercure est rendu libre, c'est-à-dire qu'il n'est plus sollicité par le noyau de mercure. L'atome qui a perdu une charge négative est alors chargé positivement, il devient un ion positif.

c) L'électron incident peut exciter un atome d'hélium dont l'énergie d'excitation est, $W_e = 19{,}7$ eV. L'électron e' de l'atome d'hélium qui a reçu cette énergie est alors déplacé sur une orbite de plus grand diamètre (fig. I-2). Par la suite il revient à son état normal en restituant l'énergie qu'il a reçue sous la forme d'une radiation caractéristique de l'hélium.

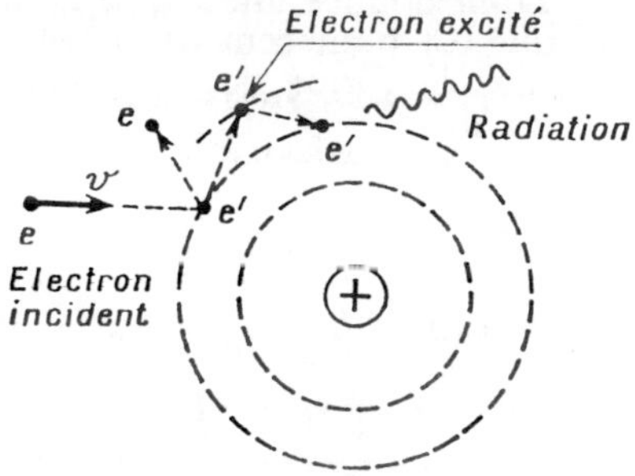

FIG. I-2.

I-6 L'électron d'un atome d'hydrogène passe de la troisième orbite à la seconde. Sachant que la différence d'énergie entre ces deux niveaux est de 1,7 eV, on demande :

a) L'énergie rayonnée en fréquence et en longueur d'onde.

b) Si la radiation est visible (C. II, p. 28).

La fréquence f de la radiation rayonnée est proportionnelle à la différence d'énergie entre les deux niveaux (C. II, p. 27), elle a pour valeur :

$$f = \frac{W}{h} \quad , \quad h \text{ (constante de Planck)} = 6{,}6 \times 10^{-34} \text{ J/s}$$

d'où :

$$f = \frac{1{,}7 \times 1{,}6 \times 10^{-19}}{6{,}6 \times 10^{-34}}$$

$$\boxed{f = 4{,}12 \times 10^{14} \text{ Hz}}$$

De même la longueur d'onde a pour expression :

$$\lambda = \frac{C}{f} \quad , \quad C \text{ (célérité de la lumière)} = 3 \times 10^{8} \text{ m/s}$$

d'où :

$$\lambda = \frac{3 \times 10^{8}}{4{,}12 \times 10^{14}} = 7{,}23 \times 10^{-7} \text{ m}$$

soit, en angström ($1 \text{ Å} = 10^{-4}\ \mu = 10^{-10}$ m) :

$$\boxed{\lambda = 7\,230 \text{ Å}}$$

Si l'on se reporte au spectre des radiations (C. II, p. 28), on constate que cette radiation est à la limite du rouge visible et de l'infrarouge.

I-7 Etant donnée une lampe à vapeur de mercure de 100 W, on suppose que 0,1 pour cent de l'énergie électrique fournie à la lampe apparaît sous la forme de la radiation ultraviolette 2 537 Å. Déterminer le nombre des photons émis par seconde par la lampe.

Energie rayonnée :

$$W = hf = h \times \frac{C}{\lambda} = 6{,}6 \times 10^{-34} \times \frac{3 \times 10^{8}}{2\,537 \times 10^{-10}}$$

$$= 7{,}8 \times 10^{-19} \text{ J} = 4{,}88 \text{ eV} \quad , \quad \text{car : } 1 \text{ eV} = 1{,}6 \times 10^{-19} \text{ J}$$

L'énergie totale dissipée étant de 0,1 J, on en déduit facilement le nombre des photons émis par seconde, soit :

$$n = \frac{0{,}1}{7{,}8 \times 10^{-19}}$$

$$\boxed{n = 12{,}8 \times 10^{16} \text{ photons/s}}$$

I-8 On enferme dans un récipient de 1 litre à la température de 40 degrés centigrades, une masse de 1 g de néon pris à l'état gazeux. Quelle est la pression du gaz sachant que la masse atomique du néon est 20.

Nombre de molécules de néon par gramme :

$$n = \frac{6,02 \times 10^{23}}{20} = 3,01 \times 10^{22} \text{ molécules/g}$$

Nombre de molécules par litre aux conditions normales :

$$n_0 = \frac{6,02 \times 10^{23}}{22,4} = 2,7 \times 10^{22} \text{ molécules/l}$$

D'après la relation des gaz parfaits (P. I-3), il vient :

$$n = n_0 \times \frac{p\,(\text{mm})}{760} \times \frac{273}{T}$$

d'où :

$$p = \frac{n}{n_0} \times \frac{T}{273} \times 760 = \frac{3,01}{2,7} \times \frac{313}{273} \times 760$$

$$\boxed{p = 980 \text{ mm de mercure}}$$

I-9 A quelle vitesse un électron doit-il traverser une lampe à vapeur de sodium pour produire la radiation jaune du sodium dont la longueur d'onde est de 5 893 Å?

Pour émettre une radiation un électron doit posséder une énergie cinétique suffisamment élevée pour que l'on ait la relation suivante :

$$W = \frac{1}{2} mv^2 = hf = \frac{h \times c}{\lambda}$$

soit :

$$v^2 = \frac{2\,hc}{m\lambda} = \frac{2 \times 6,6 \times 10^{-34} \times 3 \times 10^8}{9 \times 10^{-31} \times 5\,893 \times 10^{-10}} = 75 \times 10^{10}$$

$$\boxed{v = 8,66 \times 10^5 \text{ m/s}}$$

I-10 Calculer l'énergie cinétique moyenne et la vitesse moyenne d'une molécule de gaz carbonique prise à 27 degrés centigrades.

Les molécules d'un gaz sont en perpétuel état d'agitation (C. II, p. 29). L'énergie cinétique moyenne d'une molécule a pour valeur :

$$W_c = \frac{1}{2} mv^2 = \frac{3}{2} kT$$

k : constante de Bolzmann ($k = 1{,}38 \times 10^{-23}$ J/degré absolu).

$$W_c = \frac{3}{2} \times 1{,}38 \times 10^{-23} \times 300$$

$$\boxed{W_c = 6{,}2 \times 10^{-21}\ \mathrm{J}}$$

Par ailleurs, on connaît la masse d'une molécule (C. II, p. 20), soit :

$$m = \frac{44}{N} = \frac{44}{6{,}02 \times 10^{23}} = 7{,}3 \times 10^{-23}\ \mathrm{g} = 7{,}3 \times 10^{-26}\ \mathrm{kg}$$

Ainsi calcule-t-on, à partir de la relation précédente, la vitesse moyenne de la molécule :

$$v^2 = \frac{2\ W_c}{m} = \frac{2 \times 6{,}2 \times 10^{-21}}{7{,}3 \times 10^{-26}} = 1{,}7 \times 10^5$$

$$\boxed{v = 412\ \mathrm{m/s}}$$

B) PROBLÈMES A RÉSOUDRE

I-11 Quelle est la masse d'un corpuscule animé de la vitesse

$$V = 250\,000\ \mathrm{km/s}$$

I-12 Calculer les masses d'une molécule d'hydrogène et d'une molécule d'eau.

I-13 Calculer le rayon d'une molécule d'eau si l'on suppose que les molécules sont sphériques et qu'elles occupent tout le volume.

I-14 Calculer le nombre de molécules par m^3 d'un gaz à la pression 1 mm de mercure à 0 °C.

I-15 Calculer le libre parcours moyen pour l'argon à 0 °C sous la pression 1 mm de mercure sachant que la molécule d'argon a pour diamètre $d = 3{,}6 \times 10^{-10}$ m.

NOTA. — On appelle libre parcours moyen l la distance moyenne parcourue par la molécule entre deux chocs successifs. Celui-ci est donné par la relation $l = \frac{1}{\sqrt{2}\,\pi n d^2}$, n étant le nombre des molécules par m^3 et d le diamètre des molécules.

I-16 Calculer en électrons-volts et en joules la variation d'énergie d'un électron dont le potentiel varie de 100 V.

I-17 Calculer la fréquence d'une radiation dont la longueur d'onde est 10^{-9} m.

I-18 Calculer la force d'attraction d'un noyau d'hélium (C. II, p. 23) sur un électron si la distance de séparation entre l'électron et le noyau est de 10^{-10} m, avec : $\varepsilon_r = 1$.

I-19 Calculer l'énergie potentielle de l'électron d'un atome d'hydrogène sachant que celui-ci est animé d'un mouvement circulaire de rayon $r = 0{,}533 \times 10^{-10}$ m.

CHAPITRE II

MÉTAUX ET SEMICONDUCTEURS

A) PROBLÈMES RÉSOLUS

II-1 Démontrer que la concentration en électrons libres d'un métal a pour expression : $n = Ndv/A$

N = nombre d'Avogadro, d = densité, A = masse atomique, v = valence (nombre d'électrons libres par atome).

La concentration en électrons libres d'un métal, représente le nombre d'électrons libres par unité de volume (c'est-à-dire par m^3).

Le nombre d'électrons libres par atome-gramme est : Nv alors que le volume d'un atome-gramme est : A/d. En conséquence, la concentration en électrons libres a pour expression :

$$\boxed{n = \frac{Ndv}{A}}$$

II-2 Etant donné un fil d'aluminium de masse atomique 27 g, de densité 2,7 g/cm^3, de résistivité 3,44 $\mu\Omega$-cm, calculer la concentration en électrons libres sachant que l'aluminium est trivalent.

Il suffit d'appliquer la relation établie dans l'exercice précédent avec les valeurs suivantes :

$N = 6 \cdot 10^{23}$, $A = 27$, $v = 3$, $d = 2{,}7\ \text{g/cm}^3 = 2{,}7 \cdot 10^3\ \text{kg/m}^3$

soit :

$$n = \frac{6 \times 10^{23} \times 2{,}7 \times 10^3 \times 3}{27 \times 10^{-3}}$$

$$\boxed{n = 18 \times 10^{28}\ \text{électrons/m}^3}$$

II-3 Déterminer dans le cas du problème précédent la mobilité des électrons libres.

La conductivité γ d'un métal est proportionnelle à la concentration n en électrons libres et à la mobilité de ces électrons (C. II, p. 43), elle a pour expression : $\gamma = \mu ne$.

Comme la conductivité est l'inverse de la résistivité ($\gamma = 1/\rho$), on en déduit la mobilité des électrons :

$$\mu = \frac{1}{\rho ne} = \frac{1}{3{,}44 \times 10^{-6} \times 10^{-2} \times 18 \times 10^{28} \times 1{,}6 \times 10^{-19}}$$

$$\boxed{\mu = 10^{-3}\, uSI}$$

Il est alors intéressant de préciser le nom de l'unité de mobilité dans le système international. Comme $\mu = v/\varepsilon$ avec v en m/s et ε en V/m, il vient :

$$\mu = 10^{-3}\,\frac{\text{m/s}}{\text{V/m}} = 10^{-3}\,\frac{\text{m}^2}{\text{s} \times \text{V}}$$

II-4 Un fil de cuivre de diamètre 1 mm est traversé par une intensité de 2 A. Sachant que la concentration en électrons est de $8{,}45 \times 10^{28}$ électrons/m^3, déterminer la vitesse d'entraînement des électrons.

Un conducteur de section S est traversé par une intensité qui correspond aux électrons contenus dans le volume Sv (C. II, p. 43). Si le conducteur comporte n électrons par unité de volume, on a : $I = neSv$, soit :

$$v = \frac{I}{neS} = \frac{2}{8{,}45 \times 10^{28} \times 1{,}6 \times 10^{-19} \times \pi \times 0{,}5^2 \times 10^{-6}}$$

$$\boxed{v = 1{,}88 \times 10^{-4}\ \text{m/s}}$$

II-5 Le fil du problème précédent a pour longueur 2,5 m et il est soumis à une d.d.p. de 0,1 V, déterminer :

a) La mobilité des électrons.

b) La conductivité du fil.

a) La mobilité des électrons dans le conducteur est inversement proportionnelle au champ électrique ($\mu = v/\mathcal{E}$) lequel dépend de la d.d.p. appliquée aux extrémités du conducteur en outre de la relation champ-potentiel soit : $\mathcal{E} = -\dfrac{\partial V}{\partial x}$. Le champ électrique est sensiblement uniforme à l'intérieur du conducteur ce qui permet d'écrire en valeur absolue : $|\mathcal{E}| = \Delta V/\Delta x$. Dans ces conditions, il vient :

$$\mu = \frac{v\Delta x}{\Delta V} = \frac{1{,}88 \times 10^{-4} \times 2{,}5}{0{,}1}$$

$$\boxed{\mu = 4{,}7 \times 10^{-3}\, uSI}$$

b) La conductivité du fil est liée à la mobilité par la relation suivante :

$$\gamma = ne\mu = 8{,}45 \times 10^{28} \times 1{,}6 \times 10^{-19} \times 4{,}7 \times 10^{-3}$$

$$\boxed{\gamma = 6{,}35 \times 10^{7}\, uSI}$$

II-6 La mobilité des électrons d'un germanium n a été mesurée expérimentalement elle est de 0,36 m^2/Vs. Une d.d.p. de 10 V est appliquée à travers la plus grande dimension de ce semiconducteur qui a une longueur de 2 cm et une section de 2 mm × 2 mm, calculer la vitesse d'entraînement des électrons.

La vitesse d'entraînement des électrons dans la plaquette de germanium est proportionnelle à la mobilité de ces électrons elle a pour expression :

$$v = \mu\mathcal{E} \quad , \quad \text{avec :} \quad |\mathcal{E}| = \frac{\partial V}{\partial x} \simeq \frac{\Delta V}{\Delta x}$$

Dans ces conditions, il vient :

$$v = \frac{\mu\Delta V}{\Delta x} = \frac{0{,}36 \times 10}{2 \times 10^{-2}}$$

$$\boxed{v = 180 \text{ m/s}}$$

II-7 Le semiconducteur du problème précédent a une résistivité de 20 Ω-cm, déterminer la concentration en électrons libres, comparer ce résultat à la concentration d'un matériau conducteur (problème II-2).

Pour calculer la concentration en électrons libres il suffit d'exprimer la conductivité d'une part en fonction de la résistivité, d'autre part en fonction de la mobilité, on a :

$$\gamma = \frac{1}{\rho} = \mu ne$$

soit :

$$n = \frac{1}{\rho\mu e} = \frac{1}{20 \times 10^{-2} \times 0,36 \times 1,6 \times 10^{-19}}$$

$$\boxed{n = 8,66 \times 10^{19} \text{ électrons/m}^3}$$

Si l'on compare la concentration en électrons libres d'un matériau conducteur comme l'aluminium à celle d'un matériau semiconducteur comme le germanium, il vient :

$$\boxed{n_{AL}/n_G \simeq 2 \times 10^9}$$

II-8 Etant donné du germanium intrinsèque à la température ambiante (27 °C) déterminer l'augmentation relative de la conductivité pour une augmentation de 1 degré de la température,

La concentration en électrons libres d'un semiconducteur intrinsèque est donnée par la relation suivante (C. II, p. 49) :

$$n_i = AT^{3/2} \exp\left(- W_a/2\,kT\right)$$

A : constante qui caractérise le semiconducteur.

k : constante de Bolzmann ($k = 1,38 \times 10^{-23}$ J/degré absolu).

W_a : énergie d'activation ($W_a = 0,75$ eV $= 0,75 \times 1,6 \times 10^{-19}$ J pour le germanium).

T : température absolue ($T = 27° + 273° = 300$ °K).

Si n_{i_T} et $n_{i_{T+\Delta T}}$ désignent respectivement les concentrations aux températures T et $T + \Delta T$, l'augmentation relative de la concentration pour ΔT a pour expression :

$$\Delta R = \frac{1}{n_i}\frac{\partial n_i}{\partial T}\Delta T$$

Or on a :

$$\frac{\partial n_i}{\partial T} = \frac{3}{2}\,AT^{1/2} \exp\left(-\frac{W_a}{2\,kT}\right) - \left(AT^{3/2}\,\frac{W_a}{2\,k}\right)(-\,T^2) \exp\left(-\frac{W_a}{2\,kT}\right)$$

d'où :

$$\Delta R = \left(\frac{3}{2\,T} + \frac{W_a}{2\,kT^2}\right)\Delta T$$

Comme la conductivité est proportionnelle à la concentration intrinsèque, l'augmentation relative de la concentration est égale à l'augmentation relative de la conductivité.

Avec les valeurs proposées pour le germanium, on a :

$$\Delta R = \frac{3}{2 \times 300} + \frac{0,75 \times 1,6 \times 10^{-19}}{2 \times 1,38 \times 10^{-23} \times 300^2} = \frac{0,5}{100} + \frac{4,9}{100}$$

$$\boxed{\Delta R = 5,4\ \%\ \text{par degré}}$$

Ainsi la conductivité d'un semiconducteur qui est nulle au zéro absolu et qui demeure très faible à la température ordinaire augmente-t-elle dans des proportions importantes avec la température. C'est là une différence fondamentale entre les semiconducteurs et les conducteurs.

II-9 Déterminer la concentration en trous et en électrons d'un cristal de germanium du type p dont la résistivité à 27 °C est de 0,01 Ω-cm.

Dans un cristal de type p, la conduction par électrons est négligeable par rapport à celle des trous p et l'on a :

$$\gamma = \frac{1}{\rho} = ep\mu_p$$

La mobilité des trous ne dépend pas des impuretés adjointes au semiconducteur. Pour le germanium à 27 °C, elle a pour valeur (C. II, p. 50) : $\mu_p = 0,17$. Ainsi peut-on calculer la concentration en trous :

$$p = \frac{1}{\rho e \mu_p} = \frac{1}{10^{-4} \times 1,6 \times 10^{-19} \times 0,17}$$

d'où : $$\boxed{p = 3,68 \times 10^{23}\ \text{trous/m}^3}$$

Comme chaque atome d'impuretés a donné naissance à un trou, il en résulte que le semiconducteur dopé possède $p = 3,68 \times 10^{23}$ atomes d'impuretés par m^3.

Or les concentrations en n et p satisfont la relation $np = n_i^2$ (C. II, p. 53), n_i étant la concentration intrinsèque. Pour le germanium à 27 °C, on a :

$$n_i = AT^{3/2} \exp\left(-\frac{W_a}{2\,kT}\right)$$

$$= 10^{22} \times 300^{1/5} \exp\left(-\frac{1,2 \times 10^{-19}}{2 \times 1,38 \times 10^{-23} \times 300}\right) = 2,5 \times 10^{19}$$

d'où :

$$n = \frac{n^2}{p} = \frac{2{,}5^2 \times 10^{38}}{3{,}68 \times 10^{23}}$$

$$\boxed{n = 1{,}7 \times 10^{15} \text{ électrons/m}^3}$$

II-10 Refaire le problème précédent pour un cristal de germanium de résistivité 10 Ω-cm.

Ce problème est le même que le précédent, la résistivité ρ' du cristal ayant une nouvelle valeur soit : $\rho'/\rho = 1\,000$. D'après les relations établies dans l'exercice précédent $\left(p = \dfrac{1}{\rho e \mu_p} \text{ et } n = \dfrac{n_i^2}{p}\right)$, il vient :

$$\frac{p'}{p} = \frac{\rho}{\rho'} = \frac{1}{1\,000} \qquad \text{et} \qquad \frac{n'}{n} = \frac{\rho'}{\rho} = 1\,000$$

soit :

$$\boxed{p' = 3{,}68 \times 10^{20} \text{ trous/m}^3} \quad \text{et} \quad \boxed{n' = 1{,}7 \times 10^{15} \text{ électrons/m}^3}$$

II-11 Du germanium (masse atomique 72,6, densité 5,35) contient de l'antimoine (masse atomique 121,8) dans la proportion de 10^{-7} g d'antimoine pour 1 g de germanium. Quelle est la résistivité du cristal?

Le cristal étant dopé avec de l'antimoine, il est du type n (C. II, p. 50). Dans ces conditions, la conduction par trous est négligeable par rapport à celle des électrons n et l'on a

$$\gamma = \frac{1}{\rho} = en\mu_n$$

Comme chaque atome d'impuretés a donné naissance à un électron, le nombre d'atomes du donneur c'est-à-dire de l'antimoine par m³ est : $N_d = n = \gamma/(e\mu_n)$.

Calculons par ailleurs la concentration N_d c'est-à-dire le nombre d'atomes d'antimoine par m³.

Dans un gramme de mélange il y a sensiblement 1 g de germanium et 10^{-7} g d'antimoine, soit un nombre respectif d'atomes :

$$G = \frac{6{,}02 \times 10^{23}}{72{,}6} \qquad \text{et} \qquad S_b = \frac{6{,}02 \times 10^{23} \times 10^{-7}}{121{,}8}$$

Dans un cm^3 de mélange de densité $d = 5,35$ g/cm^3, on a sensiblement Gd atomes de germanium et $S_b d$ atomes d'antimoine. Mais comme chaque atome d'antimoine donne un électron, il vient :

$$N_d = S_b d = \frac{6,02 \times 10^{23} \times 10^{-7} \times 5,35}{121,8} = 2,64 \times 10^{15} \text{ électrons/cm}^3$$

Enfin connaissant la conductivité par électrons à 27 °C, soit $\mu_n = 0,36$ *uSI* (C. II, p. 50), on peut calculer la résistivité du cristal :

$$\rho = \frac{1}{eN_d\mu_n} = \frac{1}{1,6 \times 10^{-19} \times 2,64 \times 10^{21} \times 0,36}$$

$$\boxed{\rho = 0,0076 \ \Omega\text{-m}}$$

II-12 On utilise l'échantillon de l'exemple (C. II. p. 56) pour mesurer un champ inconnu. Sachant que la tension de Hall développée par le champ est de 48 mV pour une intensité de 50 mA, déterminer l'intensité du champ mesuré.

Pour mesurer un champ inconnu, il suffit d'appliquer à la plaquette du semiconducteur la relation de Hall :

$$V_H = \frac{1}{pe} \frac{\mathcal{B} I}{b}$$

Par ailleurs on a relevé lors de l'essai d'étalonnage (C. II, p. 56) les valeurs suivantes :

$$V_H = 30 \text{ mV} \quad , \quad \mathcal{B} = 0,1 \text{ T} \quad , \quad I = 75 \text{ mA}$$

Or on a :

$$\frac{\mathcal{B}'}{\mathcal{B}} = \frac{V'_H}{V_H} \times \frac{I}{I'} = \frac{48}{30} \times \frac{75}{50}$$

d'où :

$$\mathcal{B}' = 0,1 \times 2,4$$

$$\boxed{\mathcal{B}' = 0,24 \text{ T}}$$

B) PROBLÈMES A RÉSOUDRE

II-13 Un fil d'aluminium est traversé par un courant électrique de densité $\delta = 2{,}5$ A/mm^2. Sachant que la concentration en électrons est de 18×10^{28} électrons/m^3, déterminer la vitesse d'entraînement des électrons.

II-14 Le fil du problème précédent a pour longueur 2,5 m et il est soumis à une d.d.p. de 0,2 V, calculer :

a) La mobilité des électrons.

b) La résistance du fil.

II-15 Un barreau de silicium du type *n* a pour résistivité $\rho = 15$ Ω-cm à 27 °C. Sachant que la mobilité des électrons dans le silicium est $\mu = 0{,}2$ *uSI* à 27 °C, déterminer la concentration en électrons libres.

II-16 On applique aux extrémités du barreau du problème précédent dont la longueur est $l = 25$ cm une d.d.p. $U = 10$ V, calculer :

a) Le champ électrique.

b) La densité du courant électronique.

II-17 Un barreau de silicium intrinsèque contient 10^{20} paires électron-trous qui sont libres à la température ordinaire. Sachant que les mobilités sont $\mu_n = 0{,}2$ *uSI* et $\mu_p = 0{,}05$ *uSI*, calculer la résistivité de ce barreau.

II-18 Etant donné du silicium intrinsèque à la température ambiante (27 °C), déterminer l'augmentation relative de la conductivité pour une augmentation de 1 degré de la température.

II-19 On introduit un donneur de concentration N_d dans un semiconducteur intrinsèque de concentration n_i ce qui provoque la disparition d'une partie des électrons et des trous initiaux.

a) Soit x le nombre commun de ceux qui restent, montrer que leur nombre est fourni par la racine positive de l'équation :

$$x^2 + N_d x - n_i^2 = 0$$

b) Exprimer les concentrations en électrons $n = N_d + x$ et en trous $p = x$. Montrer que l'on a $x = p \simeq 0$ si $n_i/N_d < 1/10$.

c) Pour quelle valeur n_i de la concentration en paires électron-trou a-t-on $n'_i = 2\ N_d$?

II-20 *a*) Déterminer la concentration en électrons libres et en trous d'un cristal de germanium à 27 °C sachant que les concentrations sont respectivement $N_d = 2 \times 10^{14}$ et $N_a = 3 \times 10^{14}$ (atomes/cm^3). Le cristal ainsi obtenu est-il du type *p* ou du type *n* ?

b) Résoudre la question précédente dans le cas d'une égale concentration en atomes donneur et accepteur $N_d = N_a = 10^{15}$.

c) Résoudre la première question pour une température de 127 °C.

II-21 Un échantillon de germanium est dopé dans la proportion de 10^{14} atomes donneurs et de 7×10^{13} atomes accepteurs par cm^3. A la température de l'échantillon, la résistivité du germanium intrinsèque est de 60 Ω-cm. Sachant que le champ appliqué est de 2 V/cm, calculer la densité du courant de conduction.

CHAPITRE III

MOUVEMENT DES ÉLECTRONS

A) PROBLÈMES RÉSOLUS

III-1 Deux plaques métalliques parallèles (fig. III-1), distantes de 2 cm sont soumises à une d.d.p. de 2 000 V, déterminer :

a) La force exercée sur un électron placé en *O*.

b) L'énergie potentielle que possède l'électron en *O*.

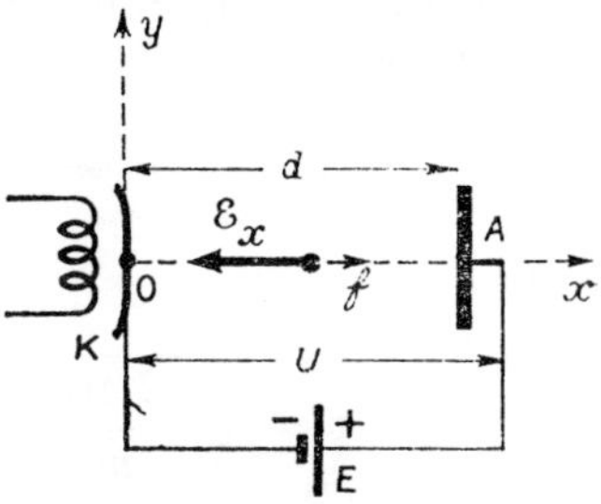

FIG. III-1.

a) Force exercée sur un électron en *O*.

$$f = -e \times \varepsilon_x = \frac{eU}{d} = \frac{1{,}6 \times 10^{-19} \times 2\,000}{2 \times 10^{-2}}$$

$$\boxed{f = 1{,}6 \times 10^{-14}\ \text{N}}$$

b) Energie potentielle de l'électron en *O*.

$$W = eU = e \times 2\,000$$

$$\boxed{W = 2\,000\ \text{eV}}$$

III-2 Si l'électron du problème précédent est libre de se mouvoir, calculer :

a) Son accélération.

b) La vitesse avec laquelle il vient frapper l'anode.

c) Le temps de transit.

a) Si l'on applique la relation fondamentale de la dynamique ($\vec{f} = m\vec{\gamma}$), comme $\vec{f}$ et $\vec{\gamma}$ ont pour support l'axe Ox (fig. III-1), on a la relation algébrique :

$$m\gamma = eU/d$$

d'où :

$$\gamma = \frac{eU}{md} = \frac{1{,}6 \times 10^{-19} \times 2\,000}{9 \times 10^{-31} \times 0{,}02}$$

$$\boxed{\gamma = 1{,}78 \times 10^{16} \text{ m/s}^2}$$

b) Pour calculer la vitesse avec laquelle l'électron frappe l'anode, il suffit d'écrire que l'énergie reçue par l'électron s'est transformée en énergie cinétique, soit :

$$\frac{1}{2} mv^2 = eU$$

d'où :

$$v = \sqrt{\frac{2\,eU}{m}} = \sqrt{\frac{2 \times 1{,}6 \times 10^{-19} \times 2\,000}{9 \times 10^{-31}}}$$

$$\boxed{v = 2{,}666 \times 10^7 \text{ m/s}}$$

c) L'accélération étant constante, on a :

$$\gamma = \frac{dv}{dt} \quad , \quad \text{d'où :} \quad v = \gamma t + v_0$$

avec $v_0 = 0$ car à l'époque $t = 0$ l'électron est à l'origine O avec une vitesse nulle. On peut alors calculer le temps de transit, soit :

$$t = \frac{v}{\gamma} = \frac{2{,}666 \times 10^7}{1{,}78 \times 10^{16}}$$

$$\boxed{t = 1{,}5 \times 10^{-9} \text{ s}}$$

III-3 Un électron est émis avec une vitesse initiale négligeable par une cathode K (fig. III-2). il est accéléré par une d.d.p. U_0 et pénètre en O suivant la direction Ox entre deux plateaux de condensateurs soumis à la d.d.p. V.

Montrer que si l est supérieur à une valeur minimale lm l'électron sera capté par l'un des plateaux, calculer lm en fonction de l'écartement d des plateaux.

Application numérique : $U_0 = 10\,000$ volts, $V = 100$ volts.

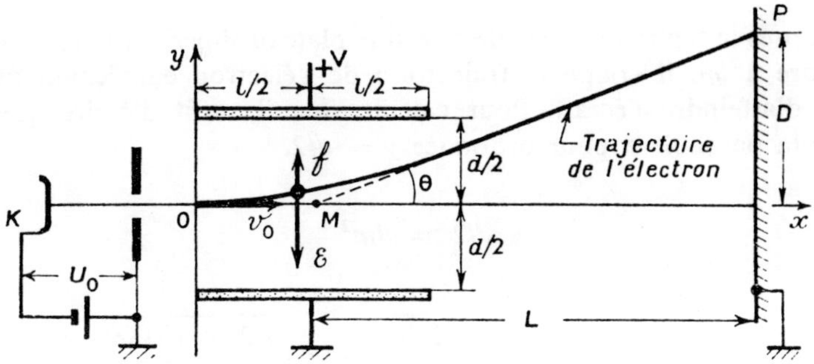

FIG. III-2.

Le mouvement d'un électron soumis à un champ transversal (C. II, p. 60) a lieu dans le plan qui contient le vecteur champ électrique et le vecteur vitesse initiale. Aussi est-il possible de ne choisir que deux axes de références Ox et Oy (fig. III-2) avec les conventions suivantes à l'époque zéro :

$$x = 0 \quad , \quad y = 0 \quad , \quad v_x = v_0 \quad , \quad v_y = 0 \quad , \quad \mathcal{E}_x = 0 \quad , \quad \mathcal{E}_y = -\mathcal{E}$$

Les équations du mouvement sont :

$$\frac{d^2x}{dt^2} = 0 \quad , \quad \frac{d^2y}{dt^2} = \gamma \quad , \quad \text{avec : } \gamma = \frac{eV}{2\,md}$$

Si l'on intègre deux fois et si l'on tient compte des conditions initiales, on obtient les équations paramétriques du mouvement, soit :

$$x = v_0 t \quad , \quad y = \frac{1}{2}\gamma t^2 \quad , \quad \text{avec : } v_0 = \sqrt{\frac{2\,eU_0}{m}}$$

Comme on pouvait le prévoir ce résultat nous précise que le mouvement de l'électron est uniforme suivant l'axe des abscisses alors qu'il est uniformément accéléré suivant l'axe des ordonnées.

Enfin par élimination du paramètre t, on obtient l'équation de la trajectoire, soit :

$$y = ax^2 \quad , \quad \text{avec :} \quad a = \frac{\gamma}{2\,v_0^2} = \frac{V}{4\,dU_0}$$

D'après la figure on constate que si le plateau supérieur a une longueur supérieure à lm, il coupe la trajectoire de l'électron empêchant ainsi ce dernier d'atteindre l'écran. Pour calculer lm, il suffit d'écrire que pour $x = lm$ la parabole a pour ordonnée $y = d/2$.

On a :

$$d/2 = alm^2$$

d'où :

$$l_m = \sqrt{\frac{d}{2\,a}} = d\sqrt{\frac{2\,U_0}{V}} = d\sqrt{\frac{2 \times 10\,000}{100}}$$

$$\boxed{lm = 10\,d\,\sqrt{2}}$$

III-4 Les deux plaques du problème précédent étant supprimées, l'électron est soumis à partir de O à une induction magnétique uniforme normale à Ox (fig. III-3), donner le rayon de la trajectoire décrite par l'électron.

Application $U_0 = 10\,000$ V, $B = 0{,}021$ T.

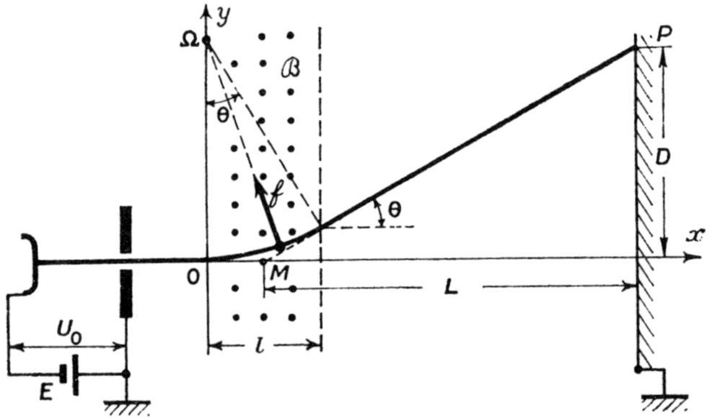

FIG. III-3.

Avec les notations du cours (C. II, p. 63), il vient :

$$f = \mathcal{B}ev = mv^2/R$$

La trajectoire décrite par l'électron est circulaire uniforme car la vitesse de la particule n'est pas modifiée par l'action du champ, elle garde sa valeur initiale, soit :

$$v = v_0 = \sqrt{2\,eU_0/m}$$

On déduit de ces relations le rayon de la trajectoire :

$$R = \frac{1}{\mathcal{B}}\sqrt{\frac{2\,U_0 m}{e}} = \frac{1}{0{,}021}\sqrt{\frac{2 \times 10^4 \times 9 \times 10^{-31}}{1{,}6 \times 10^{-19}}} = 1{,}6 \times 10^{-2}\ \text{m}$$

$$\boxed{R = 1{,}6\ \text{cm}}$$

III-5 *Oxy* est un plan qui émet suivant *Oz* des électrons de vitesse initiale négligeable. On fait agir simultanément un champ électrique uniforme $\mathcal{E}$ dirigé suivant les *z* décroissants et une induction magnétique uniforme $\mathcal{B}$ dirigée suivant les *x* décroissants. Déterminer :

a) La trajectoire de l'électron issu de *O*.

b) A quelle distance *h* de *Oxy* doit-on approcher un plan récepteur *P* parallèle à *Oxy* pour qu'il commence à recevoir des électrons.

a) Le problème proposé est compliqué car l'électron est soumis à la double action d'un champ électrique et d'un champ magnétique aussi pour le résoudre utiliserons-nous les notations vectorielles.

Soit *Ox*, *Oy*, *Oz* trois axes rectangulaires de vecteurs unitaires $\vec{i}$, $\vec{j}$, $\vec{k}$ formant un trièdre direct (fig. III-4), on a d'après les données du problème :

$$\vec{\mathcal{E}} = -E\vec{k} \quad , \quad \vec{\mathcal{B}} = -B\vec{i}$$

avec comme conditions initiales (électron à l'origine et vitesse nulle) :

$$t = 0 \begin{cases} x = 0 \ , \ y = 0 \ , \ z = 0 \\ x' = 0 \ , \ y' = 0 \ , \ z' = 0 \end{cases}$$

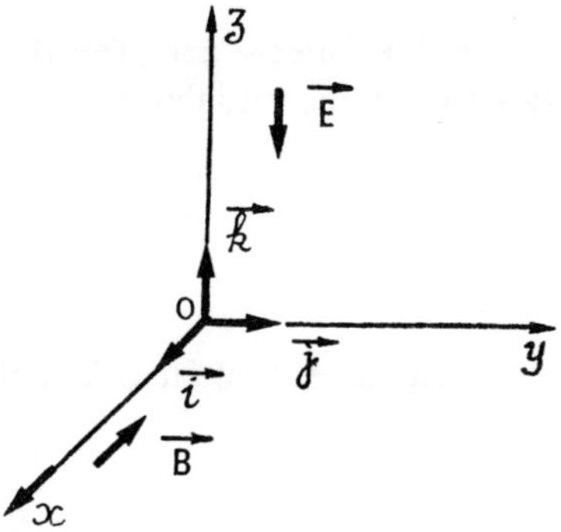

FIG. III-4.

L'application de la relation fondamentale de la dynamique ($\vec{f} = m\vec{\gamma}$) conduit à l'expression générale suivante :

$$\boxed{m\,\frac{d\vec{v}}{dt} = -\,e\,(\vec{\mathcal{E}} + \vec{v} \wedge \vec{\mathcal{B}})}$$

Si l'on remplace la vitesse par son expression vectorielle :

$$\vec{v} = \frac{dx}{dt}\vec{i} + \frac{dy}{dt}\vec{j} + \frac{dz}{dt}\vec{k}$$

il vient en tenant compte des données :

$$\frac{d^2x}{dt^2}\vec{i} + \frac{d^2y}{dt^2}\vec{j} + \frac{d^2z}{dt^2}\vec{k} = \frac{eE}{m}\vec{k} + \frac{eB}{m}\left[\frac{dx}{dt}(\vec{i} \wedge \vec{i}) + \frac{dy}{dt}(\vec{j} \wedge \vec{i}) + \frac{dz}{dt}(\vec{k} \wedge \vec{i})\right]$$

Or on a :

$$\vec{i} \wedge \vec{i} = 0 \quad , \quad \vec{\ } \wedge \vec{i} = -\vec{k} \quad , \quad \vec{k} \wedge \vec{i} = \vec{j}$$

soit :

$$\frac{d^2x}{dt^2}\vec{i} + \frac{d^2y}{dt^2}\vec{j} + \frac{d^2z}{dt^2}\vec{k} + \left(\frac{eE}{m} - \frac{eB}{m}\frac{dy}{dt}\right)\vec{k} + \frac{eB}{m}\frac{dz}{dt}\vec{j}$$

On déduit de cette relation générale les mouvements suivants chacun des trois axes de référence :

$$\frac{d^2x}{dt^2} = 0 \qquad (1)$$

$$\frac{d^2y}{dt^2} = \frac{eB}{m}\frac{dz}{dt} \qquad (2)$$

$$\frac{d^2z}{dt^2} = \frac{eE}{m} - \frac{eB}{m}\frac{dy}{dt} \qquad (3)$$

Si l'on intègre deux fois de suite la relation (1), il vient en tenant compte des conditions initiales :

$$\frac{dx}{dt} = x'_0 = 0 \qquad \text{et} \qquad x = x_0 = 0$$

soit : $x = 0$ (4)

Intégrons de même l'équation (2) :

$$\frac{dy}{dt} = \frac{eB}{m} z + y'_0$$

A $t = 0$, $z = 0$, $y' = 0$, d'où : $y'_0 = 0$

soit :

$$\frac{dy}{dt} = \frac{eB}{m} z \qquad (5)$$

Portons cette dernière valeur dans l'équation (3), il vient.

$$\frac{d^2z}{dt^2} + \left(\frac{eB}{m}\right)^2 z = \frac{eE}{m}$$

On sait que la solution générale d'une telle équation comporte la somme de deux termes (P. I, p. 184).

$$z = z_1 + z_2$$

z_1 est la solution générale de l'équation sans second nombre.

z_2 est la solution particulière de l'équation avec second nombre.

Comme solution particulière, on considère toujours le régime définitif, le régime initial permettant de calculer les constantes d'intégration. Quand le régime définitif est atteint, z ne varie plus, donc :

$$\frac{dz}{dt} = \frac{d^2z}{dt^2} = 0$$

et l'on a :

$$z_2 = \frac{eE}{m} \times \frac{m^2}{e^2B^2} = \frac{mE}{eB^2}$$

Déterminons maintenant la solution z_1 de l'équation sans second membre :

$$\frac{d^2z}{dt^2} + \gamma^2 z = 0 \quad , \quad \text{avec :} \quad \gamma = eB/m \tag{6}$$

La solution est de la forme $z_1 = Aer_1 + Ber_2$, r_1 et r_2 étant les racines de l'équation caractéristique :

$$r^2 + \gamma^2 = 0 \qquad \text{soit} \qquad r = \pm\, j\gamma$$

En définitive l'équation avec second membre a pour solution générale :

$$z = z_1 + z_2 = \frac{mE}{eB^2} + Ae^{j\gamma t} + Be^{-j\gamma}$$

Les constantes d'intégration A et B sont déterminées par les conditions initiales ($t = 0$, $z = 0$ et $z' = 0$). Pour cela nous devons ajouter à la relation précédente une deuxième relation obtenue par dérivation, soit :

$$\frac{dz}{dt} = j\gamma Ae^{j\gamma t} - j\gamma Be^{-j\gamma t}$$

Pour $t = 0$, il vient :

$$0 = \frac{mE}{eB} + A + B$$

$$0 = j\gamma\,(A - B)$$

soit :

$$A = B = -\frac{mE}{2\,eB^2}$$

Comme $e^{j\gamma t} + e^{-j\gamma t} = 2\cos\gamma t$, **on a :**

$$z = \frac{mE}{eB^2}\,(1 - \cos\gamma t) \qquad (7)$$

Nous sommes maintenant en mesure de calculer $y = f(t)$ à partir des relations (5) et (7). On a :

$$\frac{dy}{dt} = \gamma z = \frac{E}{B}\,(1 - \cos\gamma t)$$

d'où :

$$y = \frac{E}{B}\left(t - \frac{1}{\gamma}\sin\gamma t\right) + y_0$$

avec pour $t = 0$: $y = 0$, d'où $y_0 = 0$, soit :

$$y = \frac{E}{B}\left(t - \frac{1}{\gamma}\sin\gamma t\right) \qquad (8)$$

Enfin si l'on pose :

$$R = \frac{mE}{eB^2} \quad \text{et} \quad \theta = \gamma t = \frac{eB}{m}\,t$$

on a l'expression de la trajectoire en paramétriques, soit :

$$\boxed{x = 0 \quad , \quad y = R(\theta - \sin\theta) \quad , \quad z = R(1 - \cos\theta)}$$

b) Pour que le plan récepteur P parallèle à Oxy commence à recevoir des électrons, il faut que la distance h soit égale à l'ordonnée maximale ($h = z_M$) ce qui a lieu pour $\cos\theta = -1$, d'où :

$$\boxed{h = 2\,R = 2\,\frac{mE}{eB^2}}$$

III-6 Un ion d'hydrogène de masse $1{,}673 \times 10^{-27}$ kg pénètre à la vitesse $v_0 = 8 \times 10^6$ m/s dans une zone où le champ magnétique est de 0,08 T (fig. III-3) déterminer :

a) Le rayon de sa trajectoire.

b) Le temps mis à parcourir la demi-circonférence.

a) Le champ est perpendiculaire à la trajectoire initiale et la force qu'il exerce est constante. L'électron a un mouvement circulaire de rayon R tel qu'à chaque instant, la force électromagnétique soit équilibrée par la force centrifuge :

$$Bev = mv^2/R$$

d'où :

$$R = \frac{mv}{Be} = \frac{1{,}673 \times 10^{-27} \times 8 \times 10^6}{0{,}08 \times 1{,}6 \times 10^{-19}}$$

$$\boxed{R = 1{,}045 \text{ m}}$$

b) Le mouvement est circulaire uniforme car la vitesse de la particule n'est pas modifiée par l'action du champ :

$$l = \pi R = vt$$

d'où :

$$t = \frac{\pi R}{v} = \frac{3{,}14 \times 1{,}045}{8 \times 10^6} = 0{,}41 \times 10^{-6} \text{ s}$$

$$\boxed{t = 0{,}41 \ \mu\text{s}}$$

III-7 Un électron accéléré par une tension $U_0 = 1\,000$ V pénètre entre les deux plaques d'un condensateur (fig. III-5) auxquelles on applique une tension sinusoïdale $v = V \cos \omega t$.

On demande :

a) Le temps de transit des électrons entre les plaques du condensateur.

b) Le déplacement D des électrons que l'on observe sur l'écran.

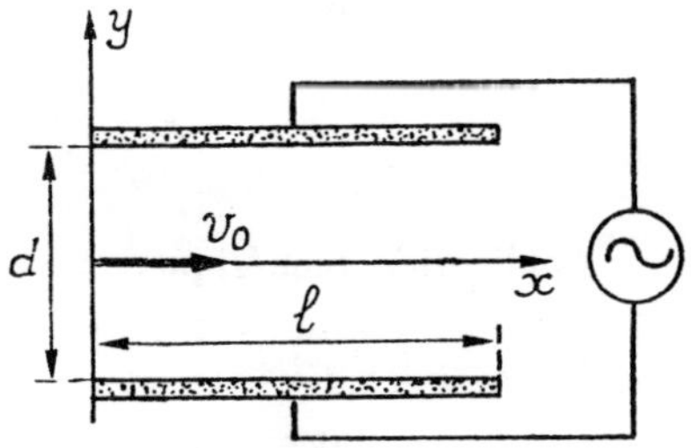

FIG. III-5.

Application numérique :

$$x = l = 4 \text{ cm} \quad , \quad d = 1 \text{ cm} \quad , \quad V = 100 \text{ V}$$

$$a)\ \omega = 10^9 \text{ rd/s} \quad , \quad b)\ \omega = 0.$$

a) La composante $\mathcal{E}_x$ étant nulle, on a : $f_x = -e\mathcal{E}_x = 0$. En conséquence d'après la relation $f = m\gamma$ il vient : $\gamma_x = 0$. Comme la vitesse initiale n'est pas nulle

$$\left(v_0 = \sqrt{\frac{2\,eU_0}{m}} = \sqrt{\frac{2 \times 1{,}6 \times 10^{-19} \times 1\,000}{9 \times 10^{-31}}} = 1{,}89 \times 10^7 \text{ m/s}\right)$$

le mouvement suivant l'axe des abscisses est uniforme ($x = v_0 t$) et l'on a :

$$t = \frac{x}{v_0} = \frac{0{,}04}{1{,}89 \times 10^7}$$

$$\boxed{t = 2{,}1 \times 10^{-9} \text{ s}}$$

b) Quand on applique entre les plaques une tension sinusoïdale de pulsation donnée ($v = V \cos \omega t$), l'électron est animé d'un mouvement sinusoïdal suivant l'axe des ordonnées. On a :

$$\gamma_y = \frac{dv_y}{dt} = \frac{ev}{md} = k \cos \omega t \qquad (\text{avec } k = eV/md)$$

d'où :

$$v_y = \frac{k}{\omega} \sin \omega t \qquad (\text{puisque } v_{0_y} = 0)$$

et :

$$y = \frac{k}{\omega^2} (1 - \cos \omega t) \qquad (\text{si l'on choisit } y_0 = 0)$$

Si l'on ajoute à cette équation, la relation $x = v_0 t$, on a bien les équations paramétriques du mouvement en fonction du temps, soit en éliminant le temps, l'équation du mouvement :

$$y = \frac{k}{\omega^2}\left(1 - \cos \frac{\omega x}{v_0}\right)$$

Application numérique.

1° $\omega = 10^9$ rd/s.

$$K = \frac{eV}{md} = \frac{1{,}6 \times 10^{-19} \times 100}{9 \times 10^{-31} \times 0{,}01} = 1{,}78 \times 10^{15} \; uSI$$

$$\frac{\omega x}{v_0} = \frac{10^9 \times 0{,}04}{1{,}89 \times 10^7} = 2{,}1 \text{ radians}$$

Comme 2 π radian correspondant à 180 degrés, 2,1 radians ont pour valeur :

$$\theta = \frac{360 \times 2{,}1}{2 \times 3{,}14} = 120°$$

$$D = \frac{1{,}78 \times 10^{15}}{10^{18}} (1 + 0{,}5) = 2{,}68 \times 10^{-3} \text{ m}$$

$$\boxed{D = 2{,}68 \text{ mm}}$$

On peut alors observer sur l'écran un trait vertical symétrique par rapport à Ox de longueur 2 D.

2° $\omega = 0$.

$\gamma_y = K$, d'où : $v_y = Kt$ et $y = \frac{1}{2} Kt^2$ avec $x = v_0 t$

soit :

$$y = \frac{K}{2} \frac{x^2}{v_0^2} = \frac{1{,}78 \times 10^{15} \times 0{,}04^2}{2 \times 1{,}89^2 \times 10^{14}} = 3{,}98 \times 10^{-3} \text{ m}$$

$$\boxed{D = 3{,}98 \text{ mm}}$$

On peut alors observer sur l'écran un trait vertical de longueur D placé au-dessus ou au-dessous de l'axe Ox suivant la polarité des plaques.

III-8 Un canon à électrons placé dans le plan yOz (fig. III-6) envoie des électrons sous la tension $U_0 = 1\,600$ V dans une direction qui fait un angle de 30 degrés avec l'axe Oz. Ces électrons sont alors soumis d'une part à un champ électrique uniforme dirigé suivant les z positifs ($\mathcal{E}_z = 1\,200$ V/m,) d'autre part à un champ magnétique dirigé suivant les z négatifs ($\mathcal{B}_z = -5$ mT).
Déterminer les équations du mouvement et interpréter les résultats.

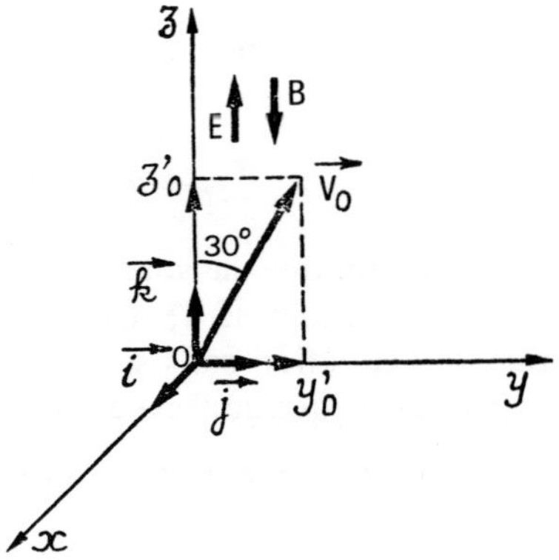

FIG. III-6.

Soit Ox, Oy, Oz trois axes rectangulaires de vecteurs unitaires $\vec{i}, \vec{j}, \vec{k}$ formant un trièdre direct (fig. III-6), on a d'après les données du problème :

$$\vec{\mathcal{E}} = E\vec{k} \quad , \quad \vec{\mathcal{B}} = -B\vec{k}$$

avec comme conditions initiales (électron à l'origine et vitesse $\vec{v_0}$) :

$$x = 0 \quad , \quad y = 0 \quad , \quad z = 0$$

$$y'_0 = v_0 \cos 60° \quad , \quad z'_0 = v_0 \cos 30° \quad , \quad \text{avec :} \quad v_0 = \sqrt{\frac{2\,eU_0}{m}}$$

soit :

$$x'_0 = 0 \quad , \quad y'_0 = v_0/2 \quad , \quad z'_0 = v_0\sqrt{3/2}$$

Ensuite comme dans l'exercice III-5, on applique la relation fondamentale de la dynamique :

Intégrons la relation (2), il vient :

$$\frac{dy}{dt} = -\frac{eB}{m}x + A$$

avec pour $t = 0$, $\dfrac{dy}{dt} = y'_0 = \dfrac{v_0}{2}$ et $x = 0$ d'où : $A = \dfrac{v_0}{2}$

soit :

$$\frac{dy}{dt} = -\frac{eB}{m}x + \frac{v_0}{2} \tag{6}$$

Reportons cette valeur dans la relation (1), on a :

$$\frac{d^2x}{dt^2} + \left(\frac{eB}{m}\right)^2 x = \frac{eB}{m} \times \frac{v_0}{2} \tag{7}$$

On sait que la solution générale d'une telle équation (P. I, p. 184) comporte la somme de deux termes ($x = x_1 + x_2$), x_1 est la solution générale de l'équation sans second membre alors que x_2 est une solution particulière de l'équation avec second membre.

Pour rechercher la solution générale x_1, on a :

$$\frac{d^2x}{dt^2} + \left(\frac{eB}{m}\right)^2 x = 0$$

La solution est de la forme $x = Ae^{rt}$, ce qui conduit à l'équation caractéristique :

$$r^2 + \left(\frac{eB}{m}\right)^2 = 0$$

soit :

$$r = \pm j\omega \qquad \text{en posant :} \qquad \omega = eB/m$$

d'où :

$$x_1 = Ae^{j\omega t} + Be^{-j\omega t}$$

A et *B* désignant des constantes d'intégration.

D'autre part, pour le choix de la solution particulière x_2, on considère toujours le régime définitif. Quand celui-ci est atteint, x ne varie plus donc :

$$\frac{dx}{dt} = 0 \qquad \text{et} \qquad \frac{d^2x}{dt^2} = 0$$

d'où :

$$x_2 = \frac{m}{eB} \times \frac{v_0}{2} = \frac{v_0}{2\,\omega}$$

En définitive, la solution générale a pour expression :

$$m\frac{d\vec{v}}{dt} = -e\,(\vec{\mathcal{E}} + \vec{v} \wedge \vec{\mathcal{B}})$$

avec :

$$\vec{v} = \frac{dx}{dt}\vec{i} + \frac{dy}{dt}\vec{j} + \frac{dz}{dt}\vec{k}$$

soit :

$$\frac{d^2x}{dt^2}\vec{i} + \frac{d^2y}{dt^2}\vec{j} + \frac{d^2z}{dt^2}\vec{k} = -\frac{eE}{m}\vec{k} + \frac{eB}{m}\left[\left(\frac{dx}{dt}\vec{i} + \frac{dy}{dt}\vec{j} + \frac{dz}{dt}\vec{k}\right) \wedge \vec{k}\right]$$

$$= -\frac{eE}{m}\vec{k} + \frac{eB}{m}\left[\frac{dx}{dt}(\vec{i} \wedge \vec{k}) + \frac{dy}{dt}(\vec{j} \wedge \vec{k}) + \frac{dz}{dt}(\vec{k} \wedge \vec{k})\right]$$

$$= -\frac{eE}{m}\vec{k} - \frac{eB}{m}\frac{dx}{dt}\vec{j} + \frac{eB}{m}\frac{dy}{dt}\vec{i}$$

On déduit de cette relation générale les mouvements suivant chacun des trois axes de référence :

$$\frac{d^2x}{dt^2} = \frac{eB}{m}\frac{dy}{dt} \qquad (1)$$

$$\frac{d^2y}{dt^2} = -\frac{eB}{m}\frac{dx}{dt} \qquad (2)$$

$$\frac{d^2z}{dt^2} = -\frac{eE}{m} \qquad (3)$$

Intégrons la relation (3), il vient :

$$\frac{dz}{dt} = -\frac{eE}{m}t + A$$

avec pour :

$$t = 0 \quad , \quad \frac{dz}{dt} = z'_0 = v_0\sqrt{3}/2 = A$$

d'où :

$$\frac{dz}{dt} = -\frac{eE}{m}t + v_0\sqrt{3}/2 \qquad (4)$$

Intégrons la relation (4), on a :

$$z = -\frac{eE}{2m}t^2 + \frac{v_0\sqrt{3}}{2}t + B$$

Pour $t = 0$, $z = 0$, donc $B = 0$, soit :

$$z = -\frac{eE}{2m}t^2 + \frac{v_0\sqrt{3}}{2}t \qquad (5)$$

$$x = Ae^{j\omega t} + Be^{-j\omega t} + \frac{v_0}{2\omega}$$

On détermine alors les deux constantes A et B d'après les conditions initiales soit : à $t = 0$, $x = 0$ et $x' = 0$.

Ainsi est-on amené à dériver l'expression précédente :

$$x' = j\omega Ae^{j\omega t} - j\omega Be^{-j\omega t}$$

On a :

$$A + B + \frac{v_0}{2\,\omega} = 0$$

$$A - B = 0$$

soit :

$$A = B = -\frac{v_0}{4\,\omega}$$

Dans ces conditions, il vient :

$$x = \frac{v_0}{2\,\omega}\left(1 - \frac{e^{j\omega t} - e^{-j\omega t}}{2}\right)$$

$$x = \frac{v_0}{2\,\omega}(1 - \cos\omega t) \qquad (8)$$

Reportons maintenant cette valeur de x dans l'expression (6), on a :

$$\frac{dy}{dt} = -\frac{v_0}{2}(1 - \cos\omega t) + \frac{v_0}{2} = \frac{v_0}{2}\cos\omega t$$

d'où :

$$y = \frac{v_0}{2\,\omega}\sin\omega t + A$$

La constante d'intégration A est déterminée par les conditions initiales ($t = 0$, $y = 0$), d'où $A = 0$ ce qui donne :

$$y = \frac{v_0}{2\,\omega}\sin\omega t \qquad (9)$$

Application numérique.

$$\omega = \frac{eB}{m} = \frac{1{,}6 \times 10^{-19} \times 5 \times 10^{-3}}{9 \times 10^{-31}} = 8{,}9 \times 10^{8}\ \text{rd/s}$$

$$\frac{eE}{2m} = \frac{1{,}6 \times 10^{-19} \times 1\,200}{2 \times 9 \times 10^{-31}} = 1{,}07 \times 10^{14}\ uSI$$

$$v_0 = \sqrt{\frac{2\,eU_0}{m}} = \sqrt{\frac{2 \times 1{,}6 \times 10^{-19} \times 1\,600}{9 \times 10^{-31}}} = 2{,}38 \times 10^{7}\ \text{m/s}$$

En définitive :

$$\boxed{x = \frac{1{,}19 \times 10^7}{\omega}(1 - \cos \omega t)} \qquad \boxed{y = \frac{1{,}19 \times 10^7}{\omega} \sin \omega t}$$

$$\boxed{z = -1{,}07 \times 10^{14}\, t^2 + 2{,}06 \times 10^7\, t} \quad \text{avec : } \omega = 8{,}9 \times 10^8 \text{ rd/s}$$

III-9 Les électrons envoyés par la cathode d'un oscillographe cathodique sont accélérés par une tension $U_0 = 400$ V (fig. III-2),
Les dimensions du tube sont :

$$L = 19{,}4 \text{ cm} \quad , \quad l = 1{,}27 \text{ cm} \quad , \quad d = 0{,}475 \text{ cm}.$$

a) Calculer la sensibilité des plaques.

b) On remplace les plaques par un champ magnétique transversal qui s'exerce dans la même région que le champ électrique (fig. III-3), calculer l'intensité du champ magnétique produisant sur l'écran la même déviation qu'une d.d.p. de 30 volts appliquée aux plaques.

a) La sensibilité des plaques a pour expression (C. II, p. 62) :

$$\sigma = \frac{D}{U} = \frac{lL}{2\,U_0 d} = \frac{1{,}27 \times 10^{-2} \times 19{,}4 \times 10^{-2}}{2 \times 400 \times 0{,}475 \times 10^{-2}} = 6{,}5 \times 10^{-4} \text{ m/V}$$

$$\boxed{\sigma = 0{,}65 \text{ mm/V}}$$

b) Avec une d.d.p. $V = 30$ volts, on a un déplacement :

$$D = \sigma V = 0{,}65 \times 30 = 19{,}5 \text{ mm}$$

D'autre part avec le champ magnétique, le déplacement a pour expression (C. II, p. 64) :

$$D = BlL \sqrt{\frac{e}{2\,mU_0}}$$

d'où :

$$B = \frac{D}{lL}\sqrt{\frac{2\,mU_0}{e}}$$

$$= \frac{19{,}5 \times 10^{-3}}{1{,}27 \times 10^{-2} \times 19{,}4 \times 10^{-2}} \sqrt{\frac{2 \times 9 \times 10^{-31} \times 400}{1{,}6 \times 10^{-19}}} = 5{,}3 \times 10^{-4} \text{ T}$$

$$\boxed{B = 0{,}53 \text{ mT}}$$

III-10 Des tensions sinusoïdales de même amplitude et de même fréquence sont appliquées aux deux jeux de plaques d'un oscilloscope. Si φ est le déphasage entre ces tensions, représenter les courbes observées sur l'écran pour les valeurs suivantes de φ : 0, $\frac{\pi}{4}$, $\frac{\pi}{2}$, π. Montrer qu'il est ainsi possible de mesurer le déphasage entre deux tensions.

Si $v = V \cos \omega t$ désigne la tension sinusoïdale qui est appliquée au premier jeu de plaques l'équation du mouvement a pour expression (ex. III-7) :

$$x = \frac{K}{\omega^2}(1 - \cos \omega t) \quad , \quad \text{avec : } \quad K = eV/md$$

De même si $v = V \cos (\omega t + \varphi)$ est la tension appliquée au deuxième jeu de plaques, on a :

$$y = \frac{K}{\omega^2}[1 - \cos (\omega t + \varphi)]$$

Cas particuliers.

$$a) \ \varphi = 0 \quad , \quad x = \frac{K}{\omega^2}(1 - \cos \omega t) \quad , \quad y = \frac{K}{\omega^2}(1 - \cos \omega t)$$

on obtient une droite inclinée à 45 degrés (fig. III-7*a*).

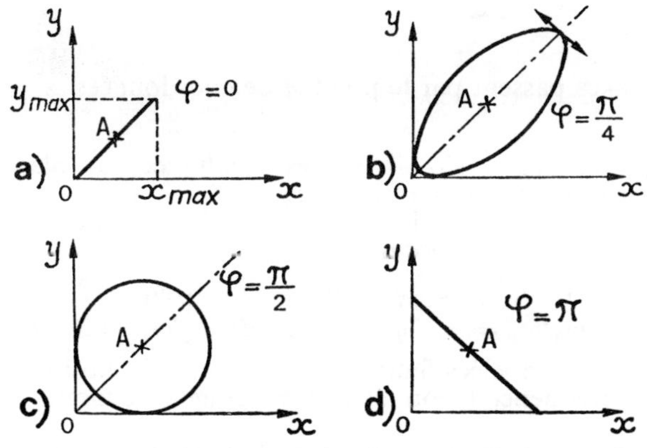

Fig. III-7.

$$b) \ \varphi = \frac{\pi}{4} \ , \ x = \frac{K}{\omega^2}(1 - \cos \omega t) \ , \ y = \frac{K}{\omega^2}\left[1 - \cos \left(\omega t + \frac{\pi}{4}\right)\right]$$

on obtient une ellipse (fig. III-7*b*).

$$c)\ \varphi = \frac{\pi}{2} \quad , \quad x = \frac{K}{\omega^2}(1 - \cos \omega t) \quad , \quad y = \frac{K}{\omega^2}(1 - \sin \omega t)$$

on obtient un cercle dont le centre a pour coordonnées $x = y = \frac{K}{\omega^2}$ et dont le rayon est $\frac{K}{\omega^2}$ (fig. III-7*c*). Si $x = 0$, $\cos \omega t = 1$ et $t = 0 + 2\lambda\pi$ donc $y = \frac{K}{\omega^2}$, le cercle est tangent aux deux axes de coordonnées.

d) Déphasage $\varphi = \pi$. On a $x = \frac{K}{\omega^2}(1 - \cos \omega t)$ et $y = \frac{K}{\omega^2}(1 + \cos \omega t)$

D'où $x + y = \frac{2K}{\omega^2}$. On obtient une droite.

Nous constatons qu'il est ainsi possible de mesurer le déphasage entre les deux tensions.

Lorsque le déphasage varie de 0 à $\frac{\pi}{2}$, la courbe varie d'un segment de droite (ellipse de petit axe nul) à un cercle (ellipse dont les deux axes sont égaux) en passant par différentes formes d'ellipses ayant toutes la bissectrice de xOy comme grand axe.

De même, pour un déphasage variant de $\frac{\pi}{2}$ à π, le grand axe fera un angle de $+\frac{3\pi}{4}$ avec Ox.

Tous les axes passent par le point A de coordonnées $x = \frac{K}{\omega^2} = y$.

III-11 Une tension $v_x = V_M \sin \omega_1 t$ est appliquée aux plaques verticales d'un oscilloscope et une tension $v_y = V_M \sin (\omega_2 t + \varphi)$ est appliquée aux plaques horizontales, représenter l'image observée sur l'écran pour les valeurs suivantes :

a) $\omega_2/\omega_1 = 2,\ \varphi = 0$; *b*) $\omega_2/\omega_1 = 2,\ \varphi = \pi/2$

c) $\omega_2/\omega_1 = 3,\ \varphi = 0$; *d*) $\omega_2/\omega_1 = 3,\ \varphi = \pi/2$

Ces courbes appelées figures de Lissajous sont utilisées pour comparer une fréquence inconnue à une fréquence étalon.

En l'absence de toute tension, on règle le spot au centre O de l'écran, puis on le repère par deux axes rectangulaires. Quand on applique aux deux jeux de plaques les tensions $v_x = V_M \sin \omega_1 t$ et $v_y = V_M \sin (\omega_2 t + \varphi)$, les déplacements du spot sont proportionnels à ces tensions et l'on a :

$$x = a \sin \omega_1 t \quad , \quad y = b \sin (\omega_2 t + \varphi)$$

Les amplitudes maximales a et b dépendent des valeurs maximales des tensions appliquées, de la sensibilité des plaques et du gain de l'amplificateur interne à l'oscilloscope. Pour simplifier nous réglerons ce dernier de telle sorte que ces amplitudes soient égales ($a = b$).

Dans ces conditions pour le premier mouvement à étudier ($\omega_2/\omega_1 = 2$, $\varphi = 0$), on a :

$$x = a \sin \alpha \quad , \quad y = a \sin 2\alpha \quad , \quad \text{avec :} \quad \alpha = \omega_1 t$$

On peut alors représenter point par point à différentes époques (0, 1, 2...) la courbe demandée (fig. III-8a).

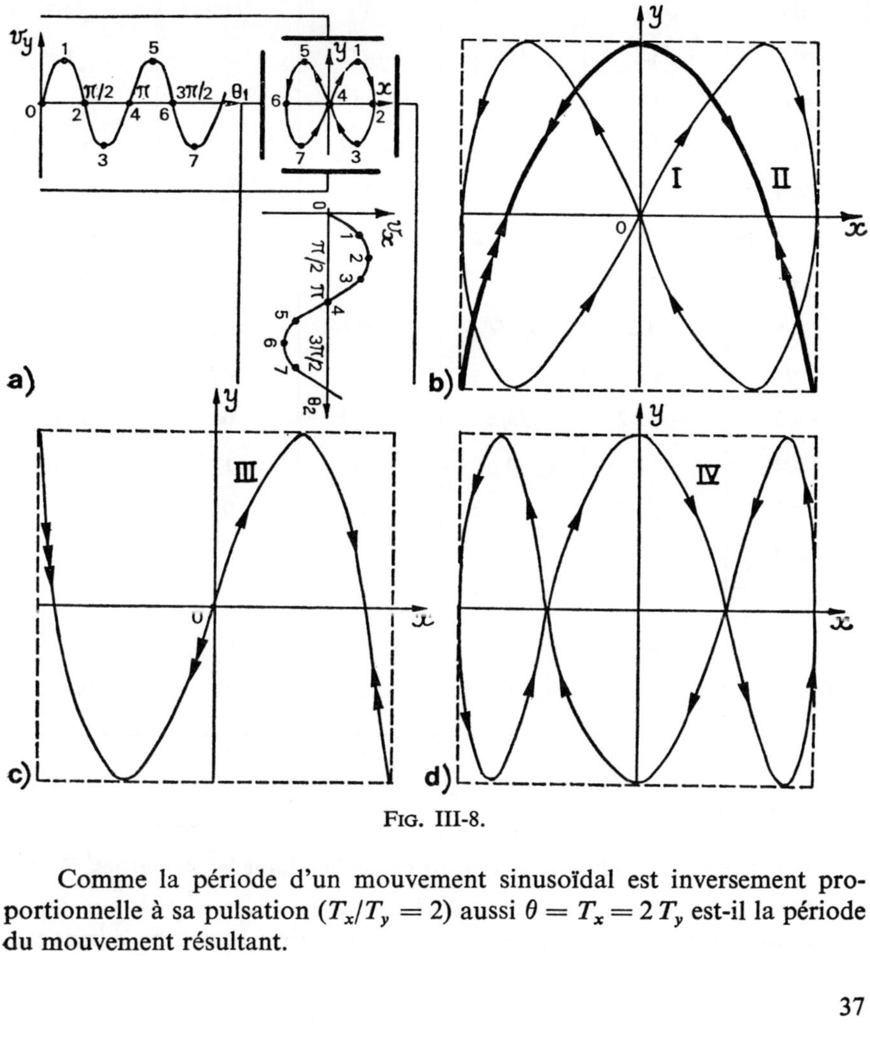

FIG. III-8.

Comme la période d'un mouvement sinusoïdal est inversement proportionnelle à sa pulsation ($T_x/T_y = 2$) aussi $\theta = T_x = 2\,T_y$ est-il la période du mouvement résultant.

On opère de la même façon pour les autres mouvements et après avoir calculé certaines valeurs particulières que l'on consigne dans un tableau on trace les courbes représentatives (fig. III-8*b*).

$a = \omega_1 t$	$x = \sin a$	$y_1 = \sin 2a$	$y_2 = \cos 2a$	$y_3 = \sin 3a$	$y_4 = \cos 3a$
0	0	0	1	0	1
$\pi/6$	1/2	$\sqrt{3}/2$	1/2	1	0
$\pi/4$	$\sqrt{2}/2$	1	0	$\sqrt{2}/2$	$-\sqrt{2}/2$
$\pi/3$	$\sqrt{3}/2$	$\sqrt{3}/2$	$-1/2$	0	-1
$\pi/2$	1	0	-1	-1	0
$2\pi/3$	$\sqrt{3}/2$	$-\sqrt{3}/2$	$-1/2$	0	1
$3\pi/4$	$\sqrt{2}/2$	-1	0	$\sqrt{2}/2$	$\sqrt{2}/2$
$5\pi/6$	1/2	$-\sqrt{3}/2$	1/2	1	0
π	0	0	1	0	-1
$7\pi/6$	$-1/2$	$\sqrt{3}/2$	1/2	-1	0
$5\pi/4$	$-\sqrt{2}/2$	1	0	$-\sqrt{2}/2$	$\sqrt{2}/2$
$4\pi/3$	$-\sqrt{3}/2$	$\sqrt{3}/2$	$-1/2$	0	1
$3\pi/2$	-1	0	-1	1	0
$5\pi/3$	$-\sqrt{3}/2$	$-\sqrt{3}/2$	$-1/2$	0	-1
$7\pi/4$	$-\sqrt{2}/2$	-1	0	$-\sqrt{2}/2$	$-\sqrt{2}/2$
$11\pi/6$	$-1/2$	$-\sqrt{3}/2$	1/2	-1	0
2π	0	0	1	0	1
Courbes		I	II	III	IV

Remarques.

a) On aurait pu alléger le tableau en recherchant les symétries.

Ainsi pour la première, le paramètre a doit varier de 0 à 2π. Or si l'on change a en $2\pi - a$, $x \to -x$, $y \to -y$ ainsi la courbe admet-elle l'origine O comme centre de symétrie et dans ces conditions il suffit de faire varier α de 0 à π.

D'autre part si l'on change α en $\pi - \alpha$, $x \to x$, $y \to -y$ ainsi la courbe admet-elle l'axe Ox comme axe de symétrie et en définitive il suffit de faire varier α de 0 à $\pi/2$.

Par le même procédé, on montre l'existence d'un axe de symétrie pour la courbe II, d'un centre de symétrie pour la courbe III, d'un centre et d'un axe de symétrie pour la courbe IV.

b) Il est intéressant de généraliser les résultats précédents :

— si les périodes des deux mouvements sont commensurables

$$\frac{T_x}{T_y} = \frac{p}{q} \qquad (p \text{ et } q \text{ entiers})$$

$\theta = q\,T_x = pT_y$ représente le p.p.m.c. des deux périodes; c'est la période du mouvement résultant. La figure de Lissajous est une courbe fermée qui a p points de contact avec une tangente horizontale et q points de contact avec une tangente verticale.

Ainsi connaissant l'une des fréquences qui est fournie par un générateur étalon est-il possible en calculant les points de contact de déterminer l'autre fréquence.

— si les périodes sont incommensurables, les deux mouvements sont dans un rapport quelconque. La courbe inscrite dans le rectangle de Lissajous ne se ferme jamais, le point lumineux balayant ainsi toute la surface.

III-12 La fente fine F d'un spectrographe de masse (fig. III-9) envoie un pinceau d'ions de charge e, de masse m dont la direction moyenne est normale à Ox. Sachant qu'un champ uniforme $\mathcal{B}$ normal au

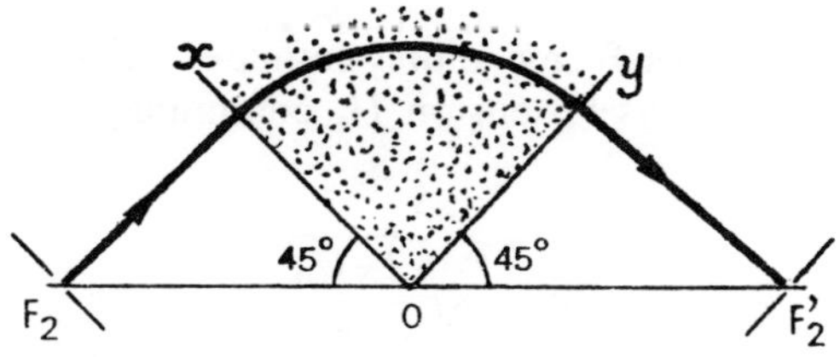

FIG. III-9.

plan de figure règne dans l angle xOy, déterminer la valeur du champ pour que le rayon de courbure qui correspond aux ions de masse m soit égal à OA.

Application : Ions Hydrogène, $U_0 = 2\,000$ V, $R = 15$ cm, $m = 1{,}67 \cdot 10^{-24}$ g.

Dans la zone du champ magnétique, les ions décrivent une trajectoire circulaire de rayon R (C. II, p. 63) et l'on a :

$$\mathcal{B}ev = m\frac{v^2}{R} \quad , \quad \text{avec :} \quad v = v_0 = \sqrt{\frac{2\,eU_0}{m}}$$

soit :

$$\mathcal{B} = \frac{mv}{eR} = \frac{1}{R}\sqrt{\frac{2\,mU_0}{e}} = \frac{100}{15}\sqrt{\frac{2 \times 1{,}67 \times 10^{-27} \times 2\,000}{1{,}6 \times 10^{-19}}}$$

$$\boxed{\mathcal{B} = 0{,}043 \text{ T}}$$

III-13 Dans le but de mesurer le quotient e/m, on réalise l'expérience (fig. III-10). La tension V et l'induction $\mathcal{B}$ étant réglées pour que le spot ne subisse aucune déviation sur l'écran, on relève les valeurs suivantes :

$U_0 = 1\,000$ V, $d = 1$ cm, $V = 500$ volts, $\mathcal{B} = 2{,}7 \cdot 10^{-3}$ Wb/m^2.
Calculer e/m.

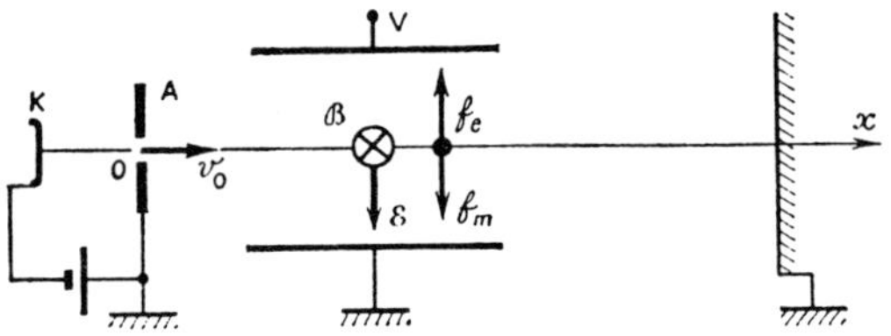

FIG. III-10.

Le canon à électrons formé d'une cathode émissive et d'une anode accélératrice alimentée sous la tension U_0 communique aux électrons une vitesse constante :

$$v = \sqrt{\frac{2\,eU_0}{m}}$$

Chacun des électrons est alors soumis à deux forces de sens opposés :

— La force f_e produite par le champ électrique du condensateur,

— La force f_m due au champ d'induction magnétique B.

Le spot ne subit aucune déviation sur l'écran, donc :

$$f_e = Ve/d = f_m = \mathcal{B}ev_0 = \mathcal{B}e\sqrt{2_eU_0/m}$$

d'où :

$$\frac{e}{m} = \frac{V^2}{2\,U_0 d^2 \mathcal{B}^2} = \frac{500^2}{2 \times 1\,000 \times 10^{-4} \times 2{,}7^2 \times 10^{-6}}$$

$$\boxed{e/m = 1{,}71 \times 10^{11} \text{ C/kg}}$$

III-14 Un proton d'hydrogène est introduit dans un cyclotron (fig. III-11) en O avec une très faible vitesse initiale normale à l'induction $\mathcal{B}$. Chaque fois que le proton décrit un demi-cercle, il subit une accélération de durée très brève (une impulsion) grâce à une d.d.p. sinusoïdale que l'on établit entre les « Dee ».

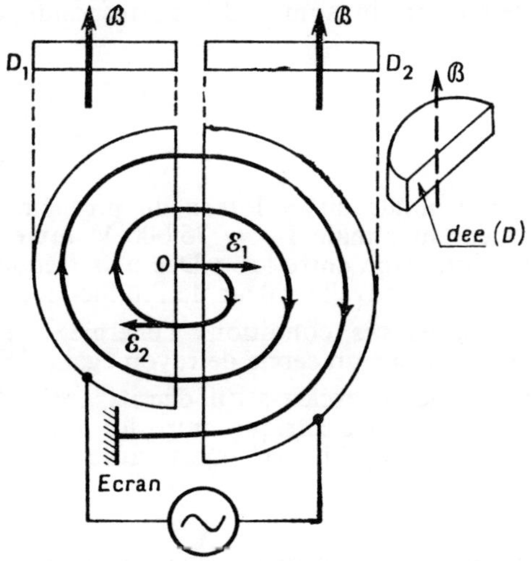

FIG. III-11.

a) Calculer le temps mis par un proton pour décrire un demi-cercle, si $\mathcal{B}$ = 0,80 Tesla, montrer que ce temps est indépendant de son énergie cinétique.
b) En déduire la période de la tension sinusoïdale.

a) Le proton sous l'action du champ magnétique prend un mouvement circulaire (C. II, p. 64) :

$$\mathcal{B}ev = mv^2/R \quad , \quad \text{d'où :} \quad R = mv/\mathcal{B}e$$

On peut alors calculer le temps τ pour décrire un demi-cercle :

$$\pi R = v\tau = \pi mv/\mathcal{B}e$$

soit :

$$\tau = \frac{\pi m}{\mathcal{B}e} = \frac{\pi \times 1{,}672 \times 10^{-27}}{0{,}8 \times 1{,}602 \times 10^{-19}}$$

$$\boxed{\tau = 4{,}1 \times 10^{-8}\ \text{s}}$$

Ce temps étant indépendant de la vitesse du proton, il est également indépendant de son énergie cinétique $\left(W = \frac{1}{2} mv^2\right)$.

b) La période de la tension sinusoïdale doit correspondre à un tour complet du proton d'où :

$$\boxed{T = 2\tau = 8{,}1 \times 10^{-8}\ \text{s}}$$

III-15 La tension sinusoïdale du cyclotron du problème précédent appliquée à sa valeur maximale $V_M = 35\,000$ V aux époques où le proton traverse l'intervalle entre les « Dee » sa fréquence étant égale à 12 MHz pour une nouvelle valeur de l'induction.

a) Quelle est dans ces conditions l'énergie cinétique du proton lorsqu'il se déplace sur un cercle de rayon égal à 15 cm?

b) Combien de demi-cercles a-t-il décrits après sa première accélération par le champ électrique entre les « Dee » pour atteindre cette énergie sachant qu'il a été injecté avec une vitesse négligeable.

a) L'énergie cinétique du proton qui se déplace sur un cercle de rayon R est :

$$W = \frac{1}{2} mv^2 \qquad \text{avec} \qquad R = \frac{mv}{\mathcal{B}e}\ , \quad \text{d'où :} \quad v = \frac{\mathcal{B}eR}{m}$$

On peut alors calculer l'induction $\mathcal{B}$ en fonction de la fréquence de la tension sinusoïdale :

$$f = \frac{1}{2\tau} = \frac{\mathcal{B}e}{2\pi m}\ , \quad \text{d'où :} \quad \frac{\mathcal{B}e}{m} = 2\pi f$$

En définitive, on a :

$$W = 2\pi^2 m f^2 R^2 = 2 \times \pi^2 \times 1{,}672 \times 10^{-27} \times 12^2 \times 10^{12} \times 15^2 \times 10^{-4}$$

$$= 1{,}07 \times 10^{-13}\ J = \frac{1{,}07 \times 10^{-13}}{1{,}6 \times 10^{-19}} = 0{,}67 \times 10^6\ \text{eV}$$

$$\boxed{W = 0{,}67\ \text{MeV}}$$

b) A chaque tour le générateur sinusoïdal fournit une énergie de 35 000 eV. Comme l'énergie cinétique était nulle initialement, on en déduit le nombre de tours :

$$N = \frac{0{,}67 \times 10^6}{35\ 000}$$

$$\boxed{N = 19}$$

III-16 L'énergie cinétique d'un proton accéléré dans le cyclotron précédent ne peut pas croître indéfiniment du fait que la masse augmente avec la vitesse (C. II, p. 19).

a) Calculer la durée réelle d'un demi-tour du proton pour les valeurs élevées de la vitesse.

b) En déduire la vitesse maximale que peut atteindre le proton.

D'après les théories d'Einstein, la masse d'un corps augmente avec sa vitesse suivant la relation : $m = \dfrac{m_0}{\sqrt{1 - v^2/c^2}}$ aussi la durée réelle d'un demi-tour a-t-elle pour expression :

$$\tau = \frac{\pi m}{\mathcal{B} e} = \frac{\pi m_0}{\mathcal{B} e \sqrt{1 - v^2/c^2}}$$

B) PROBLÈMES A RÉSOUDRE

III-16 Deux plaques métalliques parallèles (fig. III-1) distantes de 1 cm sont soumises à une d.d.p. de 1 000 V. Sachant qu'un électron quitte la plaque négative avec une vitesse nulle, calculer le temps nécessaire pour atteindre la plaque positive.

III-17 Dans le problème précédent, on remplace la tension continue par une tension sinusoïdale de fréquence 50 Hz et de valeur maximale 1 000 V.

Sachant que l'électron quitte la plaque avec une vitesse nulle à l'instant où la tension appliquée est nulle, calculer le nouveau temps de transit.

NOTE. — Pour ce calcul il sera intéressant de développer en série la fonction sinus soit : $\sin \theta = \theta - \frac{\theta^3}{3!} + \frac{\theta^5}{5!} ...$

III-18 Deux plaques métalliques parallèles (fig. III-1) distantes de 5 cm sont soumises à une d.d.p. qui croît linéairement de zéro à 10 V en 10^{-7} s. Sachant qu'un électron quitte la cathode avec une vitesse nulle déterminer :

a) La vitesse qu'il atteindra au bout du temps $0,5 \times 10^{-7}$ s.

b) Sa position à cette époque.

c) La vitesse avec laquelle il viendra frapper l'anode.

III-19 Un électron dont l'énergie cinétique est de 100 eV au point $x = -4$ cm où le champ électrique est nul (fig. ex. III-19) est attiré par la plaque positive d'un condensateur plan (fig. ex. III-19), calculer le temps de parcours depuis ce point jusqu'à la plaque positive.

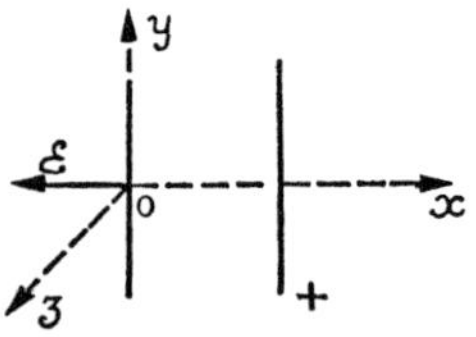

FIG. ex. III-19.

III-20 Un canon à électrons envoie sous la tension $U_0 = 100$ V des électrons dans une direction qui fait l'angle $\alpha = 45°$ avec la plaque positive d'un condensateur (fig. ex. III-20). Les électrons qui quittent la plaque en A sont sollicités par un champ électrique uniforme de valeur $\mathcal{E} = 10^4$ V/m. On demande :

a) La trajectoire de l'électron.

b) La distance AB et le temps mis pour parcourir cette distance.

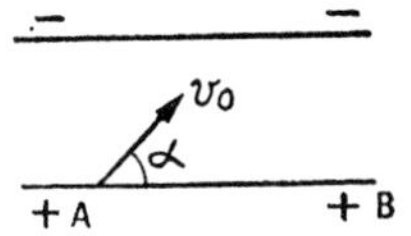

FIG. ex. III-20.

III-21 Un canon à électrons envoie des électrons à la vitesse $V_0 = 10^5$ m/s dans une direction qui fait un angle $\alpha = 30°$ avec un champ magnétique uniforme d'intensité $B = 10^{-2}$ Wb/m^2 (fig. ex. III-21), on demande :

a) Le mouvement des électrons.

b) Le rayon R du mouvement circulaire.

c) Le temps mis pour exécuter ce mouvement.

d) Le pas de l'hélice.

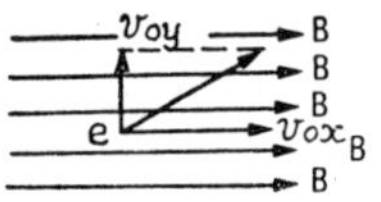

FIG. ex. III-21.

III-22 Un canon à électrons envoie des électrons à la vitesse

$$v_{oy} = 4 \times 10^6 \text{ m/s}$$

à mi-chemin entre les deux plaques d'un condensateur parallèles au plan xOy et distantes de $d = 0{,}5$ cm (fig. ex. III-22). Sachant que la tension appliquée aux plaques est de 200 V et qu'un champ magnétique uniforme $B = 10 \text{ mWb/m}^2$ existe entre les plaques, déterminer :

a) Le point de rencontre des électrons avec la plaque positive.

b) La vitesse avec laquelle les électrons frappent cette plaque.

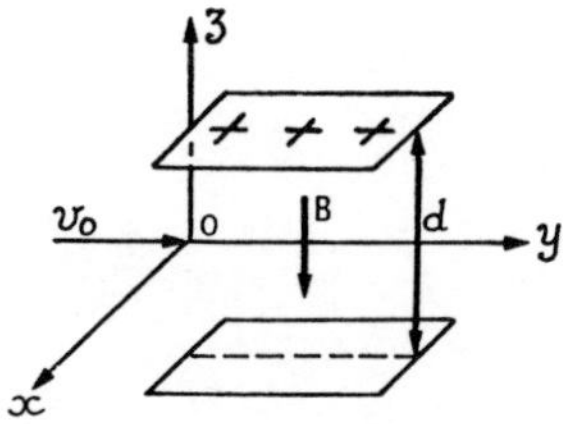

FIG. ex. III-22.

III-23 Un électron qui est au repos à l'origine 0 pour $t = 0$ vient frapper une plaque photographique perpendiculaire à l'axe Oy à l'instant $t = 0{,}5 \times 10^{-8}$ s (fig. ex. III-23). Sachant qu'il existe un champ magnétique $B = 1 \text{ mWb/m}^2$ parallèle à l'axe Oz et un champ électrique parallèle au plan xOz faisant un angle de 30° avec l'axe Ox, on demande :

a) Le mouvement des électrons.

b) Les coordonnées x, y, z du point de rencontre des électrons avec la plaque.

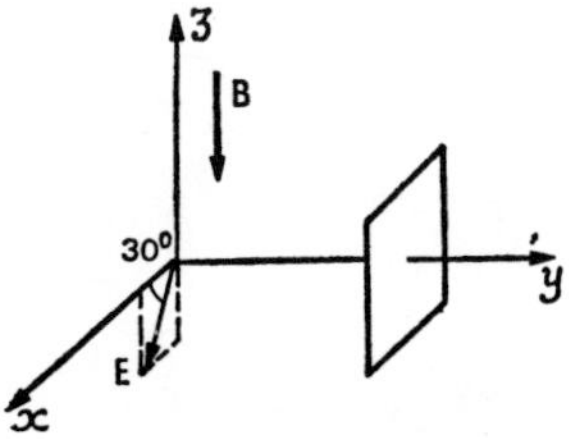

FIG. ex. III-23.

DIODES ET TRANSISTORS

CHAPITRE IV

DIODES A JONCTION

A) PROBLÈMES RÉSOLUS

IV-1 Par quelle tension le courant inverse d'une diode à jonction atteindra-t-il 90 pour cent de sa valeur de saturation à la température ambiante normale?

Choisissons comme sens positif pour le courant et pour la tension le **sens bloquant** (fig. IV-1), il vient :

$$i = I_s(1 - \exp \lambda v) \quad \text{avec} \quad \lambda \simeq 39$$

soit :

$$i/I_s = 1 - \exp \lambda v = 0,9$$

$$39\, v = \ln 10 = 2,3$$

$$\boxed{v = 0,059 \text{ V}}$$

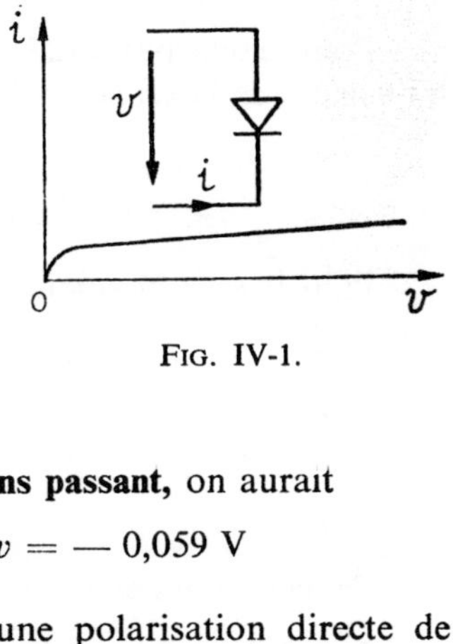

FIG. IV-1.

Remarque.

Si on avait choisi comme sens positif le **sens passant,** on aurait

$$i = I_s(\exp 39\, v - 1) \quad , \quad \text{avec :} \quad v = -0,059 \text{ V}$$

IV-2 Quel est le rapport du courant pour une polarisation directe de 0,05 V au courant pour la même polarisation en sens inverse?

$$i_d = I_s(\exp 39\, v - 1)$$

$$i_i = I_s(1 - \exp - 39\, v)$$

$$\frac{i_d}{i_i} = \frac{\exp 39\, v - 1}{1 - \exp - 39\, v}$$

Pour $v = 0{,}05$ V $\boxed{i_d/i_i = 6{,}9}$

IV-3 Si le courant de saturation inverse est 10 μA, calculer le courant direct pour les tensions : 0,1 ; 0,2 et 0,3 V.

$$i_d = I_s\,(\exp 39\,v - 1) = 10^{-5}\,(\exp 39\,v - 1)$$

Pour :

$$v = 0{,}1 \text{ V} \quad , \quad v = 0{,}2 \text{ V} \quad , \quad v = 0{,}3 \text{ V}$$

$$\boxed{i_d = 0{,}48 \text{ mA}} \quad \boxed{i_d = 24 \text{ mA}} \quad \boxed{i_d = 1{,}02 \text{ A}}$$

IV-4 Calculer et représenter la caractéristique $i = f(v)$ d'une diode à jonction au germanium à la température de 27 °C, sachant que le courant de saturation inverse est de 10 μA. On se limitera aux tensions d'entrée comprises entre — 0,3 V et + 0,3 V.

Pour les deux états (passant et bloquant) on a une seule relation :

$$i = 10^{-5}\,(\exp 39\,v - 1)$$

Pour le sens passant, le courant et la tension sont positifs et on retrouve les valeurs de l'exercice précédent soit :

$$v = 0{,}1 \text{ V} \;,\; i = 0{,}48 \text{ mA} \;;\; v = 0{,}2 \text{ V} \;,\; i = 24 \text{ mA}$$
$$v = 0{,}3 \text{ V} \;,\; i = 1{,}2 \text{ A}$$

Pour le sens bloquant, il vient :

$$v = -0{,}1 \text{ V} \;,\; i = 10^{-5}\,(e^{-3,9} - 1) = -0{,}98 \times 10^{-5} \text{ A.}$$
$$v = -0{,}2 \text{ V} \;,\; i = 10^{-5}\,(e^{-7,8} - 1) = 0{,}9996 \times 10^{-5} \text{ A.}$$
$$v = -0{,}3 \text{ V} \;,\; i = 10^{-5}\,(e^{-11,7} - 1) \simeq 10^{-5} \text{ A.}$$
$$v \to -\infty \;,\; i = -10^{-5} \text{ A.}$$

On peut alors construire point par point la courbe (fig. IV-2) en adoptant des échelles différentes pour les sens passant et bloquant. Cette courbe est incomplète dans sa partie négative car on n'a pas les éléments pour calculer la tension d'avalanche.

IV-5 La diode du problème précédent est polarisée dans le sens passant par une batterie de 30 V qui est en série avec une résistance de 1 kΩ, calculer le courant débité ainsi que la tension aux bornes de la diode.

Le point de fonctionnement est à l'intersection de la caractéristique (fig. IV-1) et de la droite de charge d'équation : $v = E_0 - Ri$.

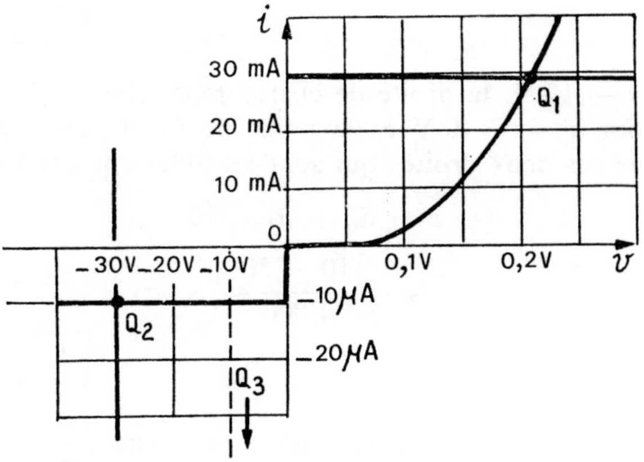

FIG. IV-2.

Cette droite coupe les axes de coordonnées en deux points :

$$i = 0 \quad , \quad v = E_0 = 30 \text{ V} \quad ; \quad v = 0 \quad , \quad i = E_0/R = 30 \text{ mA}$$

Avec les échelles choisies pour le sens passant cette droite D_1 est sensiblement parallèle à l'axe des tensions. Dans ces conditions on détermine graphiquement les valeurs demandées :

$$I \simeq 30 \text{ mA} \quad , \quad U \simeq 0{,}21 \text{ V}$$

IV-6 La diode à jonction est polarisée en sens inverse par la batterie de 30 V branchée en série avec la résistance de 1 kΩ, calculer le courant débité sachant que la tension de Zener de la diode a l'une des valeurs suivantes : *a*) 100 V, *b*) 10 V.

Avec les conventions du sens passant, la nouvelle droite de charge a pour équation : $-v = E_0 + Ri$.

Cette droite coupe les axes de coordonnées en deux points :

$$i = 0 \quad , \quad v = -E_0 = -30 \text{ V} \quad ; \quad v = 0 \quad , \quad i = -E_0/R = -30 \text{ mA}$$

Avec les échelles choisies pour le sens bloquant (fig. IV-1), cette droite D_2 est sensiblement parallèle à l'axe des intensités.

a) Pour $V_Z = -100$ V, la droite de charge rencontre en Q_2 la partie de la caractéristique parallèle à l'axe des tensions et l'on a :

$$\boxed{I_2 = -10\ \mu A}$$

b) Pour $V_Z = -10$ V, la droite de charge rencontre en Q_3 la droite de Zener d'équation $v = -10$ V et le point de fonctionnement Q_3 est à l'intersection de ces deux droites qui sont sensiblement parallèles. On a :

$$-v = E_0 + Ri = 10$$

$$I_3 = \frac{10 - 30}{1\,000}$$

$$\boxed{I_3 = -20\ \text{mA}}$$

IV-7 Une diode à jonction au silicium a un courant de saturation de 30 μA. Calculer la résistance dynamique à 125 °C pour une polarisation de 0,2 V :

a) Dans le sens passant

b) Dans le sens bloquant.

Pour les deux états (passant et bloquant) on a la relation :

$$= I_s\,[\exp(ev/kT) - 1]$$

avec $\quad I_s = 30\ \mu A \quad , \quad \dfrac{e}{kT} = \dfrac{1{,}6 \times 10^{-19}}{1{,}38 \times 10^{-23}\,(125 + 273)} = 29$

soit :

$$= 3 \times 10^{-5}\,(e^{29v} - 1)$$

a) Dans le sens passant, pour $v = 0{,}2$ V, $e^{5,8} = 317$. Comme $e^{29v} \gg 1$, il vient : $i \simeq 3 \times 10^{-5} e^{29v}$.

$$\frac{1}{r_d} = \frac{di}{dv} = 3 \times 10^{-5} \times 29\, e^{29v} = 3 \times 10^{-5} \times 29 \times 317 = 0{,}276\ \text{MKSA}$$

$$r_d = \frac{dv}{di} = \frac{1}{0{,}276}$$

$$\boxed{r_d = 3{,}24\ \Omega}$$

b) Dans le sens bloquant, pour $v = -0{,}2$ V, $e^{-5,8} \ll 1$, il vient :

$$i \simeq -3 \times 10^{-5},$$

d'où $\qquad \boxed{r_i \simeq \infty}$

IV-8 Le courant de saturation d'une diode au silicium ($V_0 = 1{,}12$ V) a pour expression $I_s = I_0 \exp(-eV_0/kT)$ avec $I_0 = CT^3$. Calculer la variation relative $\Delta I_s/I_{s0}$ de ce courant pris à la température $T_0 = 300$ °K. **Application :** $\Delta T = 6°$. Que peut-on conclure?

Comme $$I_s = CT^3 \exp(-eV_0/kT),$$

on a : $$\ln I_s = \ln C + 3 \ln T - eV_0/kT$$

Différencions les deux membres :

$$\frac{\Delta I_s}{I_s} = 3\frac{\Delta T}{T} + \frac{eV_0}{k}\frac{\Delta T}{T^2}$$

A $$T_0 = 300 \text{ °K} \quad , \quad \frac{e}{kT_0} = 39$$

$$\frac{\Delta I_s}{I_{s0}} = \frac{1}{300}(3 + 39 \times 1{,}12)\,\Delta T = 0{,}155\,\Delta T$$

Pour $\Delta T = 6°$ $$\boxed{\Delta I_s \simeq I_s}$$

On peut noter d'une part que le courant de saturation a doublé pour une augmentation de température de 6°, d'autre part que la variation de $I_0 = CT^3$ est négligeable par rapport à celle du terme exponentiel.

IV-9 On peut admettre avec une bonne approximation que si le couran de saturation d'une diode au germanium a pour valeur I_{s0} à la température $T_0 = 300$ °K, celui-ci a pour expression $I_s = I_{s0} \exp(0{,}1\,\Delta T)$ à la température $T = T_0 + \Delta T$. Calculer dans ces conditions la translation $\Delta v/\Delta T$ que subit la caractéristique d'une diode au germanium pour une intensité constante.

On a :

$$i \simeq I_s \exp \lambda v = I_{s0} \exp[\lambda v + 0{,}1\,(T - T_0)]$$

A intensité constante, l'augmentation ΔT doit être compensée par une diminution Δv, soit :

$$\lambda \Delta v + 0{,}1\,\Delta T = 0$$

$$\frac{\Delta v}{\Delta T} = -\frac{0{,}1}{\lambda} = -\frac{0{,}1}{39}$$

$$\boxed{\Delta v/\Delta T = -\,2{,}56 \text{ mV/°C}}$$

IV-10 Calculer la variation relative du courant de saturation d'une diode quand la température de la jonction passe de 25 °C à 75 °C dans les deux cas suivants :

a) Diode au germanium ($V_0 = 0{,}75$ V)

b) Diode au silicium ($V_0 = 1{,}12$ V).

$$I_s = I_0 \exp(-eV_0/kT)$$

I_0 : intensité s'il n'y avait pas de barrière de potentiel ($V_0 = 0$).

$$\Delta I_s = I_{s_1} - I_{s_0} = I_0 \left[\exp(-eV_0/kT_1) - \exp(-eV_0/kT_0)\right]$$

d'où :

$$\varepsilon = \frac{\Delta I_s}{I_s} = \frac{\exp(-eV_0/kT_1) - \exp(-eV_0/kT_0)}{\exp(-eV_0/kT_0)}$$

Application.

a) Diode au germanium ($V_0 = 0{,}75$ V).

$$\frac{eV_0}{kT_1} = \frac{1{,}59 \times 10^{-19} \times 0{,}75}{1{,}39 \times 10^{-23} \times (75 + 273)} = 25 \quad ; \quad \frac{eV_0}{kT_0} = 29$$

$$\varepsilon = \frac{\Delta I_s}{I_{s_0}} = \frac{e^{-25} - e^{-29}}{e^{-29}}$$

$$\boxed{\varepsilon \simeq 50}$$

b) Diode au silicium ($V_0 = 1{,}12$ V).

$$\varepsilon = \frac{\Delta I_s}{I_{s_0}} = \frac{e^{-39} - e^{-43,4}}{e^{-43,4}}$$

$$\boxed{\varepsilon \simeq 500}$$

IV-11 Une alimentation simple alternance comporte un transformateur supposé parfait, une diode de résistance $r_d = 25\ \Omega$ et une charge $R_u = 400\ \Omega$.

Sachant que la tension sinusoïdale aux bornes du secondaire a pour valeur efficace $V_2 = 300$ V, on demande :

a) Le courant moyen à travers la charge.

b) Le courant efficace.

c) Le facteur de forme du courant.

d) Le taux d'ondulation du courant.

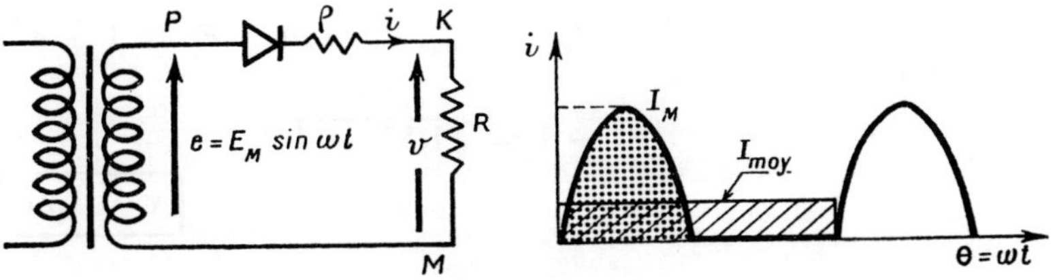

FIG. IV-3.

c) Comme le transformateur est parfait, la charge R est alimentée par un générateur de Thévenin de f.é.m. $e = E_M \sin \omega t$ (avec $E_M = 300\sqrt{2}$) et de résistance interne $\rho = r_d = 25\ \Omega$. Le courant étant sinusoïdal avec une seule alternance redressée, on a :

$$I_{moy} = \frac{1}{2\pi}\int_0^{\pi} I_M \sin\theta \, d\theta$$

les limites d'intégration sont de 0 à π car de π à 2π, le courant est nul;

$$I_{moy} = \frac{I_M}{2\pi}(1 - \cos\theta)_0^{\pi}$$

soit :

$$I_{moy} = \frac{I_M}{\pi} = \frac{E_M}{\pi(R + \rho)} = \frac{300\sqrt{2}}{\pi(400 + 25)}$$

$$\boxed{I_{moy} = 0{,}318 \text{ A}}$$

b)

$$I^2 = \frac{1}{2\pi}\int_0^{\pi} I_M^2 \sin^2\theta \, d\theta = \frac{I_M^2}{4\pi}\int_0^{\pi}(1 - \cos 2\theta)\, d\theta$$

$$= \frac{I_M^2}{4\pi}\left[\theta - \frac{\sin 2\theta}{2}\right]_0^{\pi} = \frac{I_M^2}{4}$$

d'où :

$$I = \frac{I_M}{2} = \frac{300\sqrt{2}}{2(400 + 25)}$$

$$\boxed{I = 0{,}498 \text{ A}}$$

c)

$$F = \frac{I}{I_{moy}} = \frac{\pi}{2}$$

$$\boxed{F = 1{,}57}$$

d) $\tau = \dfrac{I_{\text{ond}}}{I_{\text{moy}}}$ avec $I^2 = I^2_{\text{moy}} + I^2_{\text{ond}}$, soit : $F^2 = 1 + \tau^2$

$$\tau = \sqrt{F^2 - 1} = \sqrt{1{,}57^2 - 1}$$

$$\boxed{\tau = 1{,}21}$$

IV-12 Un redresseur deux alternances alimente un récepteur constitué d'une résistance pure de 3 000 Ω. Le primaire du transformateur de résistance $R_1 = 50\ \Omega$ est alimenté par une tension sinusoïdale de valeur efficace 115 V. Le secondaire de résistance $R_2 = 300\ \Omega$ (pour un demi-enroulement) fournit à vide une tension de valeur efficace 345 V. La diode a une résistance interne de 25 Ω.

a) Calculer la tension moyenne disponible aux bornes du récepteur.

b) Déterminer la résistance du récepteur pour que le débit moyen du redresseur soit de 100 mA.

c) Tracer la courbe de la tension obtenue aux bornes du récepteur en fonction du débit.

a) Comme on l'a expliqué dans le cours, quand un redresseur à deux alternances alimente un récepteur comportant une résistance pure, l'une des diodes est bloquée pendant que l'autre fonctionne (fig. IV-4*a*).

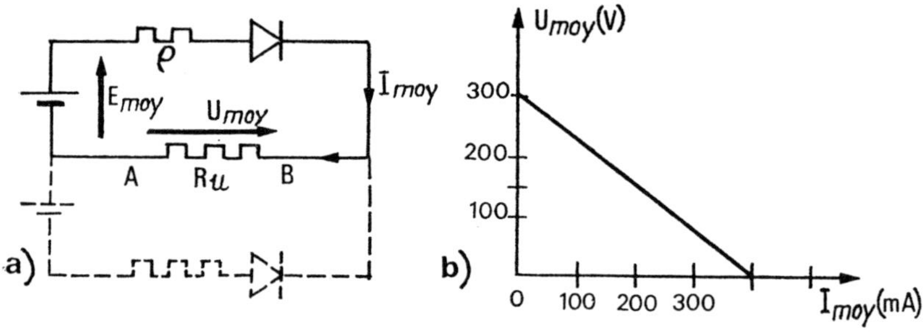

FIG. IV-4.

Si l'on représente en trait plein la partie du circuit qui fonctionne à une époque donnée, celle-ci est traversée par un courant que l'on peut considérer comme continu à condition de raisonner sur les **valeurs moyennes**. A cet effet, la charge $R_u = 3\ 000\ \Omega$ est alimentée par un **générateur de Thévenin** dont nous allons déterminer la f.é.m. moyenne E_{moy} et la résistance interne ρ.

— La valeur efficace de la tension **à vide** aux bornes du **demi-enroulement** secondaire étant $V_{20} = 345$ V, sa valeur maximale est $V_{20M} = V_{20}\sqrt{2}$ ce qui donne pour valeur moyenne :

$$E_{moy} = \frac{2\,V_{20M}}{\pi} = \frac{2 \times 345 \times \sqrt{2}}{\pi} = 310 \text{ V}$$

— La résistance interne comporte en série, la résistance interne de la diode ($r_d = 25\ \Omega$), la résistance du secondaire du transformateur par demi-enroulement ($R_2 = 300\ \Omega$) et la résistance du primaire ramenée au secondaire (C. I, p. 97), soit :

$$R_1' = R_1 \times m^2 \quad , \quad \text{avec :} \quad m = \frac{V_{20}}{V_1} = \frac{345}{115} = 3$$

d'où :

$$\rho = 25 + 300 + 50 \times 9 = 775\ \Omega$$

A partir de ce circuit équivalent, il est facile de calculer la tension moyenne aux bornes de la charge :

$$\frac{U_{moy}}{E_{moy}} = \frac{R_u}{R_u + \rho} = \frac{3\,000}{3\,775} = \frac{U_{moy}}{310}$$

$$\boxed{U_{moy} = 247 \text{ V}}$$

Il est intéressant de noter que les inductances de fuites n'interviennent pas dans ce calcul les valeurs moyennes se comportant comme des grandeurs continues. Il n'en serait plus de même si l'on tenait compte des harmoniques du courant.

b) Pour que le courant moyen soit de 100 mA, il faut que la résistance globale du circuit ait pour valeur :

$$R = \frac{E_{moy}}{I_{moy}} = \frac{310 \times 1\,000}{100} = 3\,100\ \Omega$$

d'où la valeur de la résistance de charge :

$$R_u = R - \rho = 3\,100 - 775\ \Omega$$

$$\boxed{R_u = 2\,325\ \Omega}$$

c) D'après la loi d'Ohm, on a :

$$E_{moy} = U_{moy} + \rho I_{moy}$$

soit :

$$\boxed{U_{moy} = 310 - 775\, I_{moy}}$$

La courbe représentative de la tension en fonction du débit est une droite (fig. IV-4 *b*). Elle coupe les axes de coordonnées pour les valeurs suivantes :

$$I_{moy} = 0 \quad , \quad U_{moy} = 310 \text{ V} \quad ; \quad U_{moy} = 0 \quad , \quad I_{moy} = 310/775 = 0{,}4 \text{ A}$$

IV-13 La figure IV-5 *a* représente un chargeur de batterie. Le secondaire du transformateur d'alimentation délivre une tension e_s (volts) = 20 sin ωt ; la résistance R permet de limiter le courant dans le circuit ; la tension de la batterie est $E_0 = 6{,}3$ V.

a) Calculer la valeur à donner à la résistance R pour limiter à 5 A le courant de crête à travers la diode.

b) Pour la valeur R ainsi déterminée, calculer le courant continu fourni à la batterie.

c) Déterminer la puissance cédée à la batterie, la puissance dissipée par R et la puissance fournie par l'alimentation.

d) Quelle est la valeur maximale de la tension inverse apparaissant aux bornes de la diode ?

a) On a :

$$e = E_0 + Ri$$

Le courant de crête correspond à $e = E_M = 20$ V d'où :

$$R = \frac{E_M - E_0}{i_{max}} = \frac{20 - 6{,}3}{5}$$

$$\boxed{R = 2{,}74\ \Omega}$$

b) Lorsque la tension alternative d'alimentation est inférieure à la tension de la batterie ($e < E_0$), le courant dans le circuit est nul.

En revanche pour $e > E_0$, le courant instantané, d'après la loi d'Ohm est :

$$i = \frac{e - E_0}{R} = \frac{E_M \sin\theta - E_0}{R}$$

On en déduit les temps d'ouverture t_0, de fermeture t_1 ainsi que la durée de conduction $\tau = t_1 - t_0$) de la diode, celle-ci comportant comme une porte qui est soit ouverte (laisse passer le courant), soit fermée (le bloque). Ces instants t_0 et t_1 sont respectivement la plus petite et la plus grande des solutions de l'équation : $\sin \omega t = E_0 / E_M$, ils sont symétriques par rapport à $T/4$ et leur somme est : $t_0 + t_1 = T/2$. A ces époques correspondent des angles de phases ($\theta = \omega t$) qui sont supplémentaires, soit $\theta_0 + \theta_1 = \pi$. On peut alors définir un coefficient d'ouverture de la diode :

$$a = \frac{\theta_1 - \theta_0}{2\pi} = \frac{\pi - 2\theta_0}{2\pi}$$

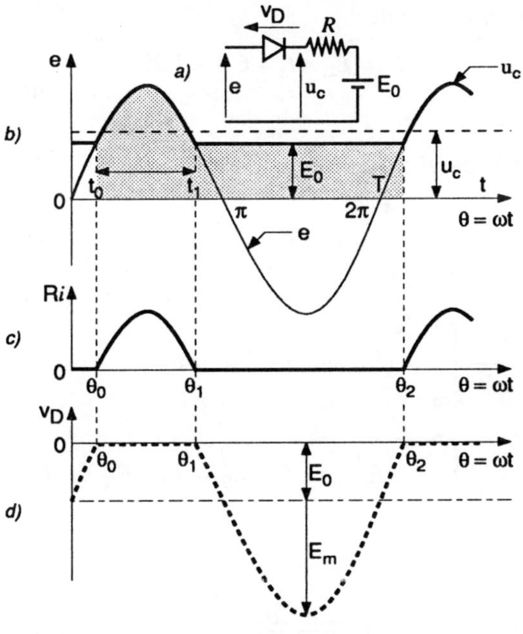

FIG. IV-5.

Le courant de charge a pour valeur moyenne :

$$I_c = I_{\text{moy}} = \frac{1}{2\pi}\int_{\theta_0}^{\pi-\theta_0} \frac{E_M}{R}(\sin\theta - \sin\theta_0)\, d\theta$$

$$= \frac{E_M}{\pi R}(\cos\theta_0 - \pi a \sin\theta_0)$$

avec :

$$\sin\,\theta_0 = \frac{E_0}{E_M} = \frac{6{,}3}{E_M} = 0{,}315 \;,\qquad \theta_0 = 0{,}32 \text{ rd}$$

$$a = \frac{\pi - 2\,\theta_0}{2\,\pi} = \frac{\pi - 0{,}64}{2\,\pi} = 0{,}398$$

$$I_c = \frac{20}{2{,}74\,\pi}\,(0{,}949 - \pi \times 0{,}398 \times 0{,}315)$$

$$\boxed{I_c = 1{,}29 \text{ A}}$$

c) Puissance cédée à la batterie :

$$P_b = E_0 \times I_c = 6{,}3 \times 1{,}29$$

$$\boxed{P_b = 8{,}13 \text{ W}}$$

– Puissance dissipée par R :

$$p = R\;I_e^2 = \frac{R}{2\,\pi}\int_{\theta_0}^{\pi - \theta_0} i^2\,d\,\theta$$

$$p = \frac{1}{2\,\pi R}\int_{\theta_0}^{\pi - \theta_0} \left(E_M \sin\,\theta - E_0\right)^2 d\,\theta$$

$$= \frac{1}{2\,\pi R}\int_{\theta_0}^{\pi - \theta_0} \left(E_M^2 \sin^2\theta + E_0^2 - 2\,E_0\,E_M \sin\,\theta\right) d\,\theta$$

On a :

$$\int_{\theta_0}^{\pi - \theta_0} \sin^2\theta d\,\theta = \frac{1}{2}\left[\theta - \frac{\sin\,2\theta}{2}\right]_{\theta_0}^{\pi - \theta_0} = \frac{1}{2}\left(\pi - 2\,\theta_0 + \sin\,2\,\theta_0\right)$$

$$\int_{\theta_0}^{\pi - \theta_0} \sin\,\theta d\,\theta = -\left[\cos\,\theta\right]_{\theta_0}^{\pi - \theta_0} = 2\cos\,\theta_0$$

soit :

$$p = \frac{1}{2\,\pi R}\left[E_M^2 \times \frac{1}{2}\left(\pi - 2\,\theta_0 + \sin\,2\,\theta_0\right) - 4\,E_0\,E_M \cos\,\theta_0 + E_0^2\left(\pi - 2\,\theta_0\right)\right]$$

$$= \frac{1}{2\,\pi \times 2{,}74}\left[\,20^2 \times \frac{1}{2}(\pi - 0{,}64 + 2 \times 0{,}315 \times 0{,}949)\right.$$

$$\left. - 4 \times 6{,}3 \times 20 \times 0{,}949 + 6{,}3^2(\pi - 0{,}64)\right]$$

$$\boxed{p = 13{,}96 \text{ W}}$$

– Puissance fournie par l'alimentation :

$$P_f = \frac{1}{2\,\pi}\int_{\theta_0}^{\pi - \theta_0} e\,i\,d\,\theta = \frac{1}{2\,\pi R}\int_{\theta_0}^{\pi - \theta_0} E_M \sin\,\theta\,(E_M \sin\,\theta - E_0)\,d\,\theta$$

$$= \frac{1}{2\,\pi R}\left[E_M^2 \times \frac{1}{2}(\pi - 2\,\theta_0 + 2\sin\,\theta_0 \cos\,\theta_0) - 20 \times 63 \times 2\cos\,\theta_0\right]$$

$$\boxed{P_f = 22{,}09 \text{ W}}$$

Comme on peut le vérifier, en raison du principe de conservation de la puissance active, on a : $P_f = P_b + p$.

d) Après avoir représenté la tension v_0 aux bornes de la diode (fig. IV-5 *d*), on en déduit la valeur maximale inverse qui apparaît aux bornes de la diode :

$$\mathcal{U}_{iM} = E_0 + E_M = 6{,}3 + 20$$

$$\boxed{\mathcal{U}_{iM} = 26{,}3 \text{ V}}$$

IV-14 Une tension sinusoïdale de valeur efficace 350 V et de fréquence 50 Hz est appliquée par l'intermédiaire d'une diode à une résistance R = 2 500 Ω shuntée par un condensateur de capacité C = 8 μF (fig. IV- 6 *a*). La résistance interne de la diode ainsi que les résistances et les inductances de fuites du transformateur étant supposées négligeables, on demande :

a) Les époques t_0 et t_1 de début et de fin de conduction de ce redresseur.

b) Le graphe de la tension v aux bornes de la charge. En déduire la tension maximale inverse aux bornes de la diode.

c) Le graphe de l'intensité i débitée par la diode. En déduire le pic d'intensité.

d) La tension moyenne aux bornes de la résistance ainsi que l'intensité moyenne dans la charge. En déduire le rapport du courant pic au courant moyen.
e) La valeur efficace de la tension d'ondulation aux bornes de la charge. En déduire le taux d'ondulation et le facteur de forme de la tension filtrée.
f) Le taux de régulation du redresseur.
g) Le coefficient d'efficacité du filtre.
h) Les valeurs précédentes avec une nouvelle capacité $C = 24$ µF.

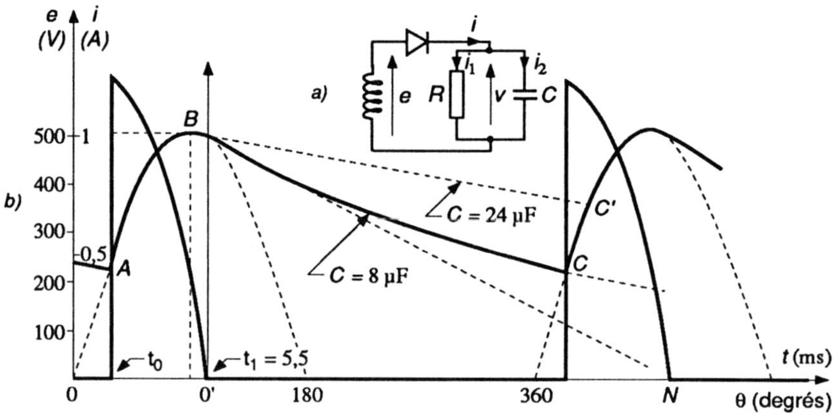

FIG. IV-6.

a) La tension délivrée aux bornes du secondaire du transformateur a pour expression :

$$e = E_M \sin\,\theta = 350\,\sqrt{2}\,\sin\,\theta$$

$$\theta = \omega t = 314\,t \;\;(\theta \text{ en rd et } t \text{ en s})$$

La diode débite un courant i entre les époques t_0 et t_1 que l'on se propose de déterminer.

Pendant la conduction de la diode, celle-ci se comporte comme un court-circuit, la tension aux bornes de la résistance est alors sinusoïdale ($v = e = R\,i_1$), mais dès que la conduction cesse, la capacité se décharge dans la résistance et la tension v est une exponentielle.

Pendant la conduction, on a :

$$i = i_1 + i_2 = \frac{E_M}{R} \sin \theta + C\ \omega\ E_M \cos \theta$$

Pour déterminer l'époque $t_1 = \theta_1 / \omega$ où la conduction cesse, il suffit d'écrire que le courant dans la diode s'annule, soit :

$$\frac{E_M}{R} \sin \theta_1 + C\ \omega\ E_M \cos \theta_1 = 0$$

$$\text{tg}\ \theta_1 = - C\ \omega R = - 8 \times 10^{-6} \times 314 \times 2\,500 = - 6{,}28$$

Le signe négatif indique que l'angle θ_1 est situé dans le deuxième quadrant (90° à 180°).

Or, on sait que plus le produit $RC\omega$ est grand, plus l'angle θ_1 se rapproche de 90° aussi dans la pratique est-il légèrement supérieur à 90°.

Si l'on pose :

$$\alpha = \text{Arc tg}\ 6{,}28 = 81°$$

il vient :

$$\theta_1 = 180 - \alpha = 99°$$

soit :

en radians : $\theta_1 = 314\ t_1 = \dfrac{\pi \times 99}{180}$ rd

en secondes : $t_1 = \dfrac{\pi \times 99}{314 \times 180} = \dfrac{99}{100 \times 180}$ s

$$\boxed{t_1 = 5{,}5 \text{ ms}}$$

Pour déterminer l'époque de début de conduction, il est intéressant de faire une translation de l'axe des tensions en le faisant passer pour le point O' d'abscisse $t_1 = 5{,}5$ ms, ce qui revient à poser $t' = t - t_1$. Avec ces notations, la tension aux bornes du condensateur lors de sa décharge a pour expression :

$$v = E_M \sin \omega\, t_1 \exp(- t' / RC)$$

Pour construire cette exponentielle (fig. IV-6), on détermine en premier lieu la constante de temps :

$$\tau = RC = 2\,500 \times 8 \times 10^{-6} = 0{,}02 \text{ s} = 20 \text{ ms}.$$

On peut alors porter à l'échelle des millisecondes la longueur $\tau = O'N$, la droite BN étant alors la tangente à l'exponentielle que l'on se propose de représenter.

A ce propos, il est intéressant de noter que cette même droite BN est également tangente à la sinusoïde, l'instant de coupure devant avoir lieu au point B de la sinusoïde tel que la pente de la sinusoïde coïncide avec celle de l'exponentielle, soit :

$$t' = 0, \qquad v = O'B = 495 \sin 99° = 489 \text{ V}$$
$$t' = \tau = 20 \text{ ms}, \qquad v = 489/2{,}718 = 180 \text{ V}$$
$$t' = \tau/2 = 10 \text{ ms}, \qquad v = 489 / \sqrt{2{,}718} = 296 \text{ V}$$

On détermine graphiquement l'abscisse du point C qui correspond à l'intersection de l'exponentielle avec la deuxième alternance de la sinusoïde, soit $\theta_2 = 384°$.

On en déduit l'abscisse du point A qui correspond au début de la conduction, soit : $\theta_0 = 384 - 360 = 24°$.

Sachant que 5,5 ms correspondent sur le graphique à 99°, il est facile d'en déduire l'époque t_0 du début de la conduction, soit :

$$t_0 = \frac{5{,}5 \times 24}{99}$$

$$\boxed{t_0 = 1{,}33 \text{ ms}}$$

b) Connaissant les époques de début et de fin de conduction à chaque alternance positive, il est facile de représenter le graphe de la tension v appliquée à la charge (courbe en gras).

Durant l'intervalle $t_1 - t_2$, la diode ne laisse pas passer le courant, elle supporte une tension inverse égale à la somme de la valeur instantanée de la tension aux bornes du secondaire et de la tension de charge du condensateur.

En conséquence la valeur maximale de la tension inverse est égale au double de la valeur maximale de la tension au secondaire, soit :

$$\mathcal{U}_{iM} = 2\,E_M = 2 \times 350\sqrt{2}$$

$$\boxed{\mathcal{U}_{iM} = 990 \text{ V}}$$

c) Durant la conduction, le courant qui traverse la diode a pour expression

$$i = \frac{E_M}{R} \sin \theta + C \, \omega \, E_M \cos \theta = \frac{E_M}{R} \left(\sin \theta + C \, \omega R \, \cos \theta\right)$$

Comme on a déjà posé :

$$\text{tg } \alpha = C \, \omega R, \text{ avec : } \alpha = 81°$$

il vient :

$$i = \frac{E_M}{R \cos \alpha} \sin\left(\theta + \alpha\right) = \frac{350\sqrt{2}}{2\,500 \times 0{,}156} \sin\left(\theta + 81°\right)$$

$$i = 1{,}27 \sin\left(\theta + 81°\right)$$

La courbe représentative (courbe en gras) est un morceau de sinusoïde. Celle-ci présente un pic d'intensité pour $\theta = \theta_0 = 24°$, soit :

$$I_p = 1{,}27 \sin(24° + 81°) = 1{,}27 \times 0{,}966$$

$$\boxed{I_p = 1{,}23 \text{ A}}$$

d) Comme nous connaissons avec précision la courbe de la valeur instantanée de la tension v aux bornes de la charge, il nous est possible de calculer la valeur moyenne de cette tension.

On a :

$$V_{\text{moy}} \times 2\,\pi = 495 \int_{\theta_0}^{\theta_1} \sin \theta d\,\theta + 489 \int_{\theta_0}^{\theta_1} \exp\left(-\frac{\theta - \theta_1}{6{,}28}\right) d\,\theta$$

Avant d'effectuer le calcul, on transforme en radians les valeurs en degrés de θ_1 et θ_2, soit :

$$\theta_1 = 99° = \frac{\pi \times 99}{180} = 1{,}73 \text{ rd}$$

$$\theta_2 = 384° = \frac{\pi \times 384}{180} = 6{,}70 \text{ rd}$$

On a :

$$V_{\text{moy}} \times 2\,\pi = -\,495 \left[cos\,\theta\right]_{24°}^{99°} - 489\, e^{\frac{1{,}73}{6{,}28}} \times 6{,}28 \left[e^{-\frac{\theta}{6{,}28}}\right]_{1{,}73}^{6{,}70}$$

$$V_{\text{moy}} \times 2\,\pi = 495\ (0{,}913 + 0{,}156) - 489 \times 1{,}32 \times 6{,}28\ (0{,}119 - 0{,}578)$$

$$V_c = V_{\text{moy}} = \frac{495 \times 1{,}06 + 2\,656 \times 0{,}459}{6{,}28} = \frac{1\,748}{6{,}28}$$

$$\boxed{V_c = 278\ \text{V}}$$

Connaissant la tension moyenne, on peut calculer l'intensité moyenne qui traverse la charge :

$$I_c = I_{\text{moy}} = \frac{278}{2\,500}$$

$$\boxed{I_c = 0{,}11\ \text{A}}$$

Comme on a précédemment calculé le courant pic on peut déterminer le rapport I_p/I_c, soit :

$$\frac{I_p}{I_c} = \frac{1{,}23}{0{,}11}$$

$$\boxed{I_p / I_c = 11{,}2}$$

Ce rapport est important à connaître car s'il est trop élevé, ce qui est le cas dans notre exemple, il risque d'abréger la durée de vie de la diode.

e) La tension d'ondulation évolue entre la valeur maximale $V_{\max} = E_M = 350\sqrt{2} = 495$ V et la valeur maximale $V_{\min} = E_M \sin 24° = 495 \times 0{,}41 = 203$ V. On peut alors admettre que sa valeur maximale a pour valeur $V_{0M} = \dfrac{V_{\max} - V_{\min}}{2}$.

On en déduit sa valeur efficace :

$$V_0 = \frac{V_{\max} - V_{\min}}{2\sqrt{2}} = \frac{495 - 203}{2\sqrt{2}}$$

$$\boxed{V_0 = 103\ \text{V}}$$

Par ailleurs la fréquence de cette tension d'ondulation est égale à la fréquence de l'alimentation, soit : $f = 50$ Hz. Connaissant la valeur efficace de la tension d'ondulation ainsi que la valeur moyenne de la tension redressée, on peut calculer le taux d'ondulation :

$$\tau = \frac{V_0}{V_c} = \frac{103}{278} = 0{,}37$$

$$\boxed{\tau = 37\ \%}$$

Connaissant le taux d'ondulation de la tension redressée, on peut calculer le facteur de forme qui, rappelons le, est le rapport de la valeur efficace V_e de la tension redressée à sa valeur moyenne. On a :

$$V_e^2 = V_c^2 + V_0^2$$

soit, en divisant les deux membres par V_c^2

$$F^2 = 1 + \tau^2 = 1 + 0{,}37^2 = 1{,}137$$

$$\boxed{F = 1{,}07}$$

f) La tension redressée $V_c = V_{moy}$ diminue quand la charge augmente.

En effet, pour une charge infinie ($R = \infty$), le condensateur se charge jusqu'à ce que la tension à ses bornes atteigne la valeur E_M et il ne peut se décharger ce qui donne : $V_{c0} = E_M = 495$ V.

Pour la charge normale ($R = 2\ 500\ \Omega$) on a obtenu :

$$V_c = 278 \text{ V}, \quad I_c = 0{,}11 \text{ A}$$

On peut admettre que le passage de la tension à vide à la tension en charge est linéaire ce qui donne la caractéristique en charge (fig. IV-6).

Dans ces conditions le taux de régulation qui représente la variation de la tension de sortie en fonction du courant de charge a pour expression :

$$K_r = \frac{V_{c0} - V_c}{V_c} = \frac{495 - 278}{278} = 0{,}78$$

$$\boxed{K_r = 78\ \%}$$

Cette chute de tension est importante pour les deux raisons suivantes :
— le redressement est à simple alternance
— la constante de temps $T = RC$ est relativement faible.

g) L'efficacité d'un filtre est définie par le quotient de la valeur efficace de la tension d'ondulation à l'entrée du filtre par la valeur efficace de la tension d'ondulation à la sortie du filtre.

Si on désigne respectivement par V_0 la valeur efficace de la tension d'ondulation, par V_c la valeur moyenne de la tension redressée et par τ le taux d'ondulation, on a :

$$K_c = \frac{V_{01}}{V_{02}} = \frac{V_{01}/V_c}{V_{02}/V_c} = \frac{\tau_1}{\tau_2}$$

Contrairement au taux d'ondulation qui doit être le plus faible possible pour que le filtre soit efficace, le facteur d'efficacité doit être le plus élevé possible. Dans le cas d'un redressement à simple alternance, le taux d'ondulation sans filtrage a été calculé, soit $\tau_1 = 1{,}21$.

Dans ces conditions avec le filtrage, on a:

$$K_e = \frac{\tau_1}{\tau_2} = \frac{1{,}21}{0{,}37}$$

$$\boxed{K_e = 3{,}27}$$

h) En conservant les mêmes notations, on a :

$$\alpha = \text{Arc tg } 18{,}84 = 87°$$
$$\theta_1 = 180 - 87 = 93°$$
$$t_1 = \frac{\pi \times 93}{314 \times 180} = 0{,}0052 = 5{,}2 \text{ ms}$$

Après avoir fait une translation d'axe ($t' = t - t_1$), la tension aux bornes du condensateur lors de sa décharge a pour expression :

$$v = E_M \sin \omega\, t_1 \exp(-t'/RC)$$
$$t = RC = 60 \text{ ms}$$
$$t' = 0, \qquad v = 495 \sin 93° = 494 \text{ V}$$
$$t' = \tau = 60 \text{ ms}, \qquad v = 494/2{,}718 = 182 \text{ V}$$
$$t' = \tau/2 = 30\, ms, \qquad v = 494 / \sqrt{2{,}718} = 300\, V$$

Par détermination graphique, on a :

$$\theta_2 = 405°, \text{ soit : } \theta_0 = 405 - 360 = 45°$$

$$t_0 = \frac{5{,}2 \times 45}{93} = 2{,}52 \text{ ms}$$

$$i = \frac{E_M}{R \cos \alpha} \sin(\theta + \alpha) = \frac{350\sqrt{2}}{2\,500 \times 0{,}052} \sin(\theta + 87°)$$

$$i = 3{,}8 \sin(\theta + 87°)$$

$$I_p = 3{,}8 \sin(45° + 87°) = 3{,}8 \times 0{,}743 = 2{,}82 \text{ A}$$

$$\theta_1 = 93° = \frac{\pi \times 93}{180} = 1{,}62 \text{ rd}$$

$$\theta_2 = 405° = \frac{\pi \times 405}{180} = 7{,}07 \text{ rd}$$

$$V_{moy} \times 2\pi = -495\left[\cos\theta\right]_{45°}^{93°} - 494\, e^{\frac{1{,}62}{3{,}14}} \times 3{,}14 \left[e^{-\frac{0}{3{,}14}}\right]_{1{,}62}^{7{,}07}$$

$$= 495\,(0{,}707 + 0{,}052) - 494 \times 1{,}67 \times 3{,}14\,(0{,}105 - 0{,}597)$$

$$V_c = V_{moy} = \frac{495 \times 0{,}759 + 2\,592 \times 0{,}492}{6{,}28}$$

$$\boxed{V_c = 263 \text{ V}}$$

IV-15 L'étude de l'alimentation (P. IV-14) a l'avantage d'être précise mais elle a l'inconvénient de conduire à un calcul assez compliqué. Dans la pratique, on préfère utiliser des formules simples même si elles sont très approchées car elles permettent de mieux comprendre le rôle des différents paramètres rendant ainsi plus faciles les études.

Une des méthodes les plus utilisées avec les diodes modernes qui sont au silicium consiste à remplacer la tension redressée par une tension en dents de scie (fig. IV-7 *a*) avec les approximations suivantes :

— l'époque t_1 de fin de conduction correspond à la valeur maximale de la tension appliquée les pentes des courbes de charge et de décharge du condensateur sont considérées comme étant linéaires.

— le temps de charge T_1 du condensateur est supposé négligeable par rapport au temps T_2 de décharge.

On demande :

a) La valeur de la tension moyenne.

b) La valeur efficace d'une tension alternative de forme triangulaire (fig. IV-7 *b*) en fonction de l'écart $\Delta v = E_{max} - E_{min}$.

En déduire le taux d'ondulation et le facteur de forme de la tension filtrée.

c) Le pic d'intensité.

d) Le coefficient de régulation du redresseur.

e) Le coefficient d'efficacité du filtre.

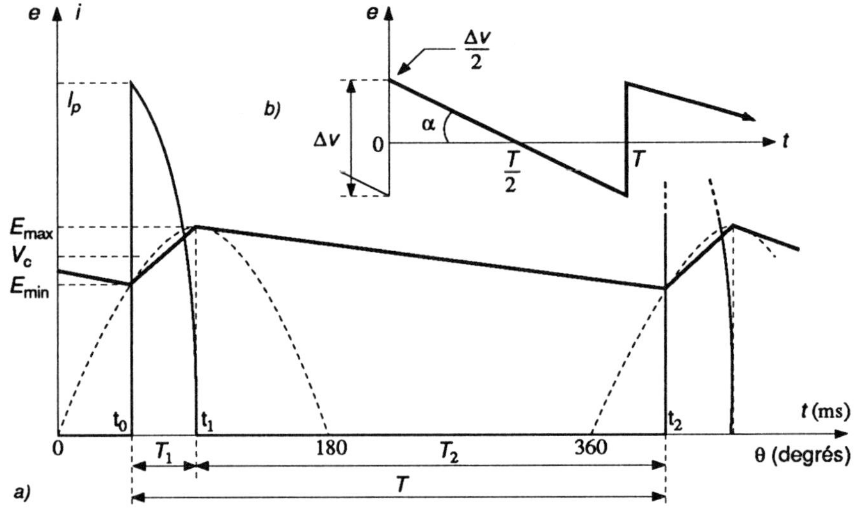

FIG. IV-7.

a) La tension de sortie redressée et filtrée est représentée par l'onde en dents de scie (fig. IV-17 *a*).

Elle comporte une composante contenue de valeur $V_{moy} = V_c$ sur laquelle est superposée une tension d'ondulation dont la valeur crête à crête est :

$$\Delta v = E_{max} - E_{min}, \quad \text{avec :} \quad E_{max} = E_M = 350\sqrt{2}$$

d'où :

$$V_c = V_{\text{moy}} = E_M - \Delta v / 2$$
$$I_c = I_{\text{moy}} = V_c / R$$

Pour calculer Δv on peut admettre, comme le signale l'énoncé du problème, que la durée de décharge du condensateur est sensiblement égale à la période soit : $t_1 - t_0 << T$.

Par ailleurs pendant la décharge on peut considérer que le courant demeure sensiblement constant ($I_c = V_c / R$).

On a :

$$\Delta q = i\, \Delta t \approx I_c \times T = C\, \Delta v \quad \text{avec :} \quad T = 1/f$$

d'où :

$$\Delta v = \frac{I_c}{fC} = \frac{V_c}{R C f}$$

Dans ces conditions, il vient :

$$V_c = E_M - \frac{V_c}{2 R C f}$$

soit :

$$\boxed{V_c = \frac{2 R C f}{1 + 2 R C f}\, E_M}$$

Dans le cas où la constante de temps $\tau = RC$ est élevée on peut adopter une forme simplifiée.

En effet comme $\dfrac{1}{1 + \varepsilon} \approx 1 - \varepsilon$, on a :

$$V_c = \frac{E_M}{1 + 1/2\, R C f} \approx \left(1 - \frac{1}{2 R C f}\right) E_M$$

Comme on peut le constater, la tension moyenne de sortie sera d'autant plus élevée et la tension d'ondulation d'autant plus faible que les valeurs de R, C et f seront plus grandes.

Comme R et f sont fixes il résulte que le filtrage sera d'autant plus efficace que la capacité sera plus grande.

Application numérique :

$$R C f = 2\,500 \times 8 \times 10^{-6} \times 50 = 1$$

$$V_c = \frac{350\sqrt{2} \times 2}{3}$$

$$\boxed{V_c = 330 \text{ V}}$$

La tension moyenne que l'on a calculée par une méthode approchée est beaucoup plus élevée que la tension calculée précédemment (P. IV-14). Ceci est dû à la constante de temps RC qui est faible par rapport à la période $T = 1/f$ de la tension appliquée.

b) Proposons nous de calculer la valeur efficace d'une tension triangulaire de période T et d'écart Δv (fig. IV-7 *b*). Si on désigne par $a = \operatorname{tg} \alpha = \Delta v / T$ la pente de ce signal, on a en valeurs instantanées :

$$e = \frac{\Delta v}{2} - a\,t = \frac{\Delta v}{2} - a\,\frac{\Delta v\, t}{T}$$

Par définition, la valeur efficace d'une tension périodique symétrique par rapport à l'axe des temps a pour expression :

$$E = \sqrt{\frac{1}{T}\int_0^T e^2\,dt} = \sqrt{\frac{1}{T/2}\int_0^{T/2} e^2\,dt}$$

d'où :

$$E^2\,\frac{T}{2} = \left[\frac{\Delta v^2}{4}\,t - \frac{a\,\Delta v}{2}\,t^2 + \frac{a^2\,t^3}{3}\right]_0^{T/2}$$

$$= \frac{\Delta v^2}{4}\,\frac{T}{2} - \frac{a\,\Delta v\,T^2}{8} + \frac{a^2\,T^3}{24} \quad \text{avec : } a = \frac{\Delta v}{T}$$

$$E^2 = \frac{\Delta v^2}{4} - \frac{\Delta v^2}{4} + \frac{\Delta v^2}{12}$$

$$\boxed{E = \frac{\Delta v}{2\sqrt{3}}}$$

On en déduit :

$$\tau = \frac{V_0}{V_c} = \frac{\Delta v}{2\sqrt{3}} \times \frac{1}{\Delta v\,R\,C f}$$

$$\boxed{\tau = 1/2\,R\,C f\,\sqrt{3}}$$

Application numérique :

$$R\,C\,f = 1$$

$$\tau = \frac{1}{2\sqrt{3}} = 0{,}29, \text{ soit : } 29\ \%$$

$$F = \sqrt{1 + 0{,}29^2} = 1{,}04$$

c) Pour calculer le courant de pic, on peut admettre que le courant à travers la diode est sensiblement constant à la valeur de pic I_p pendant la durée ($\Delta t = t_1 - t_0$) très courte de la charge.

Comme I_c est le courant moyen pendant la décharge qui correspond sensiblement à la période T, on a :

$$I_p\,\Delta t = I_c\,T$$

Par ailleurs, on a :

$$\Delta v = E_M\,(1 - \cos \omega\,\Delta t)$$

Comme $\omega\,\Delta t$ est faible, on a :

$$\cos \omega\,\Delta t \approx 1 - \frac{1}{2}(\omega\,\Delta t)^2$$

d'où :

$$\Delta v = E_M\,\omega^2\,(\Delta t)^2/2$$

soit :

$$\frac{I_p}{I_c} = \frac{2\,\pi}{\sqrt{2\,\Delta v/E_M}}$$

De plus, on a :

$$\Delta v = \frac{V_c}{R\,C\,f} \quad \text{et} \quad V_c = \frac{2\,R\,C\,f}{1 + 2\,R\,C\,f}\,E_M$$

soit :

$$\frac{\Delta v}{E_M} = \frac{2}{1 + 2\,R\,C\,f}$$

En définitive, on a :

$$\boxed{I_p/I_c = \pi \sqrt{1 + 2RCf}}$$

Application numérique :

$$RCf = 1$$

$$I_p/I_c = \pi \sqrt{3} = 5{,}44$$

On a :

$$I_c = \frac{V_c}{R} = \frac{330}{2\ 500} = 0{,}132 \text{ A}$$

d'où :

$$I_p = 5{,}44 \times 0{,}132$$

$$\boxed{I_p = 72 \text{ mA}}$$

d)

$$K_r = \frac{V_{c0} - V_c}{V_c} = \frac{195 - 330}{330} = 0{,}5$$

$$\boxed{K_r = 50\ \%}$$

e)

$$K_e = \frac{\tau_1}{\tau_2} = \frac{1{,}21}{0{,}29}$$

$$\boxed{K_e = 4{,}17}$$

IV-16 Le problème IV-14 est théorique car il suppose que la résistance ρ en série avec la diode est nulle.
Dans la pratique si la condition $r_s + m^2 r_p + r_d \approx 0$ est parfaitement réalisée avec le transformateur d'alimentation et les diodes au silicium elle conduit à un courant excessif lors de la mise sous tension. C'est pourquoi on utilise une résistance de protection dont la valeur varie entre 1 et 5 % de la résistance de charge.

Pour calculer la tension moyenne V_{moy} aux bornes de la charge, on utilise le plus souvent des abaques dont l'établissement repose sur l'existence d'une f.c.é.m. V_{moy} inférieure à la tension appliquée $E_M = E\sqrt{2}$ (C. II, par. IV-13).

Etant donné le redresseur à simple alternance du problème IV-14, on demande :

a) Le courant d'appel lors de la mise sous tension si l'on utilise une résistance de protection ρ égale à 2 % de la résistance de charge.
b) La représentation de la courbe $V_{moy}/E = f(R/\rho)$.
c) La tension moyenne aux bornes de la charge.
d) Le courant de crête en régime permanent.
e) Le taux d'ondulation et le facteur de forme.

a) Lors de la mise sous tension d'un redresseur, le courant d'appel initial est beaucoup plus élevé que le courant répétitif qui a lieu à chaque alternance au cours du fonctionnement.

En effet, à cet instant, le condensateur qui est totalement déchargé ($q = 0$) se comporte comme un court-circuit ($q = C\,v = 0$) aussi le courant initial n'est-il limité que par la résistance ρ branchée en série.

Dans le cas du problème IV-14, on a :

$$\rho = \frac{2}{100} \times R = \frac{2}{100} \times 2\,500 = 50\ \Omega$$

Le courant d'appel sera alors maximal si la mise sous tension a lieu à l'époque où la tension appliquée est maximale, soit :

$$I_{aM} = \frac{E_M}{\rho} = \frac{350\sqrt{2}}{50} = 10\ \text{A}$$

Ce courant d'appel est beaucoup plus élevé que le courant de crête répétitif qui, dans l'étude théorique (P. IV-14), était de 1,23 A.

On doit donc s'assurer que la diode utilisée est en mesure de supporter ce courant d'appel.

S'il n'en est pas ainsi, on doit renforcer la résistance ρ qui a pour expression : $\rho = r_2 + m^2 r_1 + r_d + r_s$, r_s étant la résistance supplémentaire que l'on branche en série pour atteindre la valeur ρ que l'on s'est fixée.

L'utilisation d'une résistance ρ élevée a l'avantage de bien protéger la diode mais elle a l'inconvénient de réduire le rendement de l'installation.

b) On détermine le circuit équivalent quand la diode fonctionne par application du théorème de Norton puis de Thévenin (fig. IV-8 *b*) avec les valeurs suivantes :

$$R_t = \rho // R \approx \rho, \quad e' = \frac{eR}{\rho + R} \approx e$$

puisque $\frac{\rho}{R}$ qui vaut de 1 à 5 % est faible par rapport à l'unité.

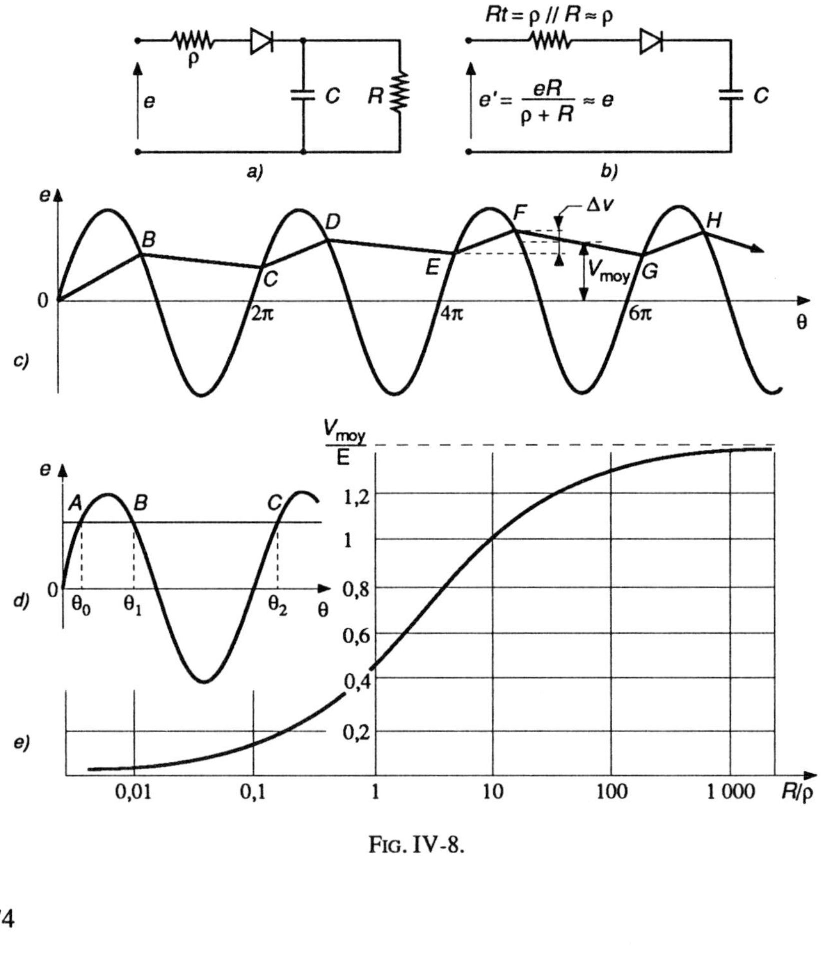

FIG. IV-8.

Le graphe de la tension aux bornes du condensateur qui présente une suite de charges et de décharges du condensateur se présente au bout de plusieurs périodes comme une courbe régulière en dents de scie.

Pour calculer V_{moy}, on admet, dans une première approximation, que cette courbe est une droite parallèle à l'axe des temps (fig. IV-8 *d*). Dans ces conditions, tout se passe comme si on alimentait un récepteur à f.c.é.m. (P. IV-13). On a :

$$I_{moy} = \frac{E_M}{\pi \rho}(\cos \theta_0 - \pi a \sin \theta_0) = \frac{V_{moy}}{R}$$

avec :

$$V_{moy} = E_M \sin \theta_0 \quad \text{et} \quad a = \frac{\pi - 2\,\theta_0}{2\,\pi}$$

d'où :

$$\pi \frac{\rho}{R} = \text{cotg}\ \theta_0 - \pi a, \qquad \text{avec} \qquad \theta_0 = \frac{\pi}{2} - \pi a$$

soit :

$$\boxed{\text{tg}\ \pi a - \pi a = \pi\rho / R}$$

Pour représenter l'abaque demandé on se donne différentes valeurs de a puis on calcule séparément :

$$\frac{\rho}{R} = \frac{\pi}{\text{tg}\ \pi a - \pi a}$$

et

$$\frac{V_{moy}}{E} = \sqrt{2} \sin \theta_0 = \sqrt{2} \cos \pi a$$

$a = \dfrac{\pi - 2\,\theta_0}{2\,\pi}$, les deux valeurs limites de a correspondant respectivement a $\theta_0 = 0$, soit $a = 0{,}5$ et à $\theta_0 = \pi/2$ soit $a = 0$.

Dans ces conditions, il est intéressant de consigner les résultats dans le tableau suivant :

a	πa radians	πa degrés	$\text{tg}\,\pi a$	R/ρ	$\cos \pi a$	V_{moy}/E
0	0	0	0	∞	1	$\sqrt{2}$
0,1	0,314	18	0,325	286	0,951	1,35
0,2	0,628	36	0,726	32	0,809	1,14
0,3	0,942	54	1,376	7,2	0,588	0,83
0,4	1,256	72	3,078	1,1	0,309	0,44
0,5	1,570	90	∞	0	0	0

c) Application numérique :

$$\frac{\rho}{R} = 0{,}02 \quad \text{d'où :} \quad \frac{R}{\rho} = \frac{1}{0{,}02} = 50$$

D'après l'abaque, on a :

$$\frac{V_{moy}}{E} = 1{,}2$$

soit :

$$V_{moy} = 1{,}2 \times 350$$

$$\boxed{V_{moy} = 420 \text{ V}}$$

IV-17 Une tension $e(V) = 220\sqrt{2}\,\sin \omega t$ alimente à travers une diode supposée parfaite une résistance $R = 2\ \Omega$ branchée en série avec une réactance $L\,\omega = 10\ \Omega$ (fig. IV-9 *a*).

Déterminer :

a) Le graphe du courant qui traverse le récepteur.

b) L'angle d'extinction.

c) Les tangentes en des points particuliers.

d) Les valeurs moyennes de la tension aux bornes du récepteur et de l'intensité qui le traverse.

a) Le système est régi par l'équation fondamentale :

$$e = Ri + L\,\omega\,\frac{d\,i}{d\,\theta} = E_M \sin\theta, \quad \text{avec :} \quad \theta = \omega\,t$$

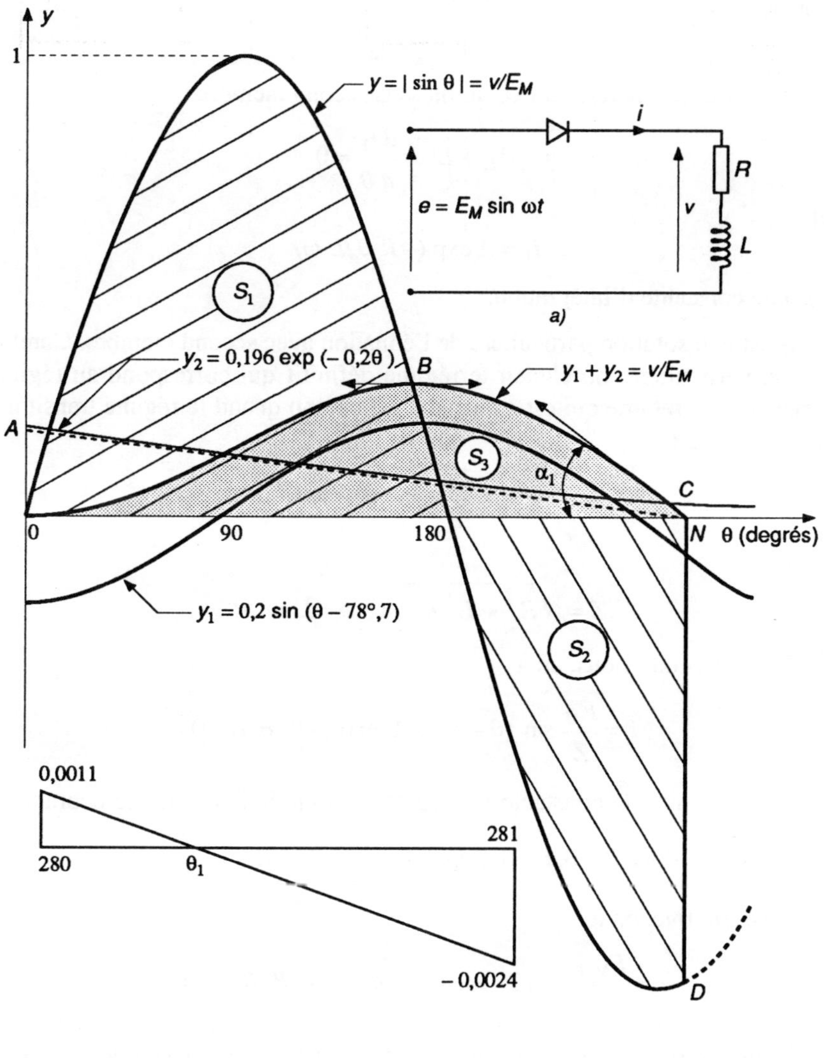
y
1
y = | sin θ | = v/E_M
i
R
e = E_M sin ωt
v
L
a)
S_1
y_2 = 0,196 exp (– 0,2θ)
B
y_1 + y_2 = v/E_M
A
S_3
α_1
C
0
90
180
N θ (degrés)
y_1 = 0,2 sin (θ – 78°,7)
S_2
0,0011
281
280
θ_1
– 0,0024
D

FIG. IV-9.

La solution i de cette équation différentielle est la superposition de deux intensités :

$$i = i_1 + i_2$$

i_1 est la solution générale de l'équation sans second membre :

$$R_{i1} + L\,\omega \frac{d\,i_1}{d\,\theta} = 0$$

soit :

$$i_1 = A \exp\left(-R\,\theta / L\,\omega\right)$$

A est une constante d'intégration.

i_2 est une solution particulière de l'équation avec second membre. Comme solution particulière, on choisit le régime définitif qui correspond au régime permanent. Ce régime qui est sinusoïdal est obtenu quand le régime transitoire a disparu. On a :

$$i_2 = \frac{E_M}{Z} \sin\left(\theta - \varphi\right)$$

avec :

$$Z = \sqrt{R^2 + L^2\,\omega^2}, \quad \text{tg}\ \varphi = L\,\omega / R$$

Dans ces conditions, on a :

$$i = \frac{E_M}{Z} \sin\left(\theta - \varphi\right) + A\ \exp\left(-R\ \ \theta / L\ \omega\right)$$

On détermine la constante d'intégration A en écrivant que le courant est nul à l'origine. Pour $\theta = 0, i = 0$ d'où : $A = \dfrac{E_M}{Z} \sin\ \varphi$.

En définitive, on a :

$$i = \frac{E_M}{Z}\left[\sin\left(\theta - \varphi\right) + \sin\ \varphi \exp\left(-R\ \ \theta / L\ \omega\right)\right]$$

Dans les graphiques au lieu de représenter l'intensité (avec une échelle en ampères) il est pratique de représenter la chute de tension $u_R = Ri$ qui est proportionnelle à l'intensité. Ainsi utilise-t-on une seule échelle (échelle en volts) pour représenter la tension et l'intensité.

Il est également pratique d'utiliser des coordonnées réduites (c'est-à-dire sans dimensions) en divisant les tensions par E_M, soit : e/E_M, u_R/E_M.

Comme $R = Z \cos \varphi$, il vient :

$$y = \frac{Ri}{E_M} \cos \theta (\sin \theta - \varphi) + \sin \varphi \exp(-R\, \theta / L\, \omega)$$

Application numérique :

$$tg\, \varphi = \frac{L\, \omega}{R} = 5, \quad \varphi = 78°,7, \quad \sin \varphi = 0{,}98, \quad \cos \varphi = 0{,}20$$

$$y = 0{,}2 \sin(\theta - 78°,7) + 0{,}196 \exp(-0{,}2\, \theta)$$

On représente en premier lieu la sinusoïde $e/E_M = \sin \theta$ en se donnant différentes valeurs de θ (30°, 60° ...). On représente ensuite à la même échelle :

$$y_1 = 0{,}2 \sin(\theta - 78°,7) \quad \text{et} \quad y_2 = 0{,}196 \exp(-0{,}2\, \theta)$$

En ce qui concerne l'exponentielle y_2 on représente la tangente AN à l'origine avec $ON = 5$ rd puis les valeurs particulières suivantes :

Pour : $\theta = 5$ rd, $y_2 = OA/e$

Pour : $\theta = 2{,}5$ rd, $y_2 = OA / \sqrt{e}$

Ensuite on représente point par point le graphe $y = y_1 + y_2$.

b) On peut ainsi déterminer par le graphique l'angle d'extinction, soit : $\theta_1 = 280°$.

On peut, si on le souhaite, obtenir une valeur plus précise de l'angle d'extinction en procédant par approximations successives.

A cet effet, on dresse un tableau dans lequel on transforme θ (degrés) en θ (radians) d'après la relation : $\theta\,(\text{rd}) = \dfrac{\pi \times \theta°}{180}$, puis on calcule y_1 et y_2 et y pour différentes valeurs de θ. A cet effet, on se donne des valeurs de θ voisines du résultat approché obtenue par le graphique. On a :

θ (degrés)	279	280	281
θ – 78,7	200,3	201,3	202,3
0,2 θ (rd)	0,9739	0,9774	0,9809
y_1	– 0,0694	0,0726	– 0,0759
y_2	0,0740	0,0737	0,0735
$y = y_1 + y_1$	0,0046	0,0011	– 0,0024

D'après ce tableau on a $280 < \theta_1 < 281$. Il suffit de faire un graphique (fig. IV-9 *c*) pour obtenir une valeur précise de θ_1, soit :

$$\boxed{\theta_1 = 280°,3}$$

On pourrait augmenter à nouveau la précision en faisant un nouveau tableau avec deux valeurs voisines et de part et d'autre de 280°,3, soit : 280°,2 et 280°,4 mais la précision obtenue précédemment est très suffisante.

c) Il est intéressant de représenter les tangentes en des points particuliers du graphe $y = Ri\,/E_M$.

On a :

$$e = R\,i + L\,\omega\,\frac{d\,i}{d\,\theta} = E_M \sin\,\theta$$

— A l'origine

On a :

$$i = 0 \quad \text{et} \quad e\,/E_M = 0$$

donc :

$$\frac{d\,i}{d\,\theta} = 0 \quad \text{et} \quad \frac{d\,y}{d\,\theta} = 0$$

Dans ces conditions, la tangente à l'origine est horizontale

— Au point *B* de rencontre de *y* et $e\,/E_M$

$$\frac{d\,i}{d\,\theta} = 0 \quad \text{et} \quad \frac{d\,y}{d\,\theta} = 0$$

A ce point de rencontre, la tangente est horizontale

— Au point *C* d'extinction

A ce point, on a :

$$i = 0 \quad \text{et} \quad e\,/E_M = CD$$

$$L\,\omega\,\frac{d\,i}{d\,\theta} = CD \times E_M$$

Comme $y = \dfrac{R\,i}{E_M}$, on a :

$$\operatorname{tg}\,\alpha_1 \frac{d\,i}{d\,\theta} = CD \times \frac{R}{L\,\omega} = \frac{CD}{5}\ \text{rd}^{-1}$$

On construit facilement la tangente au point d'extinction en portant suivant les y la longueur $CD/5$ et suivant les θ la longueur 1 rd.

d) Connaissant l'angle d'amorçage ($\theta_0 = 0$) et l'angle d'extinction ($\theta_1 = 280°,3$) on en déduit le graphe de la tension $v\,(\theta)$.

Il est alors facile de calculer la valeur moyenne de cette tension. On a :

$$V_c = \bar{v} = \frac{1}{2\,\pi}\int_0^{\theta_1} E_M \sin\,\theta d\,\theta = E_M\left[cos\ \theta\right]_0^{\theta_1}$$

$$V_c = \frac{E_M}{2\,\pi}\left(1 - \cos\,\theta_1\right) = \frac{220\,\sqrt{2}}{2\,\pi}\left(1 - \cos 280°,3\right)$$

$$V_c = 49{,}5\ (1 - 0{,}179) = 49{,}5 \times 0{,}821$$

$$\boxed{V_c = 40{,}6\ \text{V}}$$

Par ailleurs, on a :

$$I_c = \bar{i} = \frac{V_c}{R} = \frac{40{,}6}{2}$$

$$\boxed{I_c = 20{,}3\ \text{A}}$$

Remarque

Si l'on multiplie par $d\,\theta$ les deux membres de l'équation différentielle, il vient :

$$e\,d\,\theta = R\,i\,d\,\theta + L\,\omega\,d\,i$$

Si l'on intègre les deux membres de cette équation depuis l'époque d'amorçage ($\theta_0 = 0$) jusqu'à l'époque d'extinction θ_1, l'intégrale du terme $L\,\omega \displaystyle\int_{i_0}^{i_1} d\,i$ est nulle puisque $i_0 = i_1 = 0$. En conséquence, on a :

$$\int_0^{\theta_1} e\,d\theta = \int_0^{\theta_1} R\,i\,d\theta$$

soit :

$$\int_0^{\theta_1} \frac{e}{E_M}\,d\theta = \int_0^{\theta_1} y\,d\theta$$

On en déduit la relation suivante entre les aires :

$$S_1 - S_2 = S_3$$

IV-18 Le récepteur du problème précédent n'étant pas modifié on utilise deux diodes alimentées par un transformateur à point milieu qui fournit par demi secondaire une tension sinusoïdale $e\,(V) = 220\sqrt{2}\sin\omega t$.
On demande :
a) Les valeurs moyennes dc la tension aux bornes du récepteur et du courant à travers le récepteur.
b) Le graphe du courant $i\,(\theta)$ à travers le récepteur.
c) Le taux de distorsion.

a) Dans la pratique, il est toujours intéressant de réaliser une conduction continue car les interruptions périodiques du courant sont néfastes pour le matériel : diodes, récepteur. Dans ces conditions, comme l'amorçage d'une anode a lieu dès que sa tension est positive, l'amorçage d'une anode entraînant obligatoirement l'extinction de la précédente, le graphe de la tension $u_c\,(\theta)$ est représenté par les calottes de sinusoïdes (fig. IV-10).

On en déduit facilement la valeur moyenne de la tension, soit :

$$V_c = \bar{v} = \frac{1}{\pi}\int_0^{\pi} E_M \sin\theta\,d\theta = -\frac{E_M}{\pi}\left[\cos\theta\right]_0^{\pi}$$

$$V_c = \frac{2\,E_M}{\pi} = \frac{2 \times 220\sqrt{2}}{\pi}$$

$$\boxed{V_c = 198\ \text{V}}$$

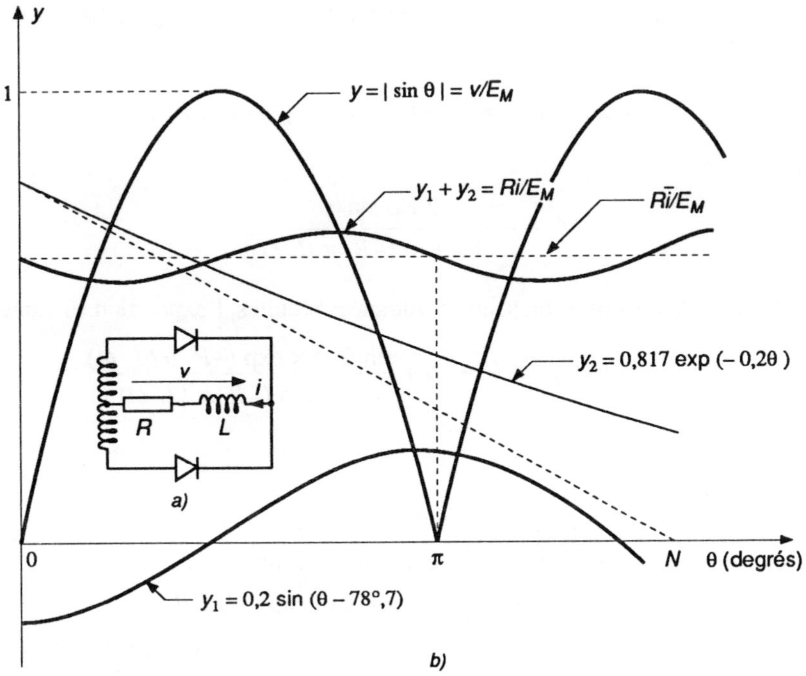

FIG. IV-10.

On peut ensuite calculer la valeur moyenne du courant :

$$I_c = \bar{i} = \frac{V_c}{R} = \frac{198}{2}$$

$$\boxed{I_c = 99 \text{ A}}$$

b) Pour déterminer le graphe du courant on dispose de deux méthodes :

1) **Méthode directe**

Reprenons l'expression générale du courant après intégration de l'équation différentielle (P. IV-17). On a :

$$i = \frac{E_M}{2} \sin (\theta - \varphi) + A \ \exp (-R \ \theta / L \ \omega)$$

On détermine la constante d'intégration A en écrivant que, lors de la conduction continue, l'intensité a la même valeur I_0 à l'amorçage ($\theta_0 = 0$) et à l'extinction ($\theta_1 = \pi$) :

$$-\frac{E_M}{Z}\sin\varphi + A = \frac{E_M}{Z}\sin\varphi + A\,\exp(-R\,\pi/L\,\omega)$$

soit :

$$A = \frac{2\,E_M \sin\varphi}{Z\left[1 - \exp(-R\,\pi/L\,\omega)\right]}$$

Comme $R = Z\cos\varphi$, on a, en coordonnées réduites, l'expression suivantes :

$$y = \frac{Ri}{E_M} = \cos\varphi\sin(\theta - \varphi) + \frac{\sin 2\varphi \times \exp(-R\,\theta/L\,\omega)}{1 - \exp(-R\,\pi/L\,\omega)}$$

Application numérique :

$$\mathrm{tg}\,\varphi = 5,\quad \varphi = 78°{,}7,\quad \cos\varphi = 0{,}20$$

$$\sin 2\varphi = 0{,}384,\quad \exp(-R\,\pi/L\,\omega) = 0{,}53$$

$$y = 0{,}2\sin(\theta - 78°{,}7) + 0{,}817\exp(-0{,}2\,\theta)$$

On peut représenter séparément (fig. IV-10) les deux graphes $y_1 = 0{,}26\sin(\theta + 78°{,}7)$ et $y_2 = 0{,}817\exp(+0{,}2\,\theta)$ puis en déduire le graphe résultant $y = y_1 + y_2$.

On peut également compléter cette étude graphique par un tableau de valeur en notant que $\theta\,(\mathrm{rd}) = \dfrac{\pi \times \theta°}{180°}$.

On a :

θ°	0	30	60	90	120	180
θ° – 78,7	– 78,7	– 48,7	– 18,7	11,3	41,3	101,3
0,2 θ (rd)	0	0,105	0,209	0,314	0,419	0,628
y_1	– 0,192	– 0,147	– 0,063	0,038	0,129	0,192
y_2	0,817	0,736	0,663	0,597	0,537	0,436
y	0,625	0,589	0,600	0,635	0,666	0,628

2) **Méthode indirecte**

On décompose en série de Fourier l'expression de $u_c(\theta)$.

Cette décomposition a déjà été faite (C.I. p. 49) avec pour référence l'axe $o'y'$. Si l'on ne retient que le terme fondamental, on a :

$$v = \frac{2\,E_M}{\pi}\left(1 + 2\cos 2\,\theta'\right)$$

Si l'on se réfère à l'axe Oy $\left(\text{soit } \theta = \theta' + \frac{\pi}{2}\right)$, il vient :

$$v = \frac{2\,E_M}{\pi}\left(1 - \frac{2}{3}\cos 2\,\theta\right)$$

On en déduit :

$$i = \frac{2\,E_M}{\pi R} - \frac{4\,E_M}{3\,\pi Z}\cos\left(2\,\theta - \psi\right)$$

avec :

$$\mathrm{tg}\;\psi = \frac{2\,L\,\omega}{R},\quad R = Z\cos\psi$$

soit en coordonnées réduites :

$$y = \frac{Ri}{E_M} = \frac{2}{\pi} - \frac{4}{3\,\pi}\cos\psi\cos\left(2\,\theta - \psi\right)$$

Application numérique :

$$\mathrm{tg}\;\psi = 10,\quad \psi = 84°{,}3,\quad \cos\psi = 0{,}099$$

$$y = 0{,}637 - 0{,}042\cos\left(2\,\theta - \psi\right)$$

θ°	0	30	60	90	120	180
2 θ – 84,3	– 84,3	– 24,3	35,7	95,7	155,7	275,7
y_1	0,637	0,637	0,637	0,637	0,637	0,637
y_2	0,004	0,038	0,034	– 0,004	– 0,038	0,004
$y_1 - y_2$	0,633	0,599	0,603	0,641	0,675	0,633

Si on compare ce tableau de valeurs à celui obtenu par la méthode directe, on constate que les résultats sont très voisins. Ainsi peut-on conclure qu'avec ce type d'alimentation les harmoniques supérieurs jouent un rôle négligeable.

Dans la pratique la méthode indirecte est beaucoup plus utilisée que la méthode directe car elle a l'avantage de donner les expressions mathématiques de la valeur moyenne du courant et du premier harmonique. Il est intéressant de noter que l'on aurait obtenu le même résultat en développant en série de Fourier l'expression du courant dans la charge. Mais ce procédé est très compliqué en raison de la présence du terme exponentiel dans l'expression de la valeur instantanée du courant.

c) Si on sépare le courant continu et le courant d'ondulation, on a :

$$I_c = \frac{2\,E_M}{\pi R}, \quad i_0 = \frac{4\,E_M}{3\,\pi Z} \cos\psi \cos(2\,\theta - \psi)$$

On en déduit la valeur efficace de l'ondulation :

$$I_0 = \frac{4\,E_M}{3\,\pi R\,\sqrt{2}} \cos\psi$$

d'où :

$$\tau = \frac{I_0}{I_c} = \frac{4\cos\psi}{6\sqrt{2}} = \frac{0{,}099\,\sqrt{2}}{3}$$

$$\boxed{\tau = 4{,}6\ \%}$$

IV-19 A) Un redresseur triphasé utilisant trois diodes à jonction supposées parfaites est destiné à fournir un courant continu de 1 A sous la tension de 220 V. On demande :

a) Le schéma de l'installation.

b) La valeur efficace de la tension alternative que l'on doit obtenir aux bornes de chacun des trois enroulements secondaires, la fréquence du réseau étant de 50 Hz.

c) La valeur efficace du premier harmonique.

B) On insère entre la charge et le redresseur précédent un filtre formé d'une induction L en série avec la charge et une capacité C = 100 µF qui est branchée en parallèle. Sachant que l'affaiblissement de la cellule doit être égal à 50, calculer :

a) L'intensité dans la résistance de charge et la tension à ses bornes.

b) L'inductance du filtrage.

c) L'amplitude de l'harmonique trois de l'intensité qui traverse la charge.

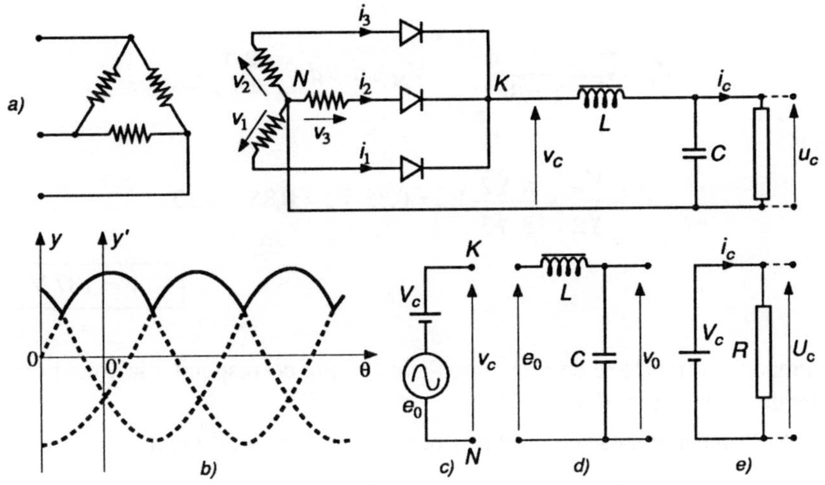

FIG. IV-11.

A) a) Le schéma de l'installation (fig. IV-11 *a*) comporte un transformateur triphasé dont les enroulements secondaires sont obligatoirement branchés en étoile tandis que les enroulements primaires sont branchés soit en étoile, soit en triangle. Nous les supposons branchés en triangle.

Une diode est placée sur chacune des phases tandis que le récepteur (avec ou sans son filtre intermédiaire) est branché entre le point K commun aux trois diodes et le point neutre N.

b) Les tensions simples au secondaire du transformateur ont pour expressions :

$$v_1 = v_{AN} = V_M \sin \omega t$$

$$v_2 = v_{BN} = V_M \sin\left(\omega t - \frac{2\pi}{3}\right)$$

$$v_3 = v_{CN} = V_M \sin\left(\omega t - \frac{4\pi}{3}\right)$$

La tension v_c aux bornes de la charge est alors assimilable à trois calottes de sinusoïdes par période (courbe en gras).

On en déduit :

$$V_c = \overline{v_c} = \frac{1}{2\,\pi/3}\int_{\pi/6}^{5\,\pi/6} V_M \sin\,\theta d\,\theta = \frac{2\,\sqrt{3}}{2\,\pi} V_M$$

d'où :

$$V = \frac{V_M}{\sqrt{2}} = \frac{\pi\,\sqrt{2}}{3\,\sqrt{3}} V_c = 0{,}85\ V_c = 0{,}85 \times 220$$

$$\boxed{V = 187\ \text{V}}$$

c) Prenons comme axe de référence l'axe Oy' qui correspond à la valeur maximale de la tension v_1 (fig. IV-11 *b*).

Si l'on décompose en série de Fourier la tension u_c, il vient :

$$v_c = V_c + A_1 \sin\,\theta + \ldots + A_n \sin n\,\theta + \ldots$$
$$+ B_1 \cos\,\theta + \ldots + B_n \cos n\,\theta + \ldots$$

Si l'on change θ en $-\,\theta$, la tension v_c ne change pas donc on n'a pas de termes en sinus.

Au cours d'une période de la fonction $(0 < \theta < 2\,\pi/3)$, v_c ne change pas si l'on change θ en $\frac{2\,\pi}{3} - \theta$, aussi le développement ne comporte t-il que des pulsations multiples de trois, soit :

$$v_c = V_c + B_3 \cos 3\,\theta + B_6 \cos 6\,\theta + \ldots$$

La valeur moyenne de v_c (soit $V_c = \overline{v_c}$) a été calculée dans la question précédente.

Pour calculer le terme B_3, on multiplie les deux membres par cos θ puis on calcule les valeurs moyennes pendant la durée d'une période. Celles-ci sont nulles à l'exception de celle qui concerne le terme choisi car on a :

$$\left(B_3 \cos^2 3\,\theta\right)_{\text{moy}} = \frac{B_3}{2}\left(1 + \cos 6\,\theta\right)_{\text{moy}} = \frac{B_3}{2}$$

d'où :

$$\frac{B_3}{2} = \left(v_c \cos 3\,\theta\right)_{\text{moy}} = \frac{V_M}{\pi/3}\int_0^{\pi/3} \cos\,\theta \cos 3\,\theta\,d\,\theta$$

$$B_3 = \frac{3\,V_M}{\pi}\int_0^{\pi/3}(\cos 4\,\theta + \cos 2\,\theta)\,d\,\theta = \frac{3\sqrt{3}}{8\,\pi}\,V_M$$

$$v_c = V_c\left(1 + \frac{1}{4}\cos 3\,\theta\right),\quad \text{avec}\quad \frac{3\sqrt{3}}{2\,\pi}\,V_M$$

On en déduit la valeur efficace de la tension d'ondulation limitée au premier harmonique :

$$E_0 = \frac{V_c}{4\sqrt{2}} = \frac{220}{4\sqrt{2}}$$

$$\boxed{E_0 = 39\ \text{V}}$$

B) a) Quand on insère un filtre entre le redresseur et la charge, tout se passe comme si le récepteur et son filtre étaient alimentés par deux générateurs en série (fig. IV-11 *e*) :

— un générateur à courant continu de f.é.m. V_c,

— un générateur à courant alternatif de f.é.m. $\frac{V_c}{4}\cos 3\,\omega t$.

Comme le système est linéaire, on peut appliquer le principe de superposition à ces deux signaux :

1) Pour le signal continu, la capacité est assimilable à un circuit ouvert tandis que la résistance de la self peut être négligée ainsi ce signal est-il directement appliqué à la sortie (fig. IV-11 *e*). On a :

$$I_c = \frac{V_c}{R} = \frac{U_c}{R}$$

soit :

$$R = \frac{U_c}{I_c} = \frac{220}{1} = 220\ \text{ohms (1)}$$

2) Pour le signal alternatif de pulsation $\Omega = 3\,\omega$, la capacité a pour impédance :

$$X = \frac{1}{C\,\Omega} = \frac{10^6}{3 \times 100 \times 2\,\pi \times 50} = 10{,}6\ \text{ohms}$$

(1) On évite ici la notation Ω car celle-ci est réservée à la pulsation.

Pour que le filtre soit efficace, on réalise la double condition suivante :

$$\frac{1}{C\,\Omega} << R \quad \text{et} \quad \frac{1}{C\,\Omega} << L\,\Omega$$

La première condition et bien vérifiée par les deux valeurs précédentes tandis que la deuxième sera vérifiée après le calcul de l'inductance.

La première condition permet de supprimer R, ce qui conduit au circuit équivalent (fig. IV-11 *d*).

On a en notations complexes :

$$\frac{\mathbf{V}_0}{\mathbf{E}_0} = \frac{1/jC\,\Omega}{j\,(L\,\Omega - 1/C\,\Omega)} \approx -\frac{1}{LC\,\Omega^2} = -\frac{1}{F}, \quad \text{puisque : } \frac{1}{C\,\Omega} << L\,\Omega$$

Le signe moins dans cette expression signifie que les tensions à l'entrée et à la sortie du filtre sont en opposition de phases.

3) Si l'on applique le principe de superposition on en déduit l'expression du courant dans la charge, soit :

$$i_c = \frac{V_c}{R}\left(1 - \frac{1}{4F}\cos 3\,\omega\,t\right), \quad \text{avec : } V_c = U_c$$

Comme $u_c = R\,i_c$, on en déduit la tension aux bornes de la charge :

$$u_c = U_c\left(1 - \frac{1}{4F}\cos 3\,\omega\,t\right), \quad \text{avec : } U_c = \frac{3\sqrt{3}}{2\,\pi}V_M$$

b) Si l'on exprime en modules l'affaiblissement provoqué par le filtre, on a :

$$\frac{V_0}{E_0} = \frac{1}{LC\,\Omega^2} = \frac{1}{F}$$

$$L = \frac{F}{C\,\Omega^2} = \frac{50 \times 10{,}6}{942}$$

$$\boxed{L = 0{,}56\ \mathrm{H}}$$

Comme on peut le constater $1/C\,\Omega = L\,\Omega\,/F$, ce qui vérifie bien la deuxième approximation que nous avons faite.

c) Amplitude de l'harmonique trois :

$$I_{0M} = \frac{U_c}{4F \times R} = \frac{1}{4 \times 50}$$

$$\boxed{I_{0M} = 5 \text{ mA}}$$

B) PROBLÈMES A RÉSOUDRE

IV-20 Pour une diode au germanium (ΔW = 0,72 eV), on constate que I_s = 1 μA à 300° K.

Sachant que ce courant a pour expression $I_s = CT^3 \exp(-\Delta W / kT)$, calculer :

a) La valeur de C dans l'expression I_s.

b) La valeur de I_s pour T = 310° K.

IV-21 Pour une diode au silicium on a C = 0,1 dans l'expression de I_s donnée en ampère. Quelle est l'expression de I_s aux températures suivantes exprimées en degrés centigrades : 27°, – 33°, 87°.

IV-22 Une diode au silicium est polarisée dans le sens passant avec I_d = 2 mA à 300° K. Calculer la valeur de r_d.

IV-23 Représenter à l'aide d'éléments (diodes, batteries, résistances) idéaux les circuits équivalents aux courbes stylisées (fig. ex. IV-18).

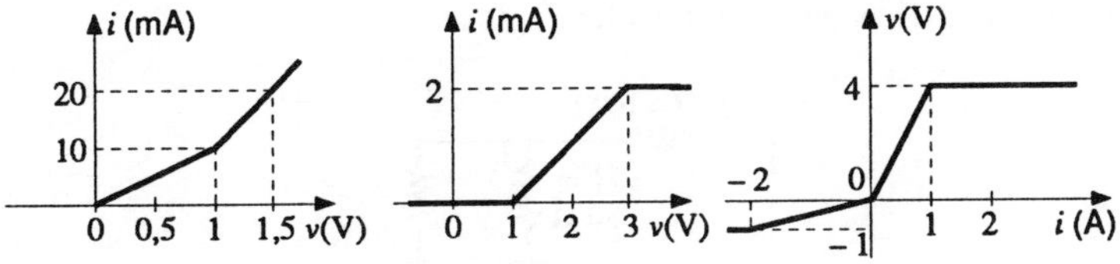

FIG. ex. IV-23.

IV-24 Le signal d'entrée d'un redresseur supposé parfait (fig. ex. IV-19) est déformé triangulaire, calculer :

a) La valeur moyenne de l'intensité.

b) Sa valeur efficace.

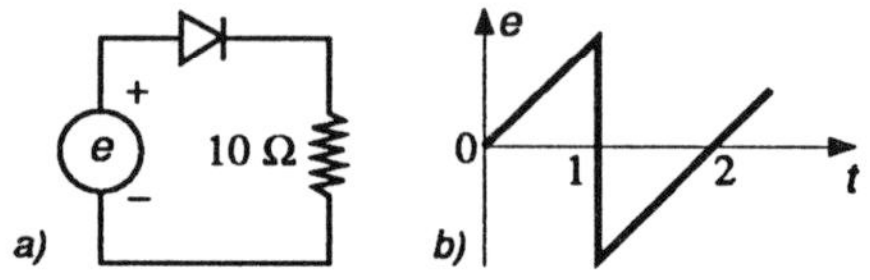

FIG. ex. IV-24.

IV-25 Les bornes *A* et *B* d'un pont de Graëtz dont les redresseurs sont parfaits sont alimentées par une tension sinusoïdale. La valeur efficace de l'intensité dans un redresseur étant de 5 A, on demande :

a) La puissance dissipée dans la résistance $R = 12\ \Omega$.

b) La valeur moyenne de la d.d.p. aux bornes de *R*.

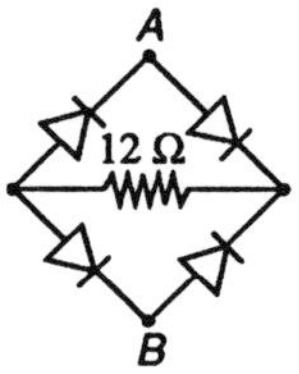

FIG. ex. IV-25.

IV-26 Le montage (fig. ex. IV-26) qui comporte des redresseurs parfaits est alimenté par une tension sinusoïdale d'expression $u\ (V) = 120\sqrt{2}\ \sin \omega\ t$.

Ce système étant observé pendant un nombre entier de périodes, quelles sont les valeurs efficaces des intensités I_1, I_2 et I.

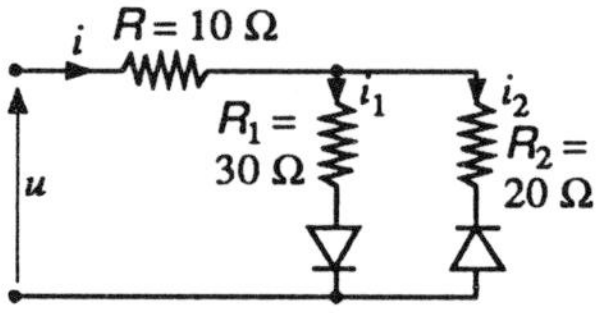

FIG. ex. IV-26.

IV-27 On charge un accumulateur de 80 V à partir d'une tension alternative de 127 V, 50 Hz en redressant les deux alternances par deux diodes dont la chute de tension est de 1 volt. Une résistance de 50 Ω étant mise en série avec l'accumulateur, déterminer :

a) Le courant de pointe.

b) La durée de circulation du courant par période.

Que se passe-t-il si l'accumulateur est mal branché ?

CHAPITRE V

TRANSISTORS UNIPOLAIRES

A) PROBLÈMES RÉSOLUS

V-1 Un TEC de paramètres $I_{D_0} = 10$ mA et $V_P = -3$ V est utilisé dans un amplificateur (fig. V-1) dont on donne les valeurs suivantes :

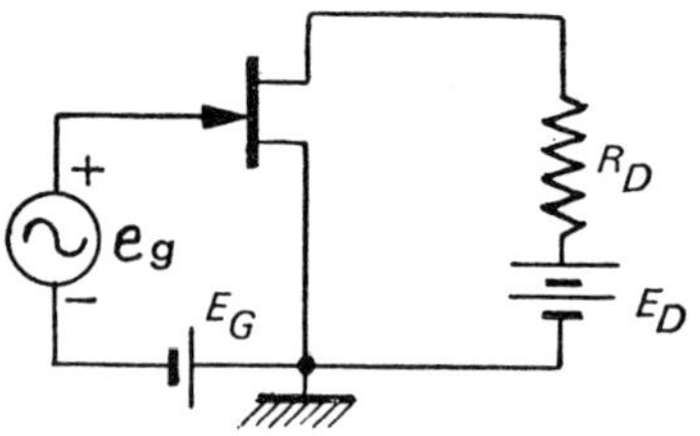

FIG. V-1.

$$E_D = 25 \text{ V} \quad , \quad I_D = 5 \text{ mA}$$
$$V_{DS} = 5 \text{ V}$$

1) Déterminer E_G et R_D.

2) Calculer le gain de l'amplificateur.

1) Au repos $v_{GS} = E_G$, on a :

$$i_D = I_{D_0}\left(1 - \frac{v_{GS}}{V_P}\right)^2$$
$$5 = 10\left(1 + \frac{E_G}{3}\right)^2$$

d'où :

$$\boxed{E_G = -0{,}9 \text{ V}}$$

$$v_{DS} = E_D - R_D i_D$$
$$5 = 25 - 5\,R_D$$

d'où :

$$\boxed{R_D = 4 \text{ k}\Omega}$$

2) Avec un signal d'entrée ($v_{GS} = V_{GS} + v_1$), on a :

$$v_{DS} = E_D - R_D i_D = E_D - R_D I_{D_0}\left(1 - \frac{V_{GS}}{V_P} - \frac{v_1}{V_P}\right)^2$$
$$= E_D - R_D I_{D_0}\left(1 - \frac{V_{GS}}{V_P}\right)^2 + 2\,R_D I_{D_0}\left(1 - \frac{V_{GS}}{V_P}\right)\frac{v_1}{V_P} - R_D I_{D_0}\left(\frac{v_1}{V_P}\right)^2$$

En signaux faibles $|v_1| \ll |V_P|$, le dernier terme en v_1^2 qui représente la distorsion du signal est faible par rapport au précédent qui correspond au signal utile et l'on a :

$$v_{DS} \simeq V_{DS} + v_{ds},$$

d'où :

$$\mathbf{A} = \frac{2\,R_D I_{D_0}}{V_P}\left(1 - \frac{E_G}{V_P}\right) = \frac{2 \times 4 \times 10}{-3}\left(1 - \frac{0{,}9}{3}\right)$$

$$\boxed{A = -\,18{,}6}$$

Le signe moins signifie que la tension de sortie est en opposition de phase avec la tension d'entrée.

V-2 Représenter les caractéristiques de sortie ainsi que la droite de charge de l'amplificateur du problème précédent.
Préciser sur ces caractéristiques la zone de déchet. En déduire la valeur efficace maximale que peut avoir le signal d'entrée sans qu'il y ait une distorsion excessive.

On représente sur un même graphe (fig. V-2) les caractéristiques :

$$v_{GS} = 0 \quad \text{et} \quad v_{GS} = -\,0{,}9\ \text{V}$$

puis la droite de charge :

$$v_{DS} = E_D - R_D i_D$$

Celle-ci coupe les axes aux points :

$$i_D = 0 \quad , \quad v_{DS} = E_D = 25\ \text{V}$$

$$v_{DS} = 0 \quad , \quad i_D = \frac{E_D}{R_D} = \frac{25}{4} = 6{,}25\ \text{mA}$$

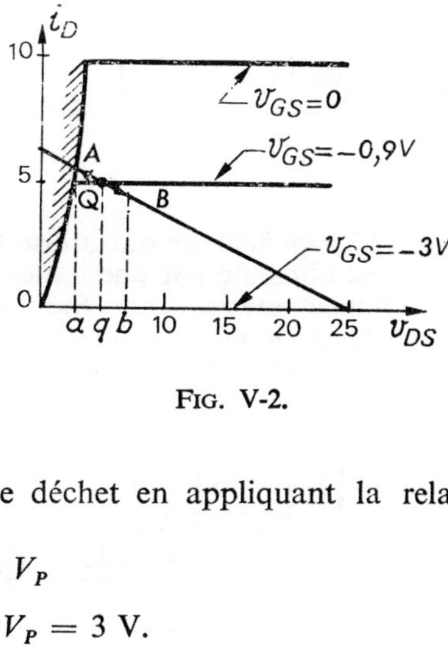

FIG. V-2.

On peut ensuite préciser la zone de déchet en appliquant la relation :

$$v_{DS} = v_{GS} - V_P$$

Pour $v_{GS} = 0$, $v_{DS} = -\,V_P = 3$ V.
Pour $v_{GS} = -\,0{,}9$ V , $v_{DS} = -\,0{,}9 + 3 = 2{,}1$ V.
Pour $v_{GS} = V_P$, $v_{DS} = 0$.

La zone de déchet étant ainsi précisée par ces trois points, on en déduit le domaine *AB* de la droite de charge que l'on peut utiliser sans distorsion excessive.

Dans ces conditions l'amplitude maximale du signal de sortie est représentée par la projection *aq* sur l'axe des tensions, soit $aq = 1,5$ V.

Valeur efficace maximale du signal d'entrée :

$$V_1 = \frac{1,5}{18,6\sqrt{2}}$$

$$\boxed{V_1 = 57 \text{ mV}}$$

V-3 Un amplificateur utilise un TEC *n* à jonction pour lequel, on a : $V_P = -2$ V, $I_{D_0} = 1,65$ mA. Calculer g_m pour $I_D = 0,8$ mA.

$$i_D = I_{D_0}\left(1 - \frac{v_{GS}}{V_P}\right)^2 = 1,65\left(1 + \frac{v_{GS}}{2}\right) = 0,8, \text{ d'où: } v_{GS} = -0,62 \text{ V}$$

$$g_m = 2\, I_{D_0}\left(1 - \frac{v_{GS}}{V_P}\right) \times -\frac{1}{V_P} = g_{m_0}\left(1 - \frac{v_{GS}}{V_P}\right)$$

$$g_{m_0} = -\frac{2\, I_{D_0}}{V_P} = 1,65 \text{ mA/V} \quad , \quad g_{m_0} \text{ est la pente pour } v_{GS} = 0$$

$$g_m = 1,65\left(1 - \frac{0\ 62}{2}\right)$$

$$\boxed{g_m = 1,14 \text{ mA/V}}$$

V-4 L'amplificateur qui utilise le TEC du problème précédent (fig. V-3*a*) est alimenté par une batterie $E_D = 24$ V. Le TEC a une grande résistance interne ($\rho \gg R_D$) tandis que les condensateurs de liaison et de découplage ont des impédances très faibles pour le régime variable. Sachant que le gain désiré en tension est de 20 dB, calculer R_S et R_D.

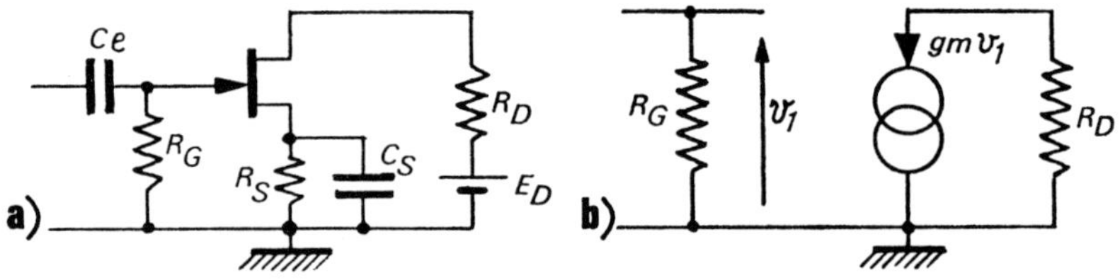

FIG. V-3.

a) $$R_S = -\frac{V_{GS}}{I_D} = \frac{0,62}{0,5} = 0,77 \text{ k}\Omega$$

$$\boxed{R_S = 770\ \Omega}$$

b) Représentons le circuit équivalent en régime variable (fig. V-3*b*), on a :

$$v_2 = -g_m v_1 R_D \quad , \quad \text{d'où :} \quad A = -g_m R_D$$

$$20 \lg |A| = 20 \text{ dB} \quad , \quad \text{d'où :} \quad |A| = 10$$

$$R_D = \frac{|A|}{g_m} = \frac{10}{1{,}14}$$

$$\boxed{R_D = 8{,}76 \text{ k}\Omega}$$

V-5 La fiche signalétique du TEC 2N3684 indique les limites suivantes d'utilisation :

$$V_{P(\min)} = -2 \text{ V} \quad , \quad I_{D0(\min)} = 1{,}6 \text{ mA}$$

$$V_{P(\max)} = -5 \text{ V} \quad , \quad I_{D0(\max)} = 7{,}05 \text{ mA}$$

Ces caractéristiques limites étant représentées (fig. V-4), on se propose d'utiliser l'une ou l'autre des deux droites de polarisation indiquées sur le graphe.

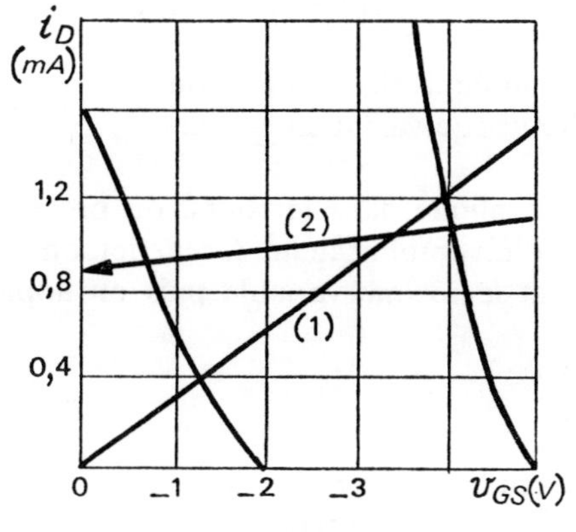

FIG. V-4.

Déterminer dans les deux cas les limites du courant drain ainsi que les valeurs de R_S et de E_G. Quelle droite de polarisation doit-on utiliser si les limites extrêmes du courant drain sont :

$$0{,}8 \text{ mA} < I_D < 1{,}2 \text{ mA}.$$

a) Avec la droite de polarisation (1), on a :

$$I_{D(\min)} = 0{,}4 \text{ mA} \quad , \quad I_{D(\max)} = 1{,}2 \text{ mA}$$

$$R_S = 1{,}2/4 = 3 \text{ k}\Omega \quad , \quad E_G = 0$$

b) Avec la droite de polarisation (2), on a :

$$I_{D(\min)} = 0{,}92 \text{ mA} \quad , \quad I_{D(\max)} = 1{,}08 \text{ mA}$$

Par ailleurs cette droite passe par les points : $V_{GS} = 0$, $I_D = 0{,}9$ mA et $V_{GS} = -4$ V, $I_D = 1{,}1$ mA. Elle a pour équation :

$$V_{GS} = E_G - R_S I_D$$

d'où :

$$R_S = \frac{4 - 0}{1{,}1 - 0{,}9} = 20 \text{ k}\Omega$$

si $V_{GS} = 0$, $E_G = R_S I_D = 0{,}9 \times 20 = 18$ V.

Comme on peut le constater, seule la deuxième droite de charge permet de réaliser la condition imposée : $0{,}8 \text{ mA} < I_D < 1{,}2 \text{ mA}$.

V-6 L'amplificateur à TEC (fig. V-1) fonctionne avec les valeurs suivantes : $e_g = \sqrt{2} \sin \omega t$, $R_D = 40$ kΩ , $\rho = 10$ kΩ , $g_m = 3$ mA/V. Sachant qu'un filtre parfait élimine la composante continue, déterminer la valeur instantanée de la tension de sortie.

a) Avec le circuit équivalent en tension.

b) Avec le circuit équivalent en courant.

Comme on l'a expliqué dans le cours, on procède toujours en deux étapes pour le calcul d'un amplificateur. A cet effet, on étudie successivement le régime de repos et le régime variable puis on applique le principe de superposition.

1. *Régime de repos.*

Ce régime est étudié directement sur le réseau des caractéristiques. Pour cela, on choisit un point de repos Q de coordonnées I_D, V_{DS}, V_{GS}, on annule la f.é.m. du générateur d'attaque puis on écrit des relations qui font intervenir la résistance de plaque en régime continu ainsi que les tensions d'alimentation, soit :

$$E_G = V_{GS} \qquad (\text{car} \quad I_G = 0)$$
$$E_D = V_{DS} + R_D I_D$$

Enfin, on détermine graphiquement pour le point de repos choisi les valeurs des paramètres (μ, g_m et ρ) qui correspondent au régime variable. Cette première partie de l'étude qui a déjà été traitée au cours des exercices précédents n'étant pas demandée, on peut aborder la deuxième partie.

2. *Régime variable.*

En régime variable, plutôt que de raisonner directement sur les caractéristiques, on préfère utiliser les circuits équivalents quand l'amplitude des signaux est suffisamment faible pour que le fonctionnement soit parfaitement linéaire. A cet effet, on annule les f.é.m. des alimentations puis, on remplace l'intervalle drain source par le circuit équivalent. Celui-ci se présente sous l'une ou l'autre des deux formes suivantes (fig. V-5) :

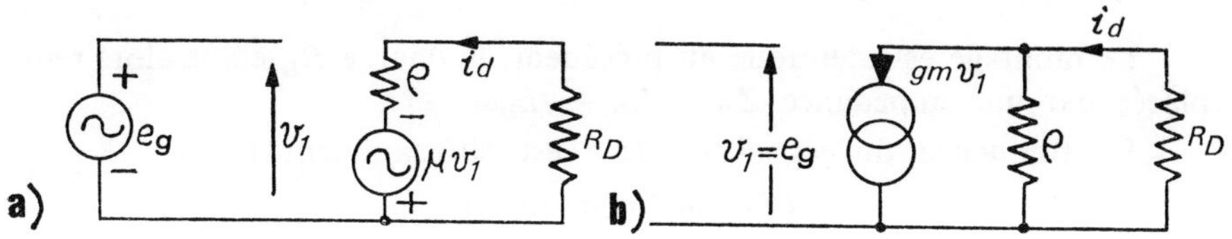

FIG. V-5.

a) Circuit en tension.

C'est un générateur de Thévenin de f.é.m. μv_{gs} et de résistance interne ρ, On a :

$$\mu v_1 = (R_D + \rho)\, i_d \quad , \quad \text{avec : } v_{gs} = v_1 = e_g$$

$$v_2 = -\, R_D i_d \quad , \quad \text{avec : } v_{ds} = v_2$$

d'où :

$$\frac{v_2}{v_1} = -\frac{\mu R_D}{\rho + R_D} = -\frac{30 \times 40}{50} = -\,24$$

soit en valeur instantanée :

$$\boxed{v_2 = -\,24\,\sqrt{2}\,\sin \omega t}$$

Le signe moins signifie que les tensions d'entrée et de sortie de cet amplificateur sont en opposition de phases.

b) Circuit en courant.

Par application du théorème de Norton (C. I, p. 32) on a un générateur de courant qui débite un courant $i_0 = \mu v_1/\rho = g_m v_1$ dans les deux résistances ρ et R_D branchées en parallèle. Il vient :

$$v_2 = -\, g_m v_1 R \qquad \text{avec} \qquad R = \rho // R_D = \frac{\rho R_D}{\rho + R_D}$$

d'où :

$$\frac{v_2}{v_1} = -\frac{g_m \rho R_D}{\rho + R_D} = -\frac{\mu R_D}{\rho + R_D} = -24$$

V-7 On donne l'amplificateur suivant :

$E_g = 0{,}5$ V , $\omega = 10^4$ rd/s , $g_m = 2$ mA/V , $\rho = 15$ kΩ.

Sachant que la charge est formée d'une résistance de 40 kΩ en série avec une inductance de 3 H, déterminer le gain et préciser le sens physique du déphasage obtenu.

Le montage est identique au précédent, la charge R_D étant alors remplacée par une impédance $Z_D = R_D + jL_D\omega$.

La fréquence du signal d'entrée est suffisamment faible

$$(f = \omega/2\pi < 20 \text{ kHz})$$

pour que l'on puisse négliger les capacités parasites du TEC. Dans ces conditions, il vient

$$\boldsymbol{A} = \frac{\boldsymbol{V}_2}{\boldsymbol{V}_1} = -\frac{g_m \rho}{1 + \rho/\boldsymbol{Z}_D}$$

$$\boldsymbol{A} = -\frac{15 \times 2}{1 + 15/(40 + 30j)} = -30 \times \frac{31 + 4{,}5j}{39}$$

d'où :

$$\boxed{\boldsymbol{A} = 24 \underline{/-172°}}$$

En conséquence, si V_1 représente la **valeur efficace** de la tension d'entrée et si l'on choisit la phase de cette tension comme origine des phases, on peut écrire les relations suivantes en **valeurs instantanées :**

$$v_1 = V_1 \sqrt{2} \sin \omega t \quad , \quad v_2 = 24\, V_1 \sqrt{2} \sin(\omega t - 172°)$$

V-8 Un amplificateur (fig. V-6) fonctionne avec les valeurs suivantes :

$r = 10$ kΩ , $R_G = 90$ kΩ , $R_D = 25$ kΩ.

$\mu = 20$, $\rho = 10$ kΩ , $\omega = 10^8$ rd/s.

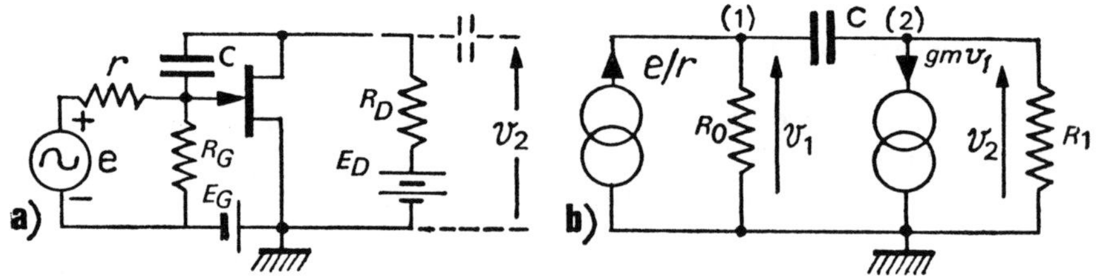

FIG. V-6.

Comparer les gains v_s/e dans les deux cas suivants :
a) C = 0.
b) C = 0,001 µF.

Pour représenter le circuit équivalent de l'amplificateur, il est intéressant de remplacer le générateur d'attaque par un générateur de courant pour avoir des générateurs de même nature. En effet, il est alors possible de grouper en une seule résistance d'une part les résistances r et R_G, d'autre part les résistances ρ et R_D. Ainsi est-on conduit aux notations suivantes :

$$R_0 = r//R_G = 1/G_0 \quad , \quad R_1 = \rho//R_D = 1/G_1 \quad , \quad r = 1/g$$

Avec ces notations, il est facile d'écrire en notations complexes les lois des nœuds, soit :

$$g\boldsymbol{E} = G_0\boldsymbol{V}_1 + jC\omega(\boldsymbol{V}_1 - \boldsymbol{V}_2) \qquad \text{(nœud 1)}$$

$$-g_m\boldsymbol{V}_1 = G_1\boldsymbol{V}_2 + jC\omega(\boldsymbol{V}_2 - \boldsymbol{V}_1) \qquad \text{(nœud 2)}$$

De la deuxième relation, on tire :

$$-\boldsymbol{V}_1(g_m - jC\omega) = \boldsymbol{V}_2(G_1 + jC\omega)$$

Puis en reportant cette valeur de $\boldsymbol{V}_1$ dans la première relation :

$$-g\boldsymbol{E} = \frac{(G_0 + jC\omega)(G_1 + jC\omega)}{g_m - jC\omega} + jC\omega = \frac{G_0(G_1 + jC\omega) + jC\omega(G_1 + g_m)}{g_m - jC\omega}$$

soit :

$$\boldsymbol{A} = \frac{\boldsymbol{V}_2}{\boldsymbol{E}} = -\frac{g(g_m - jC\omega)}{G_0G_1 + jC\omega(G_0 + G_1 + g_m)}$$

Application numérique.

$$g = 10^{-4}\ \text{A/V} \quad , \quad G_G = 10^{-5}/9 = 1{,}11 \times 10^{-5}\ \text{A/V}$$
$$G_0 = 11{,}11 \times 10^{-5}\ \text{A/V}$$

$$g_\rho = 10^{-4}\ \text{A/V} \quad , \quad G_P = 10^{-3}/25 = 4 \times 10^{-5}\ \text{A/V}$$
$$G_1 = 14 \times 10^{-5}\ \text{A/V}$$

a) $C = 0$

$$A = -\frac{ggm}{G_0G_1} = -\frac{20}{1{,}111 \times 1{,}4}$$

$$\boxed{\boldsymbol{A} = 12{,}8\ \underline{/\ 180°}}$$

b) $C = 0{,}001\ \mu F$

$$A = -\frac{10\,(200 - j)}{11{,}11 \times 14 + (11{,}11 + 14 + 200)\,j}$$

$$= -\frac{2\,000}{156 + 225\,j} = \frac{2\,000}{274}\,\underline{/180° - 55°}$$

$$C\omega = 10^{-9} \times 10^{4} = 10^{-5}\ \text{A/V}$$

d'où :

$$\boxed{A = 7{,}3\ \underline{/\,125°}}$$

Comme on peut le constater, le condensateur C provoque une réduction importante du gain et une variation de la phase. En raison de la valeur élevée de cette capacité, il n'est pas possible dans ce problème de négliger le courant qu'elle absorbe par rapport au courant dans la charge R_D.

B) PROBLÈMES A RÉSOUDRE

V-9 Etant donné les caractéristiques d'un TEC (fig. ex. V-9), on choisit une droite de charge qui admet pour point de repos Q : $V_{DS} = 25$ V et $I_D = 1{,}5$ mA avec une tension d'alimentation $E_D = 50$ V, déterminer les résistances R_D et R_S.

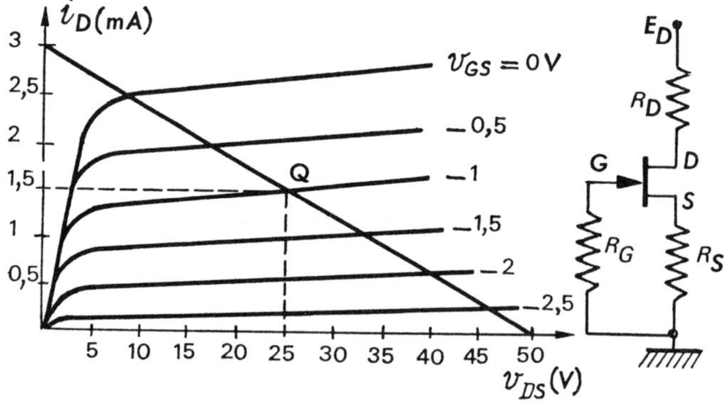

FIG. ex. V-9.

V-10 L'amplificateur du problème précédent fonctionne avec les valeurs suivantes :

$$E_D = 40 \text{ V} \quad , \quad R_S = 500\ \Omega \quad , \quad R_D = 19{,}5 \text{ k}\Omega$$

déterminer le point de repos Q.

V-11 Représenter les caractéristiques d'un TEC pour les valeurs suivantes :

$$I_{D_0} = 10 \text{ mA} \quad , \quad V_P = -4 \text{ V}$$

V-12 Si l'on désigne par g_{m_0} la pente de la caractéristique $i_D = f(v_{GS})$ pour $v_{GS} = 0$, montrer que la tangente en ce point coupe l'axe des tensions au point $v_{GS} = V_P/2$.

V-13 *a*) Etablir la relation suivante :

$$g_m = \frac{2}{|V_P|}\sqrt{I_{D_0} i_D}$$

b) Représenter la courbe $g_m = f(i_D)$ pour les valeurs suivantes : $V_P = -4$ V , $I_{D_0} = 4$ mA.

V-14 Montrer que pour des valeurs faibles de v_{GS} par rapport à V_P, le courant drain est donné par la relation approchée suivante :

$$i_D \simeq I_{D_0} + g_{m_0} v_{GS}$$

V-15 Etant donné le TEC (fig. ex. V-9), déterminer graphiquement ρ et g_m au point de repos Q. En déduire le coefficient μ.

V-16 *a*) Partant des définitions de g_m et ρ, montrer que si deux TEC sont branchés en parallèle, g_m est multiplié par deux tandis que ρ est divisé par deux, le coefficient μ demeurant inchangé.

b) Si les deux TEC ne sont pas identiques, démontrer les relations :

$$\frac{1}{\rho} = \frac{1}{\rho_1} + \frac{1}{\rho_2} \qquad \text{et} \qquad \mu = \frac{\mu_1\rho_2 + \mu_2\rho_1}{\rho_1 + \rho_2}$$

CHAPITRE VI

TRANSISTORS BIPOLAIRES

A) PROBLÈMES RÉSOLUS

VI-1 Etant donné les caractéristiques en émetteur commun d'un transistor 2N929 (fig. VI-1) calculer ses paramètres internes en régime variable au point de repos : $V_{CE} = 15$ V, $I_B = 15$ μA.

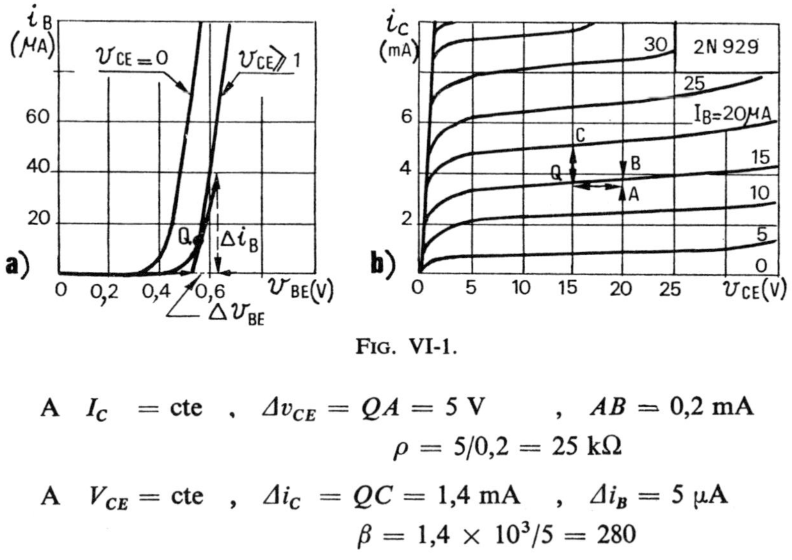

FIG. VI-1.

A I_C = cte , $\Delta v_{CE} = QA = 5$ V , $AB = 0{,}2$ mA

$$\rho = 5/0{,}2 = 25 \text{ k}\Omega$$

A V_{CE} = cte , $\Delta i_C = QC = 1{,}4$ mA , $\Delta i_B = 5$ μA

$$\beta = 1{,}4 \times 10^3/5 = 280$$

Calculons la pente de la caractéristique (fig. VI-1*a*) au point de repos *Q*. On a :

Pour $\Delta i_B = 40$ μA , $\Delta v_{BE} = 0{,}12$ V

$$r = 0{,}12 \times 10^6/40 = 3\,000\ \Omega$$

A i_B = cte pour $v_{CE} > 1$ V , $\gamma = \Delta v_{BE}/\Delta v_{CE} \simeq 0$

VI-2 Calculer à la température $\theta = 25°$ les paramètres internes du transistor (fig. VI-2) pour les valeurs suivantes du point de repos :

a) $I_C = 1$ mA , $V_{CE} = 5$ V.

b) $I_C = 1{,}25$ mA , $V_{CE} = 10{,}2$ V.

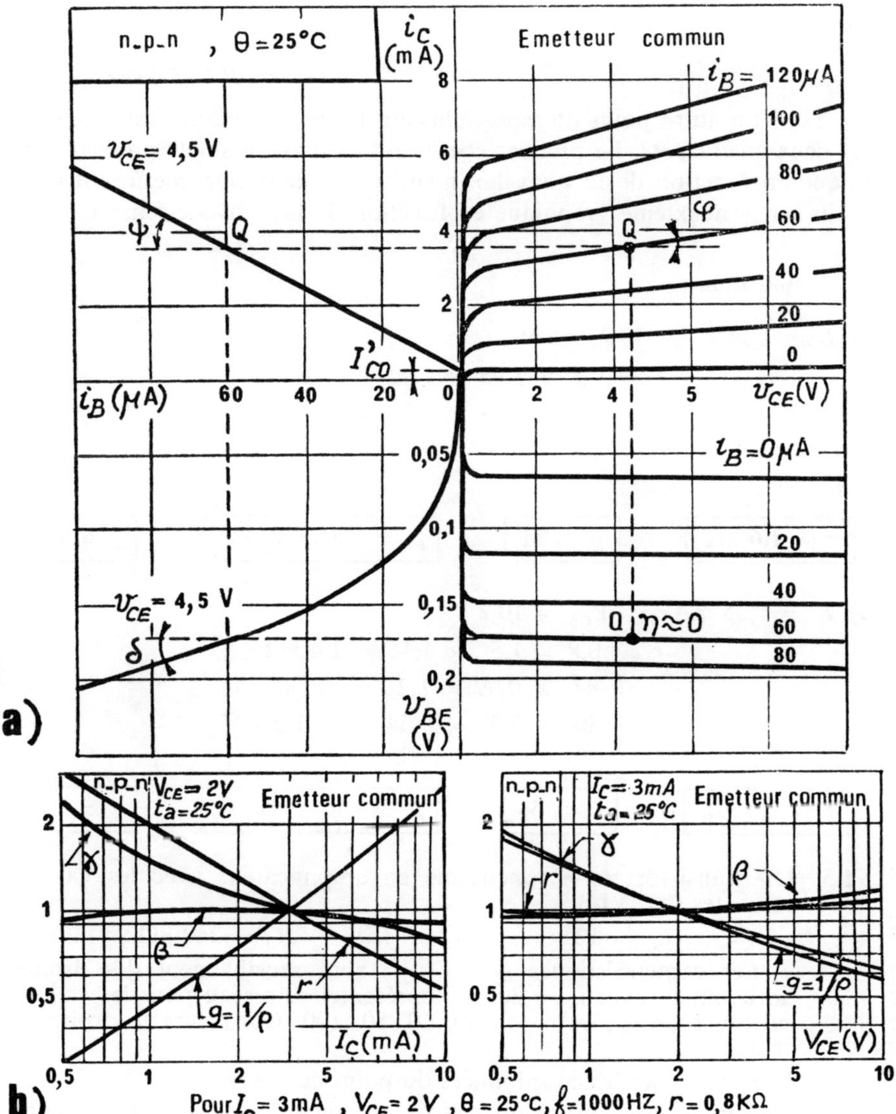

Pour I_C = 3mA , V_{CE} = 2 V , θ = 25°C, f = 1000 HZ, r = 0,8 KΩ

β = 47, γ = 0,05, g = 80 μA/V

FIG. VI-2.

Comme on dispose des courbes correctrices (fig. VI-2*b*), on a intérêt à les utiliser car on commet une erreur sur un écart et non pas sur la grandeur totale.

Pour $I_C = 3$ mA, $V_{CE} = 2$ V, le constructeur donne les valeurs suivantes :

$$r = 0{,}8 \text{ k}\Omega \quad , \quad \beta = 47 \quad , \quad \gamma = 0{,}05 \quad , \quad g = 1/\rho = 80 \ \mu\text{A/V}$$

Pour un autre point de repos, chacun de ces paramètres est multiplié par deux coefficients. Le premier coefficient (K_1) est lu sur le premier graphique en fonction de la nouvelle intensité. Le deuxième coefficient (K_2) est lu sur le deuxième graphique en fonction de la nouvelle tension.

Application.

a) $I_C = 1$ mA , $V_{CE} = 5$ V

$$r = 0{,}8 \times 1{,}95 \times 1{,}02 = 1{,}6 \text{ k}\Omega$$
$$\beta = 47 \times 0{,}98 \times 1{,}1 = 51$$
$$g = 80 \times 0{,}4 \times 0{,}73 = 24 \ \mu\text{A/V}$$

soit :

$\boxed{r = 1{,}6 \text{ k}\Omega}$ $\boxed{\beta = 51}$ $\boxed{\rho = 1/g = 42 \text{ k}\Omega}$ $\boxed{\gamma \simeq 0}$

b) $I_C = 1{,}25$ mA , $V_{CE} = 10{,}2$ V

$$r = 0{,}8 \times 1{,}5 \times 1{,}15 = 1{,}4 \text{ k}\Omega$$
$$\beta = 47 \times 0{,}99 \times 1{,}2 = 56$$
$$g = 80 \times 0{,}52 \times 0{,}54 = 22{,}4 \ \mu\text{A/V}$$

soit :

$\boxed{r = 1{,}4 \text{ k}\Omega}$ $\boxed{\beta = 56}$ $\boxed{\rho = 1/g = 45 \text{ k}\Omega}$ $\boxed{\gamma \simeq 0}$

VI-3 Un transistor *n-p-n* fonctionne en amplificateur avec les valeurs suivantes (fig. VI-3*c*) :

$$E_C = 12 \text{ V} \quad , \quad R_C = 4 \text{ k}\Omega \quad , \quad R_B = 240 \text{ k}\Omega.$$

a) Les caractéristiques $i_C = f(v_{CE})$ sont sensiblement des droites horizontales avec $i_C = 30\ i_B$. Représenter ce réseau pour les valeurs suivantes de i_B (µA) : 20, 40, 60, 80, 100. Construire la droite de charge.

b) Déterminer les coordonnées du point de repos.

c) Représenter graphiquement la courbe de $i_c = f(i_g)$ pour $-50 < i_g < 50$ µA.

a) Le réseau de caractéristiques est représenté (fig. VI-3) pour les valeurs demandées. La droite de charge a pour équation :

$$v_{CE} = E_C - R_C i_C$$

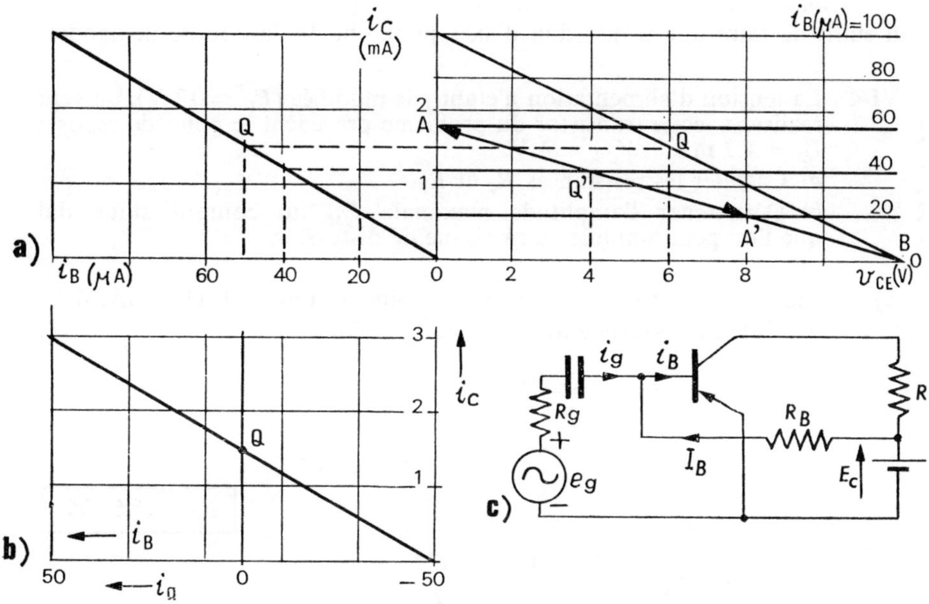

FIG. VI-3.

Elle coupe les axes de coordonnées aux points :

$$i_C = 0 \quad , \quad v_{CE} = E_C = 12 \text{ V} \quad ; \quad v_{CE} = 0 \quad , \quad i_C = E_C/R_C = 3 \text{ mA}$$

b) Au point de repos il n'y a pas de générateur d'attaque ce qui permet d'écrire :

$$E_C = R_B I_B + V_{BE} \simeq R_B I_B$$

car la tension V_{BE} est négligeable par rapport à E_C ($V_{BE} \simeq 0{,}1$ V). D'où :

$$I_B \simeq E_C/R_B = 50 \ \mu\text{A}$$

On en déduit les coordonnées du point de repos :

$$I_C = 30\, I_B = 1{,}5 \text{ mA} \quad , \quad V_{CE} = E_C - R_C I_C = 6 \text{ V}$$

c) Pour éviter les erreurs, il est préférable de faire un nouveau graphique en précisant l'orientation des axes (fig. VI-3*b*). On a les deux relations :

$$i_C = f(i_B) \quad \text{et} \quad i_B = i_g + I_B = i_g + 50\ \mu\text{A}$$

Comme la première relation a déjà été représentée (c'est une droite), il suffit de faire une translation d'axes pour obtenir la courbe demandée.

VI-4 La tension d'alimentation n'étant pas modifiée ($E_C = 12$ V), on veut réaliser avec le transistor du problème précédent le point de repos : $I_C = 1{,}2$ mA, $V_{CE} = 4$ V.

a) Calculer les résistances R_C et R_B.

b) Déterminer l'amplitude maximale I_{gM} du courant sinusoïdal que l'on peut amplifier sans risque de distorsion.

a) On porte sur le réseau précédent le point de repos Q' (1,2 mA, 4 V) et on représente la nouvelle droite de charge. On a :

$$I_B = I_C/30 = 40\ \mu\text{A}$$

$$R_C = \frac{E_C - V_{CE}}{I_C} = \frac{12 - 4}{1{,}2 \times 10^{-3}}$$

$$\boxed{R_C = 6{,}66\ \text{k}\Omega}$$

$$R_B = \frac{E_C - V_{BE}}{I_B} \simeq \frac{E_C}{I_B} = \frac{12}{40 \times 10^{-6}}$$

$$\boxed{R_B = 300\ \text{k}\Omega}$$

b) La droite de charge coupe l'axe des courants au point :

$$i_C = E_C/R_C = 12/6{,}66 = 1{,}8\ \text{mA}$$

ce qui correspond à $i_B = i_C/30 = 60\ \mu$A. Pour éviter la distorsion d'un signal on ne peut pas fonctionner sur une droite de charge au-delà des points A ou B. Comme le signal est sinusoïdal (même amplitude positive et négative) le domaine de fonctionnement est AA', A' étant symétrique de A par rapport à Q', d'où :

$$\boxed{I_{gm} = 20\ \mu\text{A}}$$

VI-5 Un transistor dont on donne les caractéristiques (fig. VI-2) fonctionne en émetteur commun avec les valeurs suivantes :

$$E_C = 6\ \text{V} \quad , \quad V_{CE} = 3\ \text{V} \quad , \quad I_C = 3\ \text{mA}.$$

a) Déterminer le courant base qui correspond au point de repos choisi.
b) Calculer les résistances R_C et R_B.

a) En émetteur commun, on a :

$$i_C = I'_{C_0} + \beta i_B \simeq \beta i_B \qquad \text{car} \qquad I'_{C_0} \ll i_C \; (I'_{C_0} \simeq 0{,}1 \text{ mA})$$

Dans ces conditions, la caractéristique $i_C = f(i_B)$ à V_{CE} constante est une droite qui passe sensiblement par l'origine des axes aussi est-il possible de confondre le coefficient d'amplification pour le régime continu et pour le régime variable.

D'après le tableau (fig. VI-2*b*), $\beta = 47$ pour $V_{CE} = 2$ V et $I_C = 3$ mA. En vertu du 2e graphique, pour $V_{CE} = 3$ V, $K_2 = 1{,}05$, d'où :

$$\beta = 47 \times 1{,}05 \simeq 50$$
$$I_B = 3/50$$

$$\boxed{I_B = 60 \ \mu\text{A}}$$

b)

$$E_C = V_{CE} + R_C I_C$$
$$R_C = \frac{E_C - V_{CE}}{I_C} = \frac{6 - 3}{3 \times 10^{-3}}$$

$$\boxed{R_C = 1 \text{ k}\Omega}$$

$$E_C = V_{BE} + R_B I_B \simeq R_B I_B \qquad \text{car} \qquad V_{BE} \ll E_C$$
$$R_B = 6/60 \times 10^{-6}$$

$$\boxed{R_B = 100 \text{ k}\Omega}$$

VI-6 On se propose de stabiliser le transistor du problème précédent en branchant une résistance R_B entre la base et le collecteur (fig. VI-4).

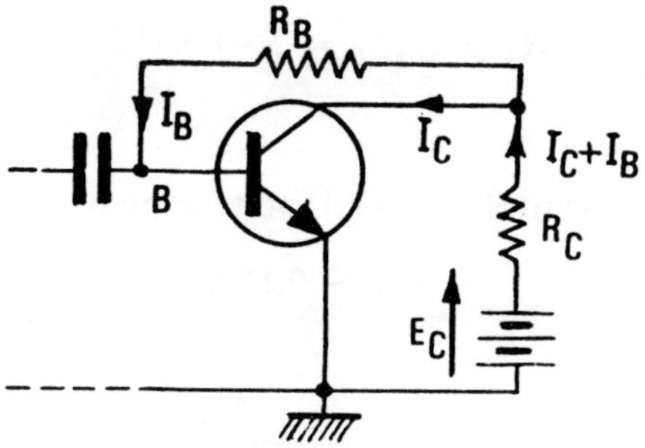

FIG. VI-4.

La tension d'alimentation et la résistance du collecteur ayant pour valeur $E_C = 10$ V et $R_C = 2$ kΩ, on choisit pour point de repos, le milieu de la droite de charge, déterminer :

a) Le courant base qui correspond au point de repos (fig. VI-2).

b) La résistance R_B, démontrer que l'on peut négliger la tension entre la base et l'émetteur.

c) Le coefficient de stabilisation. Quelle serait sa valeur si l'on reliait directement R_B à la borne négative de la batterie?

a) $$E_C = v_{CE} + R_C(i_C + i_B) \simeq v_{CE} + R_C i_C \quad , \quad \text{car :} \quad i_B \ll i_C$$

La droite de charge coupe les axes de coordonnées aux points :

$$i_C = 0 \qquad v_{CE} = E_C = 10 \text{ V} \quad ; \quad v_{CE} = 0 \quad , \quad i_C = E_C/R_C = 5 \text{ mA}$$

Dans ces conditions, le milieu de la droite de charge a pour coordonnées :

$$V_{CE} = 5 \text{ V} \quad , \quad I_C = 2{,}5 \text{ mA}$$

D'après les caractéristiques du transistor (fig. VI-2*a*), le point de repos qui correspond à cette valeur est situé sur la caractéristique suivante :

$$\boxed{I_B = 50 \text{ µA}}$$

Une autre méthode plus précise consiste à calculer la valeur de β d'après le tableau (fig. VI-2*b*). On a :

$$\beta = 47 \times 0{,}98 \times 1{,}1 \simeq 50$$

$$I_B \simeq I_C/\beta = 2{,}5/50 = 0{,}05 \text{ mA} = 50 \text{ µA}$$

b) $$v_{CE} = R_B i_B + v_{BE}$$

— Négligeons v_{BE}, il vient :

$$R_B \simeq v_{CE}/i_B = 5/40 \times 10^{-6}$$

$$\boxed{R_B = 125 \text{ k}\Omega}$$

— D'après le réseau (fig. VI-2*a*), pour le point de repos choisi

$$v_{BE} \simeq 0{,}15 \text{ V}$$

d'où :

$$R_B = \frac{v_{CE} - v_{BE}}{i_B} = \frac{5 - 0{,}15}{40 \times 10^{-6}} = 121 \times 10^3 \ \Omega$$

Ainsi en négligeant la tension v_{BE} l'erreur a-t-elle pour valeur :

$$\varepsilon = \frac{\Delta R}{R} = \frac{125 - 121}{125} = 0{,}032$$

$$\boxed{\varepsilon = 3{,}2\ \%}$$

Cette erreur est parfaitement acceptable quand on tient compte de l'incertitude des différents paramètres qui sont calculés à la température de 25 degrés alors que celle-ci peut être assez différente de cette valeur.

c) $$I_C = \frac{I_{C_0}}{1 - \alpha} + \frac{\alpha}{1 - \alpha} I_B$$

$$E_C = R_C (I_B + I_C) + R_B I_B \quad , \quad \text{car :} \quad V_{BE} \ll E_C$$

Par élimination de I_B entre ces deux relations, il vient : $I_C = f(I_{C_0}, E_C)$. Quand la température varie, I_{C_0} varie alors que E_C ne varie pas. Dans ces conditions le coefficient de stabilisation $S = \dfrac{\Delta I_C}{\Delta I_{C_0}}$ qui représente une variation de courant correspondant à une variation de température donnée est une dérivée partielle, la tension E_C de la batterie n'ayant pas varié. On a :

$$I_C \left(1 - \alpha + \frac{\alpha R_C}{R_B + R_C}\right) = I_{C_0} + \frac{\alpha E_C}{R_B + R_C}$$

$$S = \frac{R_C + R_B}{R_C + R_B (1 - \alpha)} \quad \text{avec} \quad \beta = \frac{\alpha}{1 - \alpha} \simeq \frac{1}{1 - \alpha} \quad , \text{ car : } \alpha \simeq 1$$

$$S = \frac{2 + 125}{2 + 125/50} = \frac{127}{4{,}5}$$

$$\boxed{S = 28}$$

Quand on relie R_B à la batterie, $I_B \simeq E_C/R_B$, d'où :

$$S = \frac{\Delta I_C}{\Delta I_{C_0}} = \frac{1}{1 - \alpha} \simeq \beta = 50$$

Ce procédé de stabilisation est simple mais il n'est pas très efficace.

VI-7 Un étage amplificateur (fig. VI-5) comporte le transistor (fig. VI-2) avec les éléments suivants :

$$E_C = 12 \text{ V} \quad , \quad R_C = 550\ \Omega \quad , \quad R_E = 820\ \Omega$$

$$R_1 = 68\ \text{k}\Omega \quad , \quad R_2 = 8{,}2\ \text{k}\Omega$$

a) Calculer E_B et R_B.

b) Tracer sur le réseau (fig. VI-5) la droite de charge et la courbe de polarisation. En déduire le point de repos,

c) Déterminer le coefficient de stabilisation.

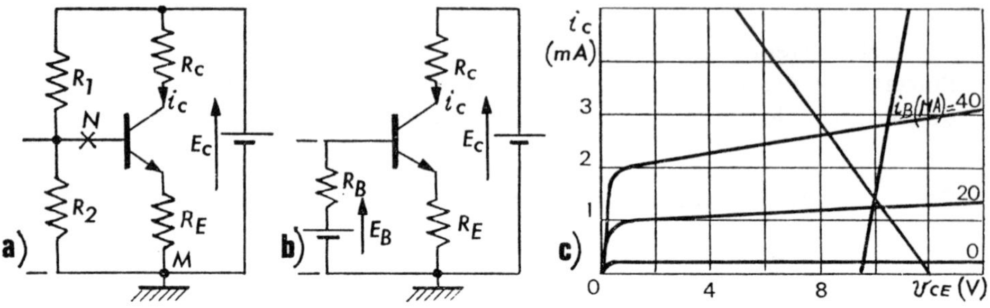

FIG. VI-5.

a) On applique le théorème de Thévenin aux grandeurs de repos en débranchant le transistor au point N. Il vient :

$$E_B = \frac{R_2}{R_1 + R_2} E_C = \frac{8,2}{76,2} \times 12$$

$$\boxed{E_B = -\,1,3 \text{ V}}$$

$$R_B = \frac{R_1 R_2}{R_1 + R_2} = \frac{68 \times 8,2 \times 10^3}{76,2}$$

$$\boxed{R_B = 7,3 \text{ k}\Omega}$$

b)

$$E_C = v_{CE} + (R_C + R_E)\, i_C + R_E i_B \quad , \quad \text{avec :} \quad i_B \ll i_C$$

$$E_B = v_{EB} + R_B i_B + R_E (i_B + i_C) \quad , \quad \text{avec :} \quad v_{EB} \ll E_B$$

soit :

$$12 = v_{CE} + 1,37\, i_C \text{ (mA)} \tag{1}$$

$$1,3 = 8,12\, i_B \text{ (mA)} + 0,82\, i_C \text{ (mA)} \tag{2}$$

La première relation représente la droite de charge. Elle coupe les axes de coordonnées aux deux points :

$$i_C = 0 \quad , \quad v_{CE} = 12 \text{ V} \quad ; \quad v_{CE} = 0 \qquad i_C = \frac{12}{1,37} = 8,7 \text{ mA}$$

Tirons i_C de (1) puis reportons-le dans (2), il vient :

$$9{,}83 = v_{CE} - 13{,}5\, i_B\ (\text{mA}) \qquad (3)$$

Cette dernière relation est la courbe de polarisation :

Pour $i_B = 0$, on a un premier point $v_{CE} = 9{,}83$ V.

Pour $i_B = 20\ \mu$A , $v_{CE} = 9{,}83 + 0{,}27 = 10{,}1$ V.

Pour $i_B = 40\ \mu$A , $v_{CE} = 9{,}83 + 0{,}54 = 10{,}37$ V.

Le point de repos est à l'intersection des deux courbes :

$$\boxed{I_C = 1{,}5\ \text{mA} \ , \ V_{CE} = 10\ \text{V}}$$

c) $$I_C = \frac{I_{C_0}}{1 - \alpha} + \frac{\alpha}{1 - \alpha} I_B$$

$$E_B = R_B I_B + R_E (I_C + I_B) \quad , \text{ car : } \ V_{BE} \ll E_C$$

Par élimination de I_B, il vient : $I_C = f(I_{C_0}, E_C)$. Comme E_C ne varie pas avec la température, on calcule la dérivée partielle :

$$S = \frac{\Delta I_C}{\Delta I_{C_0}} = \frac{R_E + R_B}{R_E + R_B (1 - \alpha)}, \text{ avec: } \beta = \frac{\alpha}{1 - \alpha} \simeq \frac{1}{1 - \alpha} \quad \text{car } \alpha \simeq 1$$

D'après les courbes (fig. VI-2) : $\beta = 47 \times 0{,}98 \times 1{,}2 \simeq 50$

$$S = \frac{0{,}82 + 7{,}3}{0{,}82 + 7{,}3/50} = \frac{8{,}12}{0{,}966}$$

$$\boxed{S = 8{,}4}$$

VI-8 Un transistor 2N35 du type *n-p-n* (fig. VI-6) est branché en amplificateur avec les valeurs suivantes :

$$E_C = 16\ \text{V} \quad , \quad R_C = 1{,}5\ \text{k}\Omega$$

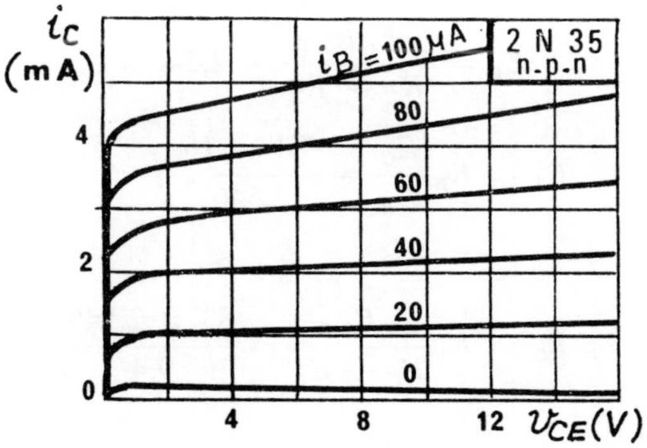

FIG. VI-6.

a) Faire le schéma de montage.

b) Le point de repos choisi étant $V_{CE} = 8$ V, $I_C = 4$ mA, calculer la résistance de l'émetteur.

c) On veut assurer un facteur de stabilisation $S = 12$, le coefficient d'amplification en base commune étant $\alpha = 0{,}98$, calculer les résistances R_1 et R_2.

a) Le schéma de montage est identique à celui du problème précédent. Avec les conventions que nous avons choisies, les différents paramètres (E_C, E_B, i_C, i_B) sont positifs.

b) $$E_C = V_{CE} + R_C I_C + R_E (I_C + I_B) \quad , \quad \text{avec :} \quad I_B \ll I_C$$

$$R_E = \frac{E_C - V_{CE} - R_C I_C}{I_C} = \frac{16 - 8 - 6}{4 \times 10^{-3}}$$

$$\boxed{R_E = 500\ \Omega}$$

c) $$S = \frac{R_E + R_B}{R_E + R_B (1 - \alpha)} = 12 = \frac{500 + R_B}{500 + R_B \times 0{,}02}$$

d'où : $$R_B = \frac{R_1 R_2}{R_1 + R_2} = 7{,}1\ \text{k}\Omega$$

Si l'on fixe le point de repos sur le réseau, on en déduit : $I_B = 77\ \mu$A. Cette dernière valeur permet de calculer E_B. On a :

$$E_B = V_{BE} + R_B I_B + R_E (I_C + I_B) \quad , \quad \text{avec :} \quad V_{BE} \ll E_B$$

d'où :

$$E_B = \frac{E_C R_2}{R_1 + R_2} = 2{,}546\ \text{V}$$

$$R_1 = R_B \frac{E_C}{E_B} = \frac{7{,}1 \times 16}{2{,}546}$$

$$\boxed{R_1 = 83\ \text{k}\Omega}$$

$$R_2 = R_1 \frac{E_B}{E_C - E_B} = \frac{83 \times 2{,}546}{9{,}4}$$

$$\boxed{R_2 = 44\ \text{k}\Omega}$$

VI-9 On veut ramener à 3 le facteur de stabilisation du problème précédent.

a) Calculer les nouvelles valeurs des résistances R_1 et R_2.

b) Comparer les intensités I_1 et I_2 absorbées par ces résistances dans les premier et deuxième montages. Que peut-on conclure?

a)
$$S = \frac{R_E + R_B}{R_E + R_B(1 - \alpha)} = 3 = \frac{500 + R_B}{500 + R_B \times 0{,}02}$$

d'où :
$$R_B = \frac{R_1 R_2}{R_1 + R_2} = 1{,}04 \text{ k}\Omega$$

$$E_B = R_B I_B + R_E(I_C + I_B) \quad , \quad \text{avec : } I_B = 77 \ \mu\text{A} \quad , \quad I_C = 4 \text{ mA}$$

d'où :
$$E_B = 2{,}08 \text{ V} = \frac{E_C R_2}{R_1 + R_2}$$

$$R_1 = R_B \frac{E_C}{E_B} = \frac{1{,}04 \times 16}{2{,}08}$$

$$\boxed{R_1 = 8 \text{ k}\Omega}$$

$$R_2 = R_1 \frac{E_B}{E_C - E_B} = \frac{8 \times 2{,}08}{13{,}92}$$

$$\boxed{R_2 = 1{,}2 \text{ k}\Omega}$$

b) On a (fig. VI-7) :

$V_{R_2} = V_{BE} + R_E(I_B + I_C) \simeq 0{,}5 \times 4 = 2$ V

$V_{R_1} = E_C - V_{R_2} = 16 - 2 = 14$ V

Avec $S = 12$

$I_1 = 14/83 = 0{,}17$ mA ,

$P_1 = 0{,}17 \times 14 = 2{,}4$ mW

$I_2 = 2/44 = 0{,}045$ mA ,

$P_2 = 0{,}045 \times 2 = 0{,}09$ mW

Avec $S = 3$

$I_1 = 14/8 = 1{,}75$ mA ,

$P_1 = 1{,}75 \times 14 = 24{,}5$ mW

$I_2 = 2/1{,}2 = 1{,}67$ mA ,

$P_2 = 1{,}67 \times 2 = 3{,}34$ mW

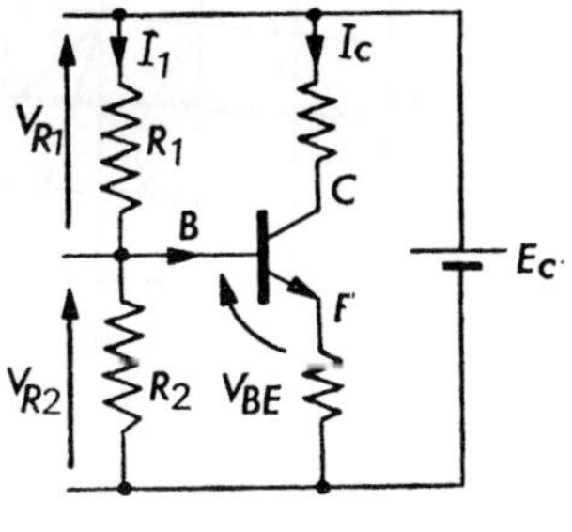

FIG. VI-7.

On peut conclure que l'amélioration de la stabilité (S faible) entraîne une consommation importante d'énergie dans les résistances R_1 et R_2. Aussi dans la pratique se limite-t-on à un facteur de stabilité d'environ 8 à 10.

VI-10 Un transistor 2N35 est branché en amplificateur (fig. VI-8*a*) avec les valeurs suivantes :

$$V_{CE} = 6\text{ V} \quad , \quad I_C = 3\text{ mA} \quad , \quad R_C = 1{,}5\text{ k}\Omega$$
$$R_E = 0{,}5\text{ k}\Omega \quad , \quad R_u = 1\text{ k}\Omega$$

On demande :

a) La tension d'alimentation.

b) La représentation des droites de charge en régimes statique et dynamique.

c) Les caractéristiques $i_C = f(i_B)$ pour ces deux régimes.

d) Les gains en courant i_c/i_b et i_2/i_b pour un signal sinusoïdal d'entrée de faible amplitude.

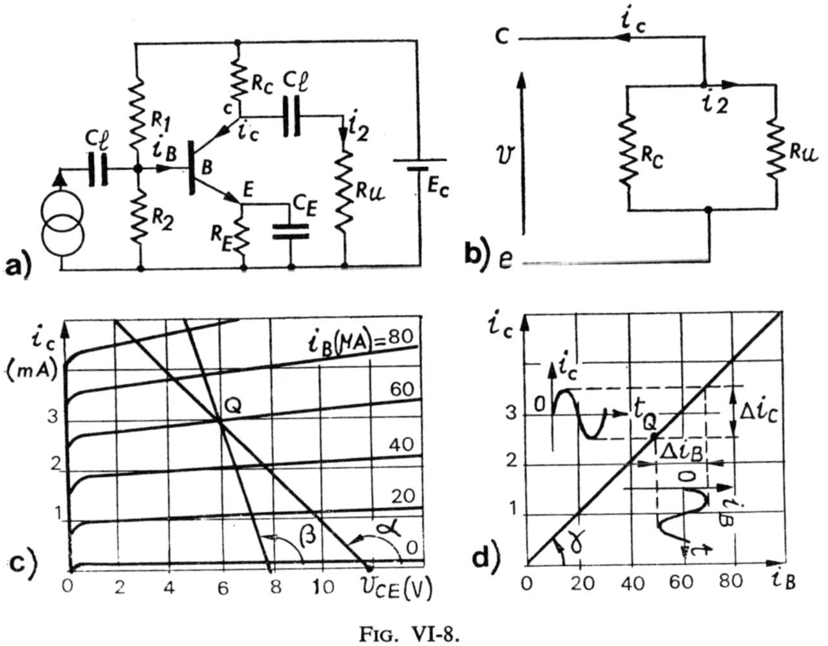

FIG. VI-8.

a) $E_C = V_{CE} + (R_C + R_E)\,I_C + R_E I_B \quad , \quad \text{avec : } \quad I_B \ll I_C$

$$E_C = 6 + (1{,}5 + 0{,}5)\,3$$

$$\boxed{E_C = 12\text{ V}}$$

b) En régime statique la droite de charge a pour équation :

$$v_{CE} = E_C - (R_C + R_E)\,i_C$$

Cette droite passe par le point de repos Q et elle a pour pente :

$$\text{tg}\,\alpha = -\frac{1}{R_C + R_E}$$

Elle coupe les axes de coordonnées aux points :

$$v_{CE} = E_C \qquad \text{et} \qquad i_C = E_C/(R_C + R_E)$$

En régime dynamique les deux capacités qui sont supposées grandes sont des court-circuits. En conséquence la résistance de charge a pour valeur :

$$R = R_C//R_u = \frac{R_C R_u}{R_C + R_u} = \frac{1{,}5 \times 1}{2{,}5} = 0{,}6\ \text{k}\Omega$$

Comme la droite de charge dynamique de pente $\text{tg}\,\beta = -\dfrac{1}{R}$ doit passer par le point de repos, elle a pour équation :

$$\frac{i_C - I_C}{v_{CE} - V_{CE}} = -\frac{1}{R}$$

Elle coupe l'axe des tensions au point :

$$i_C = 0 \quad , \quad v_{CE} = V_{CE} + RI_C = 6 + 0{,}6 \times 3 = 7{,}8\ \text{V}$$

c) On peut construire point par point les caractéristiques $i_C = f(i_B)$ pour ces deux régimes (fig. VI-8*d*). On constate qu'elles sont pratiquement confondues avec la caractéristique statique $i_C = f(i_B)$ à $V_{CE} =$ cte.

d) Pour un signal sinusoïdal de faible amplitude on a :

$$i_B = I_B + I_b\sqrt{2}\sin\omega t \quad , \quad \text{avec : } \Delta i_B = 2I_b\sqrt{2}$$

$$i_C = I_C + I_c\sqrt{2}\sin\omega t \quad , \quad \text{avec : } \Delta i_C = 2I_c\sqrt{2}$$

d'où :

$$\frac{i_C}{i_b} \simeq \beta = \text{tg}\,\gamma = \frac{1}{20 \times 10^{-3}}$$

$$\boxed{i_c/i_b = 50}$$

En régime variable, on a le schéma équivalent (fig. VI-8*b*), soit :

$$v = -\frac{R_C R_u}{R_C + R_u} \times i_C = R_u i_2$$

d'où :

$$\frac{i_2}{i_C} = -\frac{R_C}{R_C + R_u} = -\frac{1,5}{2,5} = -0,6$$

$$\frac{i_2}{i_b} = \frac{i_2}{i_C} \times \frac{i_C}{i_b} = -0,6 \times 50$$

$$\boxed{i_2/i_b = -30}$$

Le signe moins signifie qu'avec les sens positifs choisis les courants i_2 et i_b sont en opposition de phases.

VI-11 Un transistor au silicium a pour coefficient d'amplification en régime continu $\bar{\beta} = \beta = 200$, déterminer les résistances R_1, R_2, R_E, R_C du montage (fig. VI-9*a*) pour les conditions de fonctionnement suivantes :

$E_C = 20$ V , $I_C = 5$ mA , $V_{CE} = 8$ V , $V_E = 6$ V , $S = 10$.

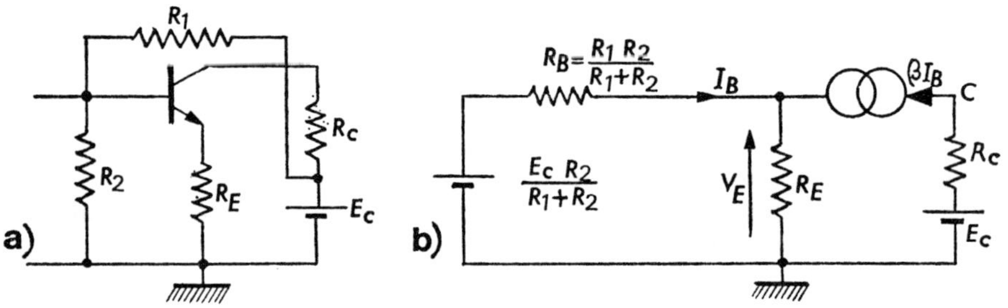

FIG. VI-9.

On a :

$V_E = 6$ V avec $|I_E| \simeq I_C = 5$ mA , d'où : $R_E = 6/5$

$$\boxed{R_E = 1,2\ \text{k}\Omega}$$

$$S = \frac{R_E + R_B}{R_E + R_B(1-\alpha)} \quad , \quad \text{avec : } \beta = \frac{\alpha}{1-\alpha} \simeq \frac{1}{1-\alpha}$$

$$S = \frac{1,2 + R_B}{1,2 + R_B/200}$$

$$\boxed{R_B = 11,4\ \text{k}\Omega}$$

Ne disposant pas de caractéristiques pour ce transistor on adopte le circuit équivalent simplifié en régime continu (fig. VI-9*b*). Il vient :

$$E_C \frac{R_2}{R_1 + R_2} = E_C \frac{R_B}{R_1} = E_0 + V_E + R_B I_B$$

$$20 \times \frac{11{,}4}{R_1} = 6{,}6 + \frac{11{,}4 \times 5}{200} = 6{,}9$$

$$R_1 = \frac{20 \times 11{,}4}{6{,}9}$$

$$\boxed{R_1 = 33\ \text{k}\Omega}$$

Comme $R_B = \dfrac{R_1 R_2}{R_1 + R_2}$, on a :

$$R_2 = \frac{R_1 R_B}{R_1 - R_B} = \frac{33 \times 11{,}4}{21{,}6}$$

$$\boxed{R_2 = 17{,}4\ \text{k}\Omega}$$

$$E_C = V_{CE} + R_C I_C + V_E$$

$$R_C I_C = 20 - 8 - 6 = 6\ \text{V} \quad , \quad \text{avec :} \quad I_C = 5\ \text{mA}$$

$$\boxed{R_C = 1{,}2\ \text{k}\Omega}$$

VI-12 Etablir la relation qui donne la résistance thermique d'un cône de diffusion de chaleur à l'intérieur de l'embase de cuivre (fig. VI-10). En déduire les résistances thermiques K_1, K_2, K_3 et K du transistor de puissance avec les valeurs suivantes :

$$l_1 = 50\ \mu\text{m} \quad , \quad l_2 = 200\ \mu\text{m} \quad , \quad l_3 = 2\ \text{mm} \quad ;$$
$$R_1 = 2\ \text{mm} \quad , \quad R_2 = 12{,}5\ \text{mm} :$$
$$\sigma_1 = 85 \quad , \quad \sigma_2 = 250 \quad , \quad \sigma_3 = 3\,900\ (\text{en m} \leqslant \text{cm}^{-1}\ {}^\circ\text{C}^{-1})$$

$$K = K_1 + K_2 + K_3$$

si l'on pose :

$$K_1 = \frac{l_1}{\sigma_1 S_1} \quad , \quad K_2 = \frac{l_2}{\sigma_2 S_2} \quad ,$$

$$K_3 = \frac{1}{\sigma_3} \int_0^{l_3} \frac{dx}{S(x)}$$

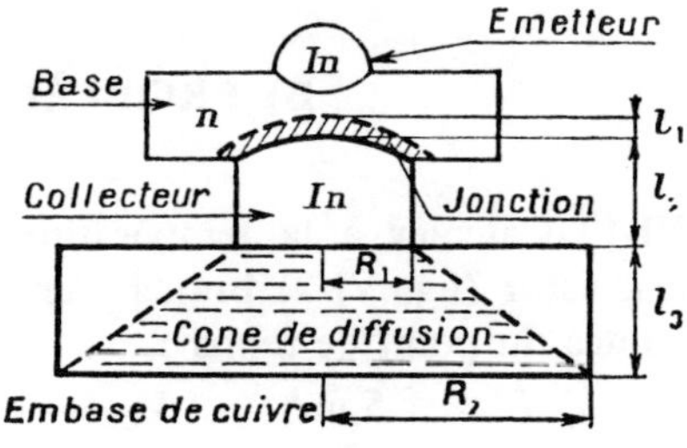

FIG. VI-10.

Soit x la distance du sommet du tronc de cône de la section moyenne $S(x)$ de rayon R. On a :

$$\frac{R_2 - R_1}{R - R_1} = \frac{l_3}{x}, \text{ d'où : } R = R_1 + \frac{x(R_2 - R_1)}{l_3} \quad \text{et} \quad S(x) = \pi R^2$$

$$K_3 = \frac{1}{\sigma_3}\int_0^{l_3} \frac{dx}{\pi R^2} = \frac{1}{\sigma_3 \pi}\int_0^{l_3} \frac{dx}{\left[R_1 + \frac{x(R_2 - R_1)}{l_3}\right]^2}$$

$$= \frac{l_3^2}{\pi\sigma_3 (R_2 - R_1)^2}\int_0^{l_3} \frac{dx}{\left(\frac{R_1 l_3}{R_2 - R_1} + x\right)^2}$$

$$= \frac{l_3^2}{\pi\sigma_3 (R_2 - R_1)^2} - \left[\frac{1}{\frac{R_1 l_3}{R_2 - R_1} + x}\right]_0^{3}$$

$$= \frac{l_3^2}{\pi\sigma_3 (R_2 - R_1)}\left(\frac{1}{R_1 l_3} - \frac{1}{R_2 l_3}\right) = \frac{l_3}{\pi\sigma_3 R_1 R_2}$$

Application numérique.

$$K_1 = \frac{50 \times 10^{-3}}{85 \times 10^{-4} \times \pi \times 2^2} = 0{,}465$$

$$K_2 = \frac{200 \times 10^{-3}}{250 \times 10^{-4} \times \pi \times 12{,}5^2} = 0{,}0180$$

$$K_3 = \frac{2}{\pi \times 2 \times 12{,}5 \times 3\,900 \times 10^{-4}} = 0{,}0655$$

$$K = 0{,}465 + 0{,}0180 + 0{,}0655$$

$$\boxed{K = 5{,}485}$$

B) PROBLÈMES A RÉSOUDRE

VI-13 Calculer à la température $\theta = 25$ °C les paramètres internes du transistor (fig. VI-2) branché en émetteur commun pour les valeurs suivantes du point de repos :

a) $I_C = 1{,}5$ mA , $V_{CE} = 6$ V

b) $I_C = 2$ mA , $V_{CE} = 8$ V.

VI-14 Un amplificateur à émetteur commun utilise un transistor 2N929 (fig. VI-1) avec les valeurs suivantes :

$$E_C = 30\text{ V} \quad , \quad I_C = 3{,}7\text{ mA} \quad , \quad R_C = 5\,000\ \Omega$$

déterminer : I_B, V_{CE}, I_C et V_{BE}.

VI-15 L'amplificateur du problème précédent fonctionne avec une charge de 5 000 Ω et une alimentation $E_C = 30$ V, déterminer :

a) Le courant base nécessaire pour un point de repos $I_C = 5$ mA.

b) La puissance dissipée dans la jonction collecteur.

c) La tension continue V_R aux bornes de la charge et la puissance dissipée dans la résistance de charge.

d) La puissance continue d'entrée fournie à la base.

e) Les variations dans les paramètres I_C, V_{CE}, V_R, V_{BE}, P_B et P_R si le courant base est diminué de 5 μA.

VI-16 On a relevé à 25 °C pour un transistor en émetteur commun les points suivants :

à	$V_{CE} = 5$ V	pour	$I_B = 1$ μA	, $I_C = 0{,}8$ mA
		pour	$I_B = 15$ μA	, $I_C = 2{,}8$ mA
à	$V_{CE} = 5$ V	pour	$I_B = 1$ μA	, $V_{BE} = 88$ mV
		pour	$I_B = 15$ μA	, $V_{BE} = 122$ mV
à	$I_B = 10$ μA	pour	$V_{CE} = 1$ V	, $I_C = 1{,}45$ mA
		pour	$V_{CE} = 9$ V	, $I_C = 2{,}6$ mA

Les caractéristiques étant supposées rectilignes avec le paramètre γ négligeable, calculer les paramètres : r, ρ et β.

VI-17 Le transistor du problème précédent est utilisé comme amplificateur suivant le schéma (fig. VI-5). Le point de repos est défini par les valeurs suivantes :

$$I_C = 2\text{ mA} \quad , \quad V_{CE} = 5\text{ V} \quad , \quad I_B = 10\ \mu\text{A} \quad , \quad V_{BE} = 100\text{ mV}$$

Sachant que l'on a : $E_C = 12$ V, $R_1 = 80$ kΩ, I_{R_2} (courant dans R_2) $= 100$ μA, on demande :

a) Les résistances R_2, R_E, R_C.

b) La représentation des droites de charge en continu et en alternatif la résistance R_E étant supposée parfaitement découplée par C_E pour l'alternatif.

VI-18 On désire déterminer les éléments de polarisation d'un transistor (fig. VI-5).

a) Déterminer par application du théorème de Thévenin la f.é.m. E_B et la résistance R_B du générateur de Thévenin qui alimente la base.

b) La tension d'alimentation étant imposée ($E_C = 38$ V), on a choisi par des considérations de gain en régime variable : $R_C = 4{,}7$ kΩ et $R_B = 18$ kΩ. Calculer R_E, R_1 et R_2 pour le point de repos suivant : $V_{CE} = 11$ V, $I_C = 4$ mA, $I_B = 80$ μA.

VI-19 Calculer le coefficient de stabilisation de l'amplificateur du problème précédent.

VI-20 On donne un amplificateur à transistor avec les valeurs suivantes :

$$E_C = 6 \text{ V} \quad , \quad V_{CE} = 2{,}5 \text{ V} \quad , \quad I_C = 250 \text{ μA}$$

$$I_{CO} = 10 \text{ μA} \quad , \quad R_C = 10 \text{ kΩ} \quad , \quad \beta = 50$$

a) Montrer que l'effet du courant I_{CO} est le même que celui d'un générateur branché dans le circuit collecteur.

b) Sachant que l'on a adopté $R_B = R_1 // R_2 = 100$ kΩ, calculer R_E, R_1 et R_2 pour les valeurs suivantes du coefficient de stabilité : $S = 4$ et $S = 1{,}5$. Que peut-on conclure?

CHAPITRE VII

FONCTIONS FONDAMENTALES DES TRANSISTORS

A) PROBLÈMES RÉSOLUS

VII-1 On donne un amplificateur à grille commune (fig. VII-1*a*) avec les valeurs suivantes : $\mu = 60$, $\rho = 15$ kΩ, $R_s = 300$ Ω, $R_d = 33$ kΩ. L'amplificateur est attaqué par un générateur de résistance interne $R_g = 50$ Ω alors que la charge est une résistance pure $R_u = 100$ kΩ. Les capacités de liaison étant supposées grandes, on demande :

a) Les gains en tension $A = v_2/v_1$ et $A' = v_2/e$.

b) Les résistances d'entrée et de sortie de cet amplificateur.

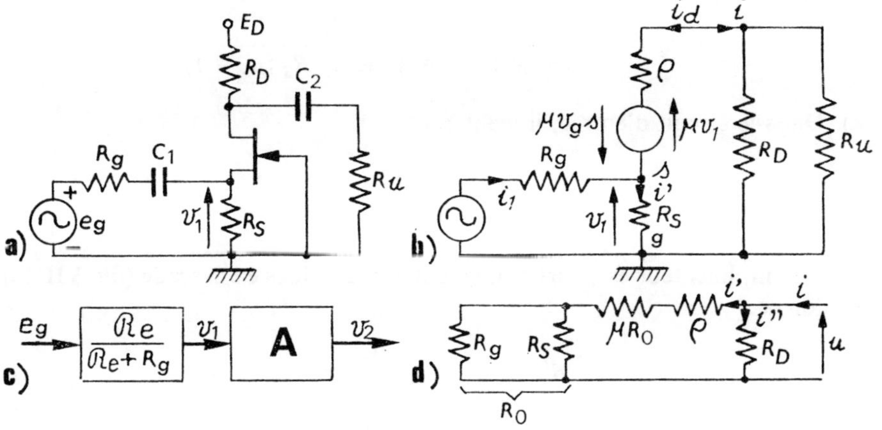

FIG. VII-1.

a) Si v_1 désigne la tension d'entrée de l'amplificateur, on a :

$$v_1 = v_{sg} = -\, v_{gs}$$

Dans ces conditions, la f.é.m. μv_{gs} du générateur de tension peut être remplacée par une — μv_1, soit encore par une tension μv_1 qui agirait en sens inverse (fig. VII-1*b*). Enfin si l'on désigne par R la résistance $R_D//R_u$ et si l'on pose $i = - i_s$, il vient :

$$v_1 + \mu v_1 = (\rho + R)\, i \quad , \quad \text{avec :} \quad v_2 = Ri$$

d'où :

$$A = \frac{v_2}{v_1} = \frac{(\mu + 1)\, R}{\rho + R}$$

b) Nous allons maintenant calculer la résistance d'entrée de l'étage car grâce à celle-ci nous obtiendrons facilement ensuite le gain en tension A'. Pour cela il est intéressant de noter que le courant d'entrée se partage en deux intensités l'une i' qui traverse R_S alors que l'autre i se retrouve dans le circuit drain. Comme R_S est aux bornes de la tension d'entrée, il suffit d'exprimer i en fonction de v_1. On a :

$$i = \frac{v_2}{R} = \frac{Av_1}{R} = \frac{\mu + 1}{\rho + R}\, v_1$$

En conséquence :

$$\mathcal{R}_e = R_S // \frac{\rho + R}{\mu + 1} = \frac{R_S\, (\rho + R)}{\rho + R + R_S\, (\mu + 1)}$$

c) Dans le circuit d'entrée, il vient :

$$\frac{v_1}{e_g} = \frac{\mathcal{R}_e}{\mathcal{R}_e + R_g}$$

L'amplificateur est alors équivalent à deux blocs en cascade (fig. VII-1*c*) et l'on a :

$$A' = \frac{v_2}{e_g} = \frac{\mathcal{R}_e}{\mathcal{R}_e + R_g}\, A$$

d) Pour calculer la résistance de sortie, on court-circuite la f.é.m. du générateur d'attaque ($e_g = 0$), on enlève la résistance R_u puis on applique une tension $u = v_{dg}$. Le courant i débité se divise en deux dérivations i' et i'' (fig. VII-1*d*), l'une i' dans la résistance R_D, l'autre i'' dans le circuit du drain. Enfin, si l'on pose $R_0 = R_g//R_S$, on a : $v_1 = R_0 i'$, aussi est-il possible de remplacer le générateur μv_1 par une résistance μR_0, par la tension engendrée à ses bornes étant égale à $\mu R_0 i'$. Dans ces conditions, il vient :

$$\mathcal{R}_s = R_D // R_0 (1 + \mu) + \rho = R_D \frac{R_0 (1 + \mu) + \rho}{R_0 (1 + \mu) + \rho + R_D}$$

Application numérique.

$$R = R_D // R_u = \frac{33 \times 100}{133} = 24{,}8 \text{ k}\Omega$$

$$A = \frac{(\mu + 1) R}{\rho + R} = \frac{61 \times 24{,}8}{15 + 24{,}8}$$

$$\boxed{A = 38}$$

$$\mathcal{R}_e = \frac{R_S (\rho + R)}{\rho + R + R_S (\mu + 1)} = \frac{300 \times 29{,}8}{29{,}8 + 0{,}3 \times 61} = \frac{300 \times 29{,}8}{48{,}1} \Omega$$

$$\boxed{\mathcal{R}_e = 185\ \Omega}$$

VII-2 On donne un amplificateur (fig. VII-2*a*) avec les valeurs suivantes :

$$R = 1 \text{ k}\Omega \quad , \quad g_m = 0{,}1 \text{ A/V} \quad , \quad \mu = 100 \quad , \quad X_C \ll R.$$

Sachant que l'amplificateur est attaqué par un générateur de résistance interne $R_g = R$ alors que sa charge est une résistance pure $R_u = R$, on demande :

a) Les gains en tension $A = v_2/v_1$ et $A' = v_2/e$.

b) Les valeurs $\mathcal{R}_e$, $\mathcal{R}_s$, A_0 du circuit équivalent. En déduire le gain en tension $A' = v_2/e$.

a) Ce problème est plus compliqué que le précédent en raison de la liaison qui existe entre la grille et le drain. La capacité insérée dans le circuit grille-plaque a pour objet d'éviter qu'une fraction de la tension plaque (soit la moitié) soit appliquée entre la grille et la source. La deuxième capacité empêche la tension continue de traverser l'utilisation. Le point de repos étant assuré grâce aux deux batteries nous allons nous intéresser au régime variable en représentant le circuit équivalent (fig. VI-2*b*). Dans ce circuit on représente par des petites lettres les électrodes alors que dans le schéma général on a utilisé des grandes lettres pour bien montrer qu'il y a superposition de deux états : un régime de repos et un régime variable. Il est alors intéressant de remplacer les générateurs de tension par des générateurs de courant (fig. VI-2*c*). En effet, on peut grouper ensemble plusieurs résistances, soit :

$R_1 = R_g // R = R/2$ et $R_2 = \rho // R // R_u = R/3$, puisque : $\rho = \mu / g_m = R$

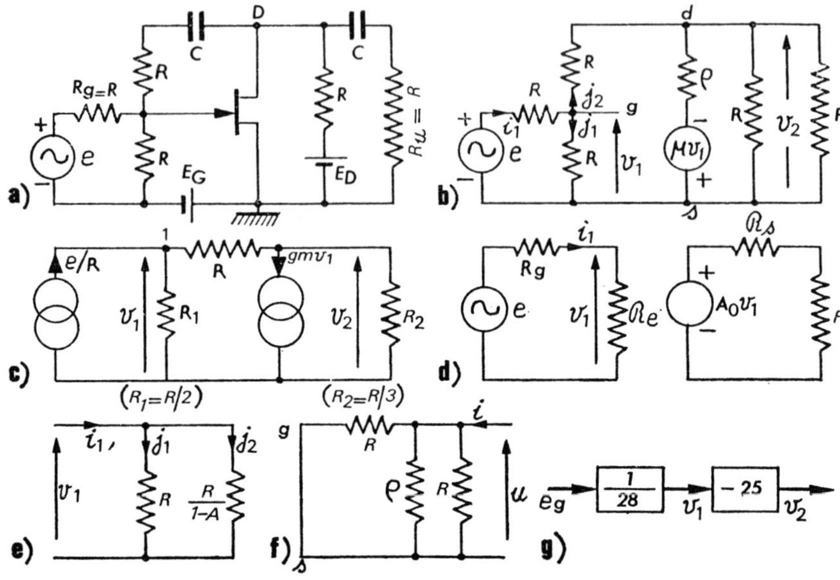

FIG. VII-2.

On pourrait envisager une nouvelle transformation en remplaçant le premier générateur de courant par un générateur de tension mais cette opération qui conduisait à réunir R_1 et R en une seule résistance doit être évitée car on perdrait ainsi la tension v_1 dont on a besoin pour le deuxième générateur. Disposant de deux nœuds indépendants, il suffit maintenant d'écrire la loi des nœuds. On a :

$$\frac{e}{R} = \frac{2\,v_1}{R} + \frac{v_1 - v_2}{R} \qquad \text{Nœud 1}$$

$$-\frac{\mu}{R}\,v_1 = \frac{3\,v_2}{R} + \frac{v_2 - v_1}{R} \qquad \text{Nœud 2}$$

De la deuxième relation il vient :

$$A = \frac{v_2}{v_1} = \frac{1 - \mu}{4} = \frac{1 - 100}{4}$$

$$\boxed{A = -25}$$

Reportons cette valeur dans la première relation, on a :

$$A' = \frac{v_2}{e} = \frac{A}{3 - A} = -\frac{25}{28}$$

$$\boxed{A' = -0{,}89}$$

b) Le courant d'entrée i_1 débité par le générateur d'attaque se divise en deux dérivations (fig. VII-2*b*).

$$i_1 = j_1 + j_2 = \frac{v_1}{R} + \frac{v_1 - v_2}{R} = \frac{v_1}{R} + \frac{v_1(1 - A)}{R}$$

La résistance d'entrée (fig. VII-2*e*) est équivalente à deux résistances en parallèle :

$$\mathcal{R}_e = R//R/(1 - A) = R//R/26 = R/27$$

$$\boxed{\mathcal{R}_e = 37\ \Omega}$$

Pour obtenir la résistance de sortie, on fait $v_1 = 0$ on enlève l'utilisation et on applique une tension u (fig. IV-18*f*). On a :

$$\mathcal{R}_s = u/i = R/3$$

$$\boxed{\mathcal{R}_s = 333\ \Omega}$$

Enfin pour calculer A_0 on enlève R_u ce qui donne au nœud 2 :

$$-\mu v_1 = 2v_{20} + v_{20} - v_1$$

$$A_0 = \frac{v_{20}}{v_1} = \frac{1 - \mu}{3} = \frac{1 - 100}{3}$$

$$\boxed{A_0 = -33}$$

Dans ces conditions, il vient :

$$\frac{v_1}{e} = \frac{\mathcal{R}_e}{R_g + \mathcal{R}_e} = \frac{R/27}{R + R/27} = \frac{1}{28},\ \frac{v_2}{v_1} = \frac{A_0 R_u}{\mathcal{R}_s + R_u} = \frac{-33 \times R}{R + R/3} = -25$$

soit : $$\frac{v_2}{e} = \frac{1}{28} \times -25 = -0{,}89$$

VII-3 Un générateur a une f.é.m. sinusoïdale de valeur efficace 1 V et une résistance interne $R_g = 10^7\ \Omega$.

a) Les bornes du générateur sont reliées directement à une charge de résistance $R_u = 200\ \Omega$, déterminer la tension aux bornes de la résistance et la puissance qu'elle reçoit.

b) On connecte le générateur à la charge précédente par l'intermédiaire d'une source suiveuse (fig. VII-3*a*) dont les paramètres sont $\rho = 7{,}7\ \text{k}\Omega$ et $\mu = 20$. La résistance étant branchée aux bornes de R_S par l'intermédiaire d'une capacité supposée infinie, déterminer la f.é.m. et la résistance interne du générateur de Thévenin qui alimente l'utilisation.

c) Déterminer la valeur de R_S pour que la puissance reçue par la charge soit maximale. Calculer cette puissance ainsi que la tension aux bornes de la charge. Conclusions.

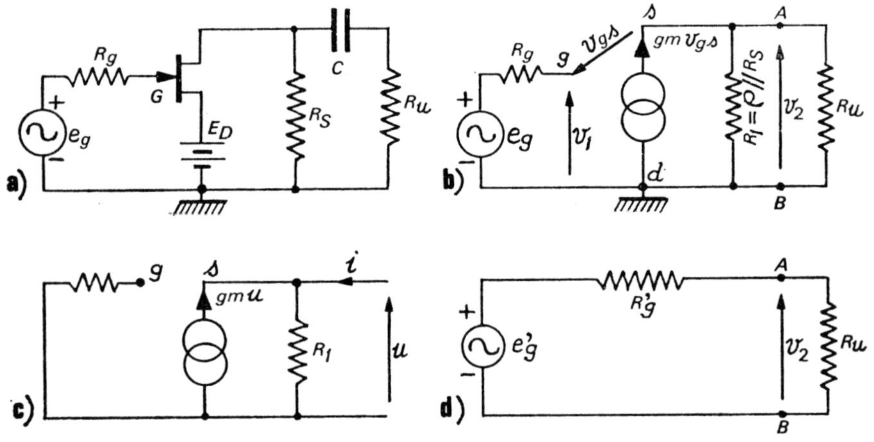

FIG. VII-3.

a) Si les bornes du générateur de f.é.m. $E_g = 1$ V et de résistance interne $R_g = 10^7\ \Omega$ sont reliées directement à la résistance $R_u = 200\ \Omega$, on a :

$$\frac{U}{E_g} = \frac{R_u}{R_g + R_u} = \frac{200}{200 + 10^7} = 20 \times 10^{-6}\ \text{V}$$

$$\boxed{U = 20\ \mu\text{V}}$$

La puissance reçue par la charge a pour valeur :

$$P = \frac{U^2}{R_u} = \frac{20^2 \times 10^{-12}}{200}\ \text{W}$$

$$\boxed{P = 2 \times 10^{-12}\ \text{W}}$$

b) Le générateur précédent attaque l'entrée du TEC à source suiveuse (fig. VII-3*a*) ce qui conduit au circuit équivalent en régime variable (fig. VII-3*b*). Dans ces conditions, la charge R_u est alimentée par un nouveau générateur de Thévenin de f.é.m. e_g et de résistance interne R'_g (fig. VII-3*d*). Pour déterminer ces éléments on applique la méthode de Thévenin en procédant en deux étapes.

1. La charge R_u étant enlevée, on détermine la tension $e'_g = v_{20}$ qui apparaît aux bornes *A* et *B* (fig. VII-3*b*). Si l'on pose :

$$R_1 = \rho // R_S = \frac{\rho R_S}{\rho + R_S}$$

on a :

$$v_{20} = g_m R_1 V_{gs} = g_m R_1 (e_g - v_{20}) \qquad \text{(car } i_g = 0)$$

d'où :

$$e'_g = v_{20} = \frac{g_m R_1 e_g}{1 + g_m R_1} = \frac{\mu R_S e_g}{\rho + (\mu + 1) R_S}$$

2. La charge R_u étant enlevée, on court-circuite la f.é.m. du générateur d'attaque ($e_g = v_1 = 0$, puisque $i_g = 0$), on applique une tension $u = v_{AB}$, on détermine le courant débité par cette tension puis on fait le quotient $\mathcal{R}_s = R'_g = u/i$ (fig. VII-3*c*).

On a :

$$v_{gs} = -u \qquad \text{(puisque } i_g = 0)$$

d'où :

$$i = \frac{u}{R_1} + g_m u = u \frac{1 + g_m R_1}{R_1}$$

soit :

$$R'_g = \mathcal{R}_s = \frac{R_1}{1 + g_m R_1} = \frac{\rho R_S}{\rho + (\mu + 1) R_S}$$

c) La puissance reçue par la charge R_u est maximale quand celle-ci est égale à la résistance interne du générateur de Thévenin qui l'alimente (C. I, p. 76), soit : $R_u = R'_g$, d'où :

$$R_u = \frac{\rho R_S}{\rho + (\mu + 1) R_S}$$

soit :

$$R_S = \frac{\rho R_u}{\rho - (\mu + 1)\, R_u} = \frac{7\,700 \times 200}{7\,700 - 21 \times 200}$$

$$\boxed{R_S = 440\ \Omega}$$

D'après le circuit équivalent (fig. VII-3*d*), on peut calculer l'intensité qui alimente la charge, soit :

$$I'_g = \frac{E'_g}{R'_g + R_u} = \frac{\mu R_S E_g}{\rho\,(R_S + R_u) + (\mu + 1)\, R_S R_u}$$

$$I'_g = \frac{20 \times 440 \times 1}{7\,700 \times 640 + 21 \times 440 \times 200} = 1{,}3 \times 10^{-3}\ \text{A}$$

On en déduit la puissance reçue par la charge ainsi que la tension aux bornes de celle-ci :

$$P = R_u \times I'^2_g = 200 \times 1{,}3^2 \times 10^{-6}$$

$$\boxed{P = 337\ \mu\text{W}}$$

$$U = R_u \times I'_g = 200 \times 1{,}3 \times 10^{-3}$$

$$\boxed{U = 0{,}26\ \text{V}}$$

Ainsi grâce au montage source suiveuse est-il possible de délivrer à une charge une puissance relativement importante en adaptant à cette charge la résistance interne du générateur de Thévenin qui l'alimente.

VII-4 Un TEC fonctionne comme amplificateur avec les valeurs suivantes :

$$\rho = 10\ \text{k}\Omega \quad , \quad g_m = 2\ \text{mA/V} \quad , \quad \omega = 10^7\ \text{rd/s}$$
$$\mathbf{Y}_u = 10^{-4} - j\,10^{-4}\ \text{A/V} \quad , \quad C_{gd} = 2\ \text{pF}$$
$$C_{gs} = 3\ \text{pF} \quad , \quad C_{ds} = 1\ \text{pF}$$
$$R_G\ \text{(résistance de fuites de grille)} = 1\ \text{M}\Omega.$$

a) Calculer l'admittance d'entrée.

b) Représenter cette admittance comme une résistance en parallèle avec une admittance dont on donnera les valeurs.

Comme on l'a déjà signalé dans le cours, le calcul de l'admittance d'entrée d'un amplificateur est plus compliqué pour une charge complexe que pour une charge réelle. Avec les notations (fig. VII-4*a*), il vient :

$$\boldsymbol{I}_e = G_G \boldsymbol{V}_1 + jC_{gs}\omega \boldsymbol{V}_1 + jC_{gd}\omega (1 - \boldsymbol{A}) \boldsymbol{V}_1 \quad , \quad \text{avec :} \quad \boldsymbol{A} = a + bj$$

d'où :

$$\boldsymbol{Y}_e = G_G + bC_{gd}\omega + j\omega (C_{gs} - aC_{gd})$$

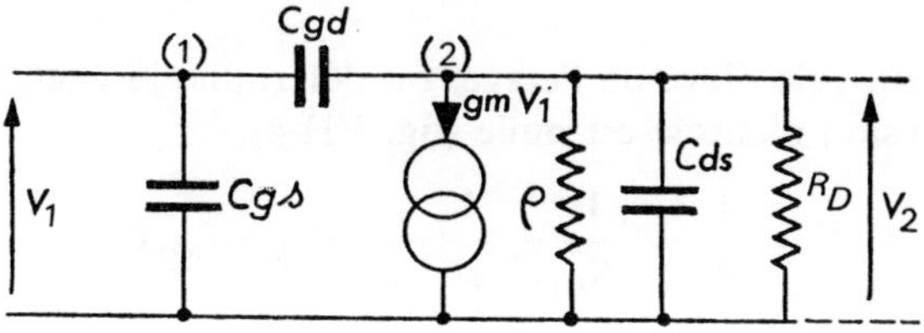

FIG. VII-4.

En conséquence, l'admittance d'entrée est assimilable à une résistance de conductance $G_e = G_G + bC_{gd}\omega$, branchée en parallèle avec une capacité $C_e = C_{gs} - aC_{gd}$ (fig. VII-5).

Application numérique.

$$\boldsymbol{A} = - g_m \boldsymbol{Z} \ , \quad \text{avec :} \quad \boldsymbol{Y} = \frac{1}{\boldsymbol{Z}} = \frac{1}{\rho} + Y_u + jC_{ds}\omega \simeq 10^{-4} (2 - j) \text{ A/V}$$

$$\boldsymbol{A} = - \frac{2 \times 10^{-3}}{10^{-4} (2 - j)} = - 4 (2 + j) = a + bj$$

$$G_e = G_G + bC_{gd}\omega = 10^{-6} - 4 \times 2 \times 10^{-5} \simeq - 8 \times 10^{-5} \text{ A/V}$$

$$C_e = C_{gs} - aC_{gd} = 3 + 8 \times 2 = 21 \text{ pF}$$

soit :

$$\boxed{R_e = - 12{,}5 \text{ k}\Omega} \qquad \boxed{C_e = 21 \text{ pF}}$$

L'impédance d'entrée est assimilable à une **résistance négative** branchée en parallèle avec une capacité. La présence de cette résistance négative est provoquée par l'échange d'énergie qui s'effectue entre les deux circuits d'entrée et de sortie. On l'expliquera mieux par la suite quand on fera l'étude des phénomènes de réaction. Cette résistance négative justifie la tendance à l'oscillation du TEC (effet Miller).

VII-5 Un TEC à grille isolée (MOSFET) a une résistance de drain $R_D = 100\ \text{k}\Omega$ et il amplifie un signal de fréquence 20 kHz. Il a pour paramètres internes :

$$g_m = 1{,}6\ \text{mA/V} \quad , \quad \rho = 44\ \text{k}\Omega \quad , \quad C_{gs} = 3\ \text{pF}$$
$$C_{ds} = 1\ \text{pF} \quad , \quad C_{gd} = 2{,}8\ \text{pF}$$

Calculer le gain de cet étage dans les deux cas suivants :

a) Etage seul.

b) Etage suivi d'un deuxième étage.

a) En raison du gain élevé de l'étage, on détermine la charge en considérant que la tension d'entrée est nulle (fig. VII-4).

$$\boldsymbol{Y} = \frac{1}{\boldsymbol{Z}} = \frac{1}{R_D} + \frac{1}{\rho} + j\omega C_{ds} + j\omega C_{gd}$$

Au nœud (2), on a :

$$-g_m \boldsymbol{V}_1 = \boldsymbol{V}_2 \boldsymbol{Y} + (\boldsymbol{V}_2 - \boldsymbol{V}_1) j\omega C_{gd}$$

d'où :
$$\boldsymbol{A} = \frac{\boldsymbol{V}_2}{\boldsymbol{V}_1} = \frac{-g_m + j\omega C_{gd}}{\dfrac{1}{R_D} + \dfrac{1}{\rho} + j\omega\,(C_{ds} + C_{gd})}$$

$$\boldsymbol{A} = \frac{-1{,}6 \times 10^{-3} + j \times 3{,}52 \times 10^{-7}}{10^{-5} + 1{,}6 \times 10^{-3} + j\,(1{,}26 + 3{,}52)\,10^{-7}}$$

On constate que le terme complexe qui provient des capacités parasites est négligeable par rapport au terme réel, d'où :

$$\boxed{\boldsymbol{A} = -48{,}8}$$

Cette valeur aurait pu être obtenue plus rapidement en négligeant les capacités parasites :

$$\boldsymbol{A} = \frac{-\mu R_D}{\rho + R_D} = \frac{-70 \times 100}{100 + 44} = -48{,}6 = -g_m R \qquad \text{avec} \qquad R = \rho // R_D$$

Comme le gain est un nombre réel, l'impédance d'entrée est une capacité de valeur

$$C_e = C_{gs} + (1 + g_m R)\, C_{gd} = 3 + (1 + 49) \times 1 = 53\ \text{pF}$$

b) Avec un deuxième étage, il est important de noter que l'impédance d'entrée de ce deuxième étage est branchée en parallèle avec la résistance de charge du premier, ainsi la charge du premier étage est-elle :

$$\boldsymbol{Z}_D = 100\ \text{k} // 53\ \text{pF}$$

A cette capacité il y aurait lieu d'ajouter la capacité due au fil de câblage. C'est ainsi que pour une liaison drain grille de capacité 1 pF, tout se passe comme si une capacité d'environ 50 pF était branchée aux bornes de R_D. Ceci montre bien l'importance des liaisons courtes dans les étages haute fréquence.

Admettons que cette capacité d'entrée soit de 200 pF, on a :

$$\boldsymbol{Y} = \frac{1}{R_D} + j\omega C_e = 10^{-5} + j \times 2\,\pi \times 2 \times 10^4 \times 200 \times 10^{-12}$$

$$= 10^{-5} + 2{,}52\,j\,10^{-5}$$

$$\boldsymbol{A} = \frac{-\,g_m}{\dfrac{1}{\rho} + \boldsymbol{Y}} = \frac{-\,1{,}6 \times 10^{-3}}{2{,}27 \times 10^{-5} + 10^{-5} + 2{,}52\,j \times 10^{-5}}$$

$$\boxed{\boldsymbol{A} = 38{,}8\ \underline{/\,143°}}$$

On constate que les capacités parasites ont eu pour effet de réduire le module du gain et de faire passer la phase de 180° à 143°.

Si la fréquence était plus élevée, la réduction du gain serait encore plus importante. Un tel circuit serait inutilisable en vidéo-fréquences car le gain serait inférieur à l'unité.

VII-6 Un transistor branché en émetteur commun fonctionne avec les valeurs suivantes :

$$R_g = 20\ \text{k}\Omega \quad , \quad R_1 = 100\ \text{k}\Omega \quad , \quad R_2 = 10\ \text{k}\Omega$$
$$R_C = 20\ \text{k}\Omega \quad , \quad R_E = 3\ \text{k}\Omega \quad , \quad R_u = 2\ \text{k}\Omega$$

Sachant que pour le point de repos choisi, les paramètres internes du transistor sont :

$$r = h_{11e} = 2\ \text{k}\Omega \quad , \quad \beta = h_{21e} = 50$$
$$\rho = 1/h_{22e} = 20\ \text{k}\Omega \quad , \quad \gamma = h_{12e} = 0$$

calculer :

a) Le coefficient de stabilisation de l'étage.

b) La puissance reçue par l'utilisation pour $E_g = 0{,}1$ V (efficace) sachant que les réactances des capacités sont négligeables à la fréquence considérée.

a) Le transistor étant débranché on applique le théorème de Thévenin afin de déterminer l'alimentation de la base (fig. VII-5*b*), soit :

$$E_B = \frac{E_C R_2}{R_1 + R_2} \qquad R_B = \frac{R_1 R_2}{R_1 + R_2}$$

puis on calcule le coefficient de stabilisation (C. II, par. VI-11). On a :

$$S = \frac{R_E + R_B}{R_E + R_B\,(1 - \alpha)} \simeq \frac{R_E + R_B}{R_E + R_B/\beta} \quad \text{avec} \quad R_B = 10\,K//100\,K = 9{,}1\ \text{k}\Omega$$

$$S = \frac{3 + 9{,}1}{3 + 9{,}1/50}$$

$$\boxed{S = 3{,}8}$$

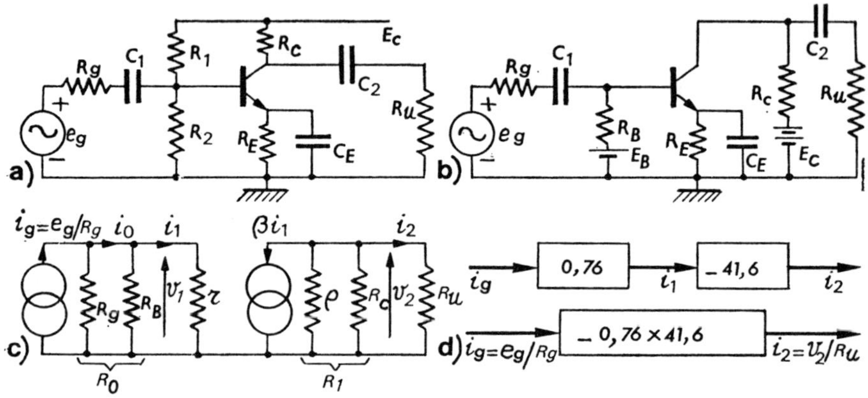

FIG. VII-5.

b) On représente le circuit équivalent en régime variable en remplaçant le générateur de tension d'attaque par un générateur de courant, puis on pose :

$$R_0 = R_g//R_B = 20\ \text{k}//9{,}1\ \text{k} = 6{,}25\ \text{k}\Omega$$

$$R_1 = \rho//R_C = 20\ \text{k}//20\ \text{k} = 10\ \text{k}\Omega$$

Quand on a affaire à des générateurs de courant la méthode générale de calcul consiste à exprimer de deux façons différentes une même tension ce qui permet d'en déduire le gain en courant. On a :

$$i_g \times \frac{R_0 r}{R_0 + r} = i_1 r \quad , \quad \text{d'où :} \ \frac{i_1}{i_g} = \frac{R_0}{R_0 + r} = \frac{6{,}25}{6{,}25 + 2} = 0{,}76$$

$$-\beta i_1 \times \frac{R_1 R_u}{R_1 + R_u} = i_2 R_u, \ \text{d'où :} \frac{i_2}{i_1} = -\frac{\beta R_1}{R_1 + R_u} = -\frac{50 \times 10}{10 + 2} = -41{,}6$$

L'étage amplificateur est alors assimilable à deux blocs en cascade que l'on peut remplacer par un seul bloc (fig. VII-5*d*).

On en déduit :

$$A_i = \frac{i_2}{i_g} = \frac{v_2}{e_g} \times \frac{R_g}{R_u} = -0{,}76 \times 41{,}6 = -31{,}6$$

$$A_v = \frac{v_2}{e_g} = \frac{R_u}{R_g} A_i = -\frac{2}{20} \times 31{,}6 = -3{,}16$$

Pour $E_g = 0{,}1$ V , $V_2 = 0{,}316$ V , $P = 0{,}316^2/2\,000$

$$\boxed{P = 50\ \mu\text{W}}$$

VII-7 Etant donné l'amplificateur (fig. VII-5*a*), calculer les éléments ($\mathcal{R}_e$, $\mathcal{R}_s$, A_0) de l'amplificateur, sachant que les réactances des capacités sont négligeables. En déduire les gains en tension $A_v = v_2/v_1$, $A'_v = v_2/e_g$.

Comme nous l'avons signalé dans le cours, un amplificateur à un ou à plusieurs étages peut se ramener au circuit équivalent (fig. VII-6). En effet, il vient :

$$\mathcal{R}_e = R_B // r = \frac{9{,}1 \times 2}{11{,}1}$$

$$\boxed{\mathcal{R}_e = 1{,}64\ \text{k}\Omega}$$

$$\mathcal{R}_s = R_1 \qquad \boxed{\mathcal{R}_s = 10\ \text{k}\Omega}$$

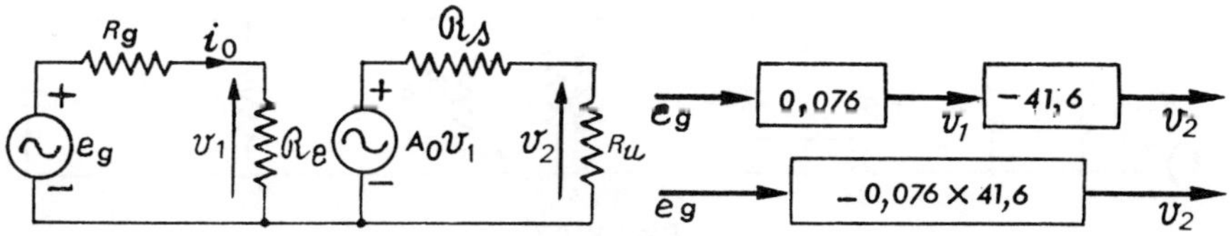

FIG. VII-6.

$$v_{20} = -\beta i_1 R_1 = -\beta R_1 v_1/r$$

$$A_0 = \frac{v_{20}}{v_1} = -\frac{\beta R_1}{2} = -\frac{50 \times 10}{2}$$

$$\boxed{A_0 = -250}$$

De ce schéma, on déduit :

$$\frac{v_1}{e_g} = \frac{\mathcal{R}_e}{\mathcal{R}_e + R_g} = \frac{1{,}64}{1{,}64 + 20} = 0{,}076$$

$$\frac{v_2}{v_1} = \frac{A_0 R_u}{\mathcal{R}_s + R_u} = -\frac{250 \times 2}{10 + 2} = -41{,}6$$

$$\frac{v_2}{e_g} = \frac{v_2}{v_1} \times \frac{v_1}{e_g} = -41{,}6 \times 0{,}076 = -3{,}16$$

Ce dernier résultat correspond bien à la valeur obtenue dans le problème précédent.

VII-8 Si l'on admet que pour la fréquence $f_f = 40$ Hz, l'affaiblissement de la tension de sortie de l'amplificateur (fig. VII-5*a*) ne doit pas dépasser 3 dB pour chacune des capacités du montage les autres capacités étant supposées infiniment grandes, calculer :

a) Les condensateurs de liaison C_1 et C_2.

b) Le condensateur de découplage C_E.

a) Il est facile d'insérer les condensateurs de liaison dans le circuit équivalent (fig. VII-7*a*).

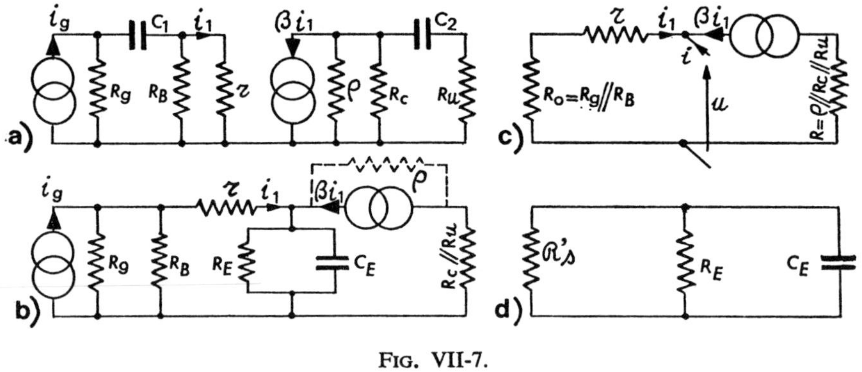

FIG. VII-7.

Comme on l'a expliqué dans le cours, la fréquence f_b doit coïncider avec la fréquence de coupure, fréquence pour laquelle l'impédance de la capacité est égale à la résistance interne du générateur de Thévenin qui alimente cette capacité, soit :

$$R_s = 1/C\omega_c \quad , \quad \text{avec : } \varphi = 45°$$

Si l'on remplace les générateurs de courant par des générateurs de tension, on en déduit immédiatement les résistances internes des générateurs de Thévenin qui alimentent respectivement les capacités C_1 et C_2, soit :

$$R_{i_1} = R_g + \mathcal{R}_e \quad , \quad \text{avec : } \mathcal{R}_e = R_B//r$$

$$R_{i_2} = R_1 + R_u \quad , \quad \text{avec : } R_1 = \rho//R_c$$

d'où :

$$R_g + \mathcal{R}_e = 1/C_1\omega_b \quad , \quad R_1 + R_u = 1/C_2\omega_b$$

soit :

$$C_1 = \frac{1}{(R_g + \mathcal{R}_e)\,\omega_b} = \frac{1}{(20 + 1{,}64) \times 2\,\pi \times 40 \times 1\,000}$$

$$\boxed{C_1 = 184\ \mu\text{F}}$$

$$C_2 = \frac{1}{(R_1 + R_u)\,\omega_b} = \frac{1}{(10 + 2) \times 2\,\pi \times 40 \times 1\,000}$$

$$\boxed{C_2 = 330\ \mu\text{F}}$$

b) Pour le calcul du condensateur de découplage C_E, on suppose que les autres capacités du montage sont très grandes (C_1 et $C_2 \to \infty$) puis on détermine la résistance interne du générateur de Thévenin qui alimente C_E. Pour appliquer le théorème de Thévenin, on court-circuite la f.é.m. du générateur d'attaque ($i_g = e_g/R_g = 0$), on enlève la cellule R_E — C_3 puis on applique une tension $u = v_{AB}$ (fig. VII-7*c*). Par ailleurs si l'on néglige la résistance ρ, il vient :

$$i + i_1\,(\beta + 1) = 0$$

$$-\,i_1 = u/(R_0 + r) \quad , \quad \text{avec : } R_0 = R_g//R_B$$

d'où :

$$i = (\beta + 1)\,u/(R_0 + r)$$

soit :

$$\mathcal{R}_s = u/i = (R_0 + r)/(\beta + 1)$$

On a :

$$R_i = 1/C_E\omega_b \quad , \quad \text{avec : } R_i = \mathcal{R}_s//R_E$$

soit :

$$G_i = 1/R_i = C_3\omega_b = 1/\mathcal{R}_s + 1/R_E$$

d'où :

$$C_E = \frac{1}{R_E\omega_b} + \frac{\beta + 1}{(R_0 + r)\,\omega_b}$$

Application numérique.

$$C_E = \frac{1}{3\,000 \times 2\,\pi \times 40} + \frac{51}{(6\,250 + 2\,000) \times 2\,\pi \times 40}$$

$$= (1{,}325 + 24{,}6) \times 10^{-6}$$

$$\boxed{C_E = 26\ \mu\text{F}}$$

Remarque.

Etant donné l'ordre de grandeur des différents paramètres on utilise fréquemment la formule simplifiée :

$$C_3 \simeq \beta/(R_0 + r)\,\omega_b$$

Il est intéressant de constater que la résistance R_E en parallèle aux bornes de C_3 ne joue qu'un rôle négligeable dans ce calcul. Aussi la règle du dixième que l'on utilise parfois pour les TEC (soit $1/C_E\omega_b = R_E/10$) est-elle fausse pour les transistors bipolaires car à la différence d'un TEC le générateur d'attaque d'un transistor bipolaire débite et sa résistance interne joue un rôle fondamental dans le calcul de C_E.

VII-9 Pour différentes raisons (plus grande stabilité en régime variable,...) il est fréquent que la résistance d'émetteur ne soit pas découplée par une capacité. Déterminer dans ces conditions (fig. VII-5) :

a) Les éléments ($\mathcal{R}_e$, $\mathcal{R}_s$, A_0) du circuit équivalent.

b) La puissance reçue par l'utilisation aux fréquences élevées pour $E_g = 0{,}1$ V (efficace).

c) Les capacités C_1 et C_2 pour $f_b = 40$ Hz.

d) Les diagrammes d'amplitude et de phase du gain complexe $\boldsymbol{A} = \boldsymbol{V}_2/\boldsymbol{E}_g$.

a) Le circuit équivalent est représenté par un « T » ce qui permet d'insérer la branche R_E (fig. VII-8*a*). La résistance ρ est figurée en pointillé car on peut la négliger pour les calculs de $\mathcal{R}_e$ et de A_0 alors que l'on doit en tenir compte pour la détermination de $\mathcal{R}_s$ (par. 1-3).

— Pour calculer $\mathcal{R}_e = v_1/i_0$, on a le circuit équivalent (fig. VII-8*b*), soit :

$$\mathcal{R}_e = R_B//[r + (\beta + 1)\,R_E] \simeq R_B//\beta R_E$$

$$\mathcal{R}_e = \frac{9{,}1 \times 155}{9{,}1 + 155} \times 1\,000$$

$$\boxed{\mathcal{R}_e = 8{,}6\ \text{k}\Omega \simeq R_B}$$

— Pour calculer la résistance de sortie, on court-circuite la tension d'entrée ($v_1 = 0$), on enlève l'ensemble R_c — R_u, on applique une tension u puis on calcule le quotient $\mathcal{R}'_s = u/i$ (fig. VII-8*c*), on a : $\mathcal{R}_s = \mathcal{R}'_s // R_c$.

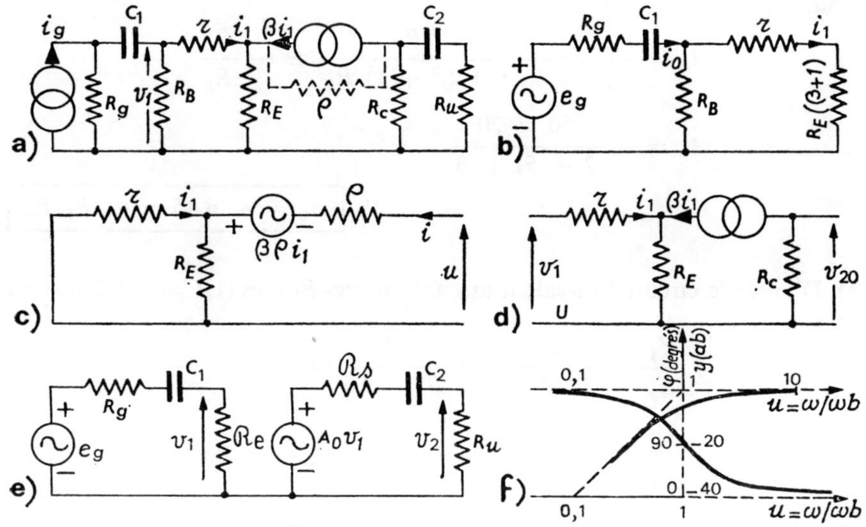

FIG. VII-8.

Si l'on remplace le générateur de courant par un générateur de tension il vient :

$$u + \beta\rho i_1 = \rho i + R_E (i + i_1)$$

$$R_E (i + i_1) = - r i_1$$

soit :

$$u = (\rho + R_E)\, i + \frac{(R_E - \beta\rho) \times - R_E i}{R_E \mid r}$$

d'où :

$$\mathcal{R}'_s = \frac{\rho\,[r + (\beta + 1)\, R_E] + R_E r}{R_E + r} \simeq \frac{\beta\rho R_E}{R_E + r}$$

$$\mathcal{R}'_s = \frac{20\,(2 + 51 \times 3) + 3 \times 2}{3 + 2} = 620 \text{ k}\Omega$$

$$\mathcal{R}_s = 620//20$$

$$\boxed{\mathcal{R}_s = 19{,}3 \text{ k}\Omega \simeq R_C}$$

Pour calculer $A_0 = v_{20}/v_1$, on débranche R_u puis on néglige ρ (fig. VII-8*c*), il vient :

$$v_1 = [r + R_E(\beta + 1)]\, i_1 \quad , \quad v_{20} = -\,\beta R_C i_1$$

d'où

$$A_0 = \frac{v_{20}}{v_1} = -\,\frac{\beta R_C}{r + (\beta + 1)\, R_E} \simeq -\,\frac{R_C}{R_E}$$

$$A_0 = -\,\frac{50 \times 20}{2 + 51 \times 3}$$

$$\boxed{A_0 = -\,6{,}45 \simeq -\,R_C/R_E}$$

b) D'après le circuit équivalent aux fréquences élevées ($1/C_1\omega = 1/C_2\omega = 0$), on a :

$$\frac{V_1}{E_g} = \frac{\mathcal{R}_e}{R_g + \mathcal{R}_e} = \frac{8{,}6}{20 + 8{,}6} = 0{,}3$$

$$\frac{V_2}{V_1} = \frac{A_0 R_u}{\mathcal{R}_s + R_u} = -\,\frac{6{,}45 \times 2}{19{,}3 + 2} = -\,6{,}05$$

d'où :

$$A_\infty = \frac{V_2}{E_g} = \frac{A_0 \mathcal{R}_e R_u}{(R_g + \mathcal{R}_e)(\mathcal{R}_s + R_u)} = -\,0{,}3 \times 6{,}05 = -\,0{,}1815$$

$$V_2 = A_\infty \times E_g = 0{,}1815 \times 0{,}1 = 0{,}01815 \text{ V}$$

$$P = 0{,}01815^2/2\,000$$

$$\boxed{P = 1{,}64\ \mu\text{W}}$$

c)

$$R_g + \mathcal{R}_e = 1/C_1\omega_b \quad , \quad \mathcal{R}_s + R_u = 1/C_2\omega_b$$

$$C_1 = \frac{1}{(R_g + \mathcal{R}_e)\,\omega_b} = \frac{1}{(20 + 8{,}6) \times 2\,\pi \times 40 \times 1\,000}$$

$$\boxed{C_1 = 140\ \mu\text{F}}$$

$$C_2 = \frac{1}{(\mathcal{R}_s + R_u)\,\omega_b} = \frac{1}{(19{,}3 + 2) \times 2\,\pi \times 40 \times 1\,000}$$

$$\boxed{C_2 = 187\ \mu\text{F}}$$

d) Aux fréquences d'utilisation, il vient :

$$\frac{\boldsymbol{V}_1}{\boldsymbol{E}_g} = \frac{\mathcal{R}_e}{R_g + \mathcal{R}_e - j/C_1\omega} = \frac{\mathcal{R}_e}{R_g + \mathcal{R}_e} \times \frac{1}{1 - j\omega_b/\omega}$$

$$\frac{\boldsymbol{V}_2}{\boldsymbol{V}_1} = \frac{A_0 R_u}{\mathcal{R}_s + R_u - j/C_2\omega} = \frac{A_0 R_u}{\mathcal{R}_s + R_u} \times \frac{1}{1 - j\omega_b/\omega}$$

$$\boldsymbol{A} = \frac{\boldsymbol{V}_2}{\boldsymbol{E}_g} = A_\infty \times \frac{1}{(1 - j\omega_b/\omega)^2}$$

soit :

$$\boxed{\boldsymbol{y} = \frac{\boldsymbol{A}}{\boldsymbol{A}_\infty} = \frac{1}{(1 - j/x)^2}} \quad , \quad \text{avec : } A_\infty = -0{,}1815 \quad , \quad x = \frac{\omega}{\omega_b}$$

On en déduit les courbes d'amplitude et de phase (C. I, p. 156).

— Pour l'amplitude on a :

$$y\,(\text{dB}) = -40 \operatorname{Log}_{10} \sqrt{1 + 1/x^2}$$

Pour $x \ll 1$, $y = 40 \operatorname{Log}_{10} x$, pour $x \gg 1$, $y = 0$

Les directions asymptotiques sont d'une part la droite de pente 40 dB/décade, d'autre part la droite $y = 0$. Enfin pour $x = 1$, on a : $y\,(\text{dB}) = -6$.

— Pour la phase de $\boldsymbol{y} = y\,\underline{/\varphi}$ on a les deux directions asymptotiques $\varphi = 180°$ et $\varphi = 0$ et pour $x = 1$ il vient $\varphi = 90°$.

VII-10 Etant donné l'amplificateur à transistor *n-p-n* (fig. VII-9*a*), on choisit pour point de repos $I_C = 1$ mA, $V_{CE} = 5$ V et on détermine les paramètres qui correspondent à ce point :

$$r = 2{,}5\ \text{k}\Omega \quad , \quad \beta = 50 \quad , \quad g = 0{,}02\ \text{mA/V} \quad , \quad \mu \approx 0$$

Les capacités étant supposées très grandes, on demande :

a) Les valeurs que l'on peut adopter pour R_B et R_C si l'on applique la règle du dixième pour le régime variable.

b) La résistance R_E si le facteur de stabilisation est pris égal à 8.

c) Les tensions d'alimentation E_C et E_B.

d) Les résistances R_1 et R_2.

e) Le circuit équivalent en régime variable.

f) La puissance reçue par l'utilisation pour $E_g = 0{,}1$ V (efficace).

a) On remplace le générateur de tension par un générateur de courant puis on applique le théorème de Thévenin (C. II, p. 156) ce qui donne le nouveau schéma (fig. VII-9*b*) avec :

$$E_B = \frac{R_2}{R_1 + R_2} E_C \quad , \quad R_B = \frac{R_1 R_2}{R_1 + R_2}$$

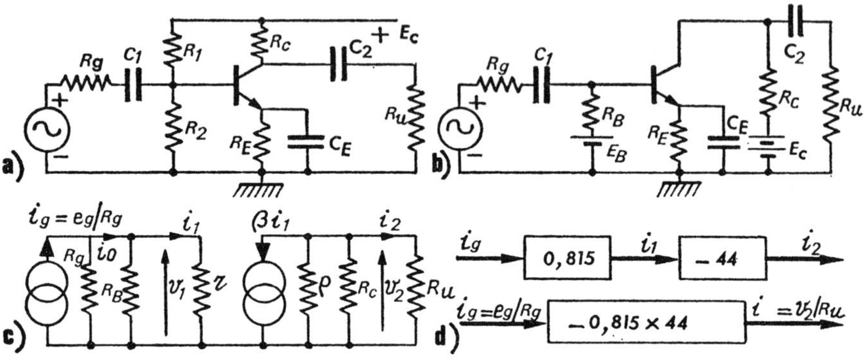

FIG. VII-9.

En régime variable ($Z_E = 0$, $E_B = 0$) le courant i_0 se partage entre la résistance de polarisation R_B et la résistance d'entrée r. Comme seul le courant i_1 qui traverse r est ensuite amplifié par l'étage on a intérêt à choisir $R_B \gg r$. De même, i_C se partage entre la résistance de polarisation R_C et la résistance d'utilisation R_u aussi a-t-on intérêt à choisir $R_C \gg R_u$. En définitive d'après la règle du dixième on a :

$$\boxed{R_B = 10\, r = 25 \text{ k}\Omega} \qquad \boxed{R_C = 10\, R_u = 20 \text{ k}\Omega}$$

b) $$S = \frac{R_E + R_B}{R_E + R_B(1 - \alpha)} \, , \quad \text{avec :} \quad \beta = \frac{\alpha}{1 - \alpha} \simeq \frac{1}{1 - \alpha}$$

soit :

$$R_E = \frac{(\beta - S)\, R_B}{\beta\,(S - 1)} = \frac{42 \times 25}{50 \times 7}$$

$$\boxed{R_E = 3 \text{ k}\Omega}$$

c) $E_C = V_{CE} + R_C I_C + R_E (I_C + I_B)$, avec : $I_B \ll I_C$

$E_C = 5 + 20 + 3$

$$\boxed{E_C = 28 \text{ V}}$$

$E_B = R_B I_B + V_{BE} + R_E (I_C + I_B)$, avec : $V_{BE} \ll E_B$

$E_B \simeq (R_B + R_E) I_C/\beta + R_E I_C = 28/50 + 3$

$$\boxed{E_B = 3{,}56 \text{ V}}$$

d)

$$R_B/E_B = R_1/E_C$$

soit :

$$R_1 = \frac{E_C}{E_B} R_B = \frac{28}{3{,}56} \times 25$$

$$\boxed{R_1 = 200 \text{ k}\Omega}$$

$$R_2 = \frac{R_B R_1}{R_1 - R_B} = \frac{25 \times 200}{200 - 25}$$

$$\boxed{R_2 = 28{,}6 \text{ k}\Omega}$$

e) En régime variable, on a le circuit équivalent (fig. VII-9*c*).

f) $i_g \times \dfrac{R_0 r}{R_0 + r} = r i_1$, avec : $R_0 = R_g // R_B = 11 \text{ k}\Omega$

$- \beta i_1 \times \dfrac{R_1 R_u}{R_1 + R_u} = R_u i_2$, avec : $R_1 = \rho // R_C = 14{,}2 \text{ k}\Omega$

d'où :

$$\frac{i_1}{i_g} = \frac{R_0}{R_0 + r} = \frac{11}{11 + 2{,}5} = 0{,}815$$

$$\frac{i_2}{i_1} = - \beta \frac{R_1}{R_1 + R_u} = \frac{- 50 \times 14{,}2}{14{,}2 + 2} = - 44$$

$$A_i = \frac{i_2}{i_g} = - 44 \times 0{,}815 = - 35{,}8$$

$$A_v = \frac{v_2}{e_g} = \frac{R_u}{R_g} A_i = - 3{,}58$$

Pour $E_g = 0{,}1$ V , $V_2 = 0{,}358$ V , $P = 0{,}358^2/2\,000$

$$\boxed{P = 64 \ \mu\text{W}}$$

VII-11 L'amplificateur (fig. VII-10*a*) fonctionne dans les conditions suivantes :

$R_g = 10\ \text{k}\Omega$, $R_B = 50\ \text{k}\Omega$, $R_C = 5\ \text{k}\Omega$, $R_u = 2\ \text{k}\Omega$
$r = 2\ \text{k}\Omega$, $\beta = 100$, $\rho = 20\ \text{k}\Omega$, $\gamma = 0$

Déterminer :

a) Le coefficient de stabilisation.

b) La puissance reçue par l'utilisation pour $E_g = 0{,}1$ V (efficace sachant que les capacités C_1 et C_2 sont de valeur élevée.

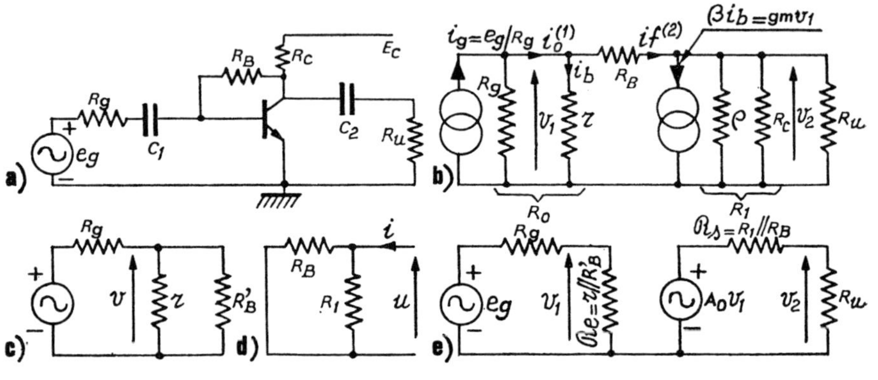

FIG. VII-10.

a) Dans ce montage, la stabilisation est obtenue par la résistance R_B qui est reliée directement au collecteur (C. II, p. 154) tandis que dans le montage habituel la base est alimentée par un pont $R_1 - R_2$ à partir de la batterie E_C. On a :

$$E_C = R_C(I_B + I_C) + R_B I_B$$

$$I_C = \frac{I_{C_0}}{1 - \alpha} + \frac{\alpha}{1 - \alpha} I_B$$

d'où :

$$I_C \left(1 - \alpha + \frac{\alpha R_C}{R_B + R_C}\right) = I_{C_0} + \frac{\alpha E_C}{R_B + R_C}$$

soit :

$$S = \frac{R_C + R_B}{R_C + R_B(1 - \alpha)} = \frac{5 + 50}{5 + 50/100} \qquad \text{avec : } \beta = \frac{\alpha}{1 - \alpha} \simeq \frac{1}{1 - \alpha}$$

$$\boxed{S = 10}$$

b) Le circuit équivalent en régime variable est représenté (fig. VII-10) avec les notations suivantes :

$$\beta i_b = g_m v_1 = g_m r i_b \quad , \quad \text{soit :} \quad g_m = \beta / r$$

On peut alors écrire la loi des nœuds :

$$\frac{e_g}{R_g} = \frac{v_1}{R_0} + \frac{v_1 - v_2}{R_B} \quad \text{(nœud 1) , avec :} \quad R_0 = R_g // r = 1{,}67 \text{ k}\Omega$$

$$- g_m v_1 = \frac{v_2}{R} + \frac{v_2 - v_1}{R_B} \quad \text{(nœud 2) , avec :} \quad R = \rho // R_C // R_u = 1{,}33 \text{ k}\Omega$$

De la deuxième relation on tire :

$$A = \frac{v_2}{v_1} = \frac{G_B - g_m}{G_B + G} = \frac{R\,(r - \beta R_B)}{r\,(R + R_B)}$$

$$\simeq - \frac{\beta R R_B}{r\,(R + R_B)} = - \frac{100 \times 1{,}33 \times 50}{2 \times 51{,}33} = - 65$$

Puis on remplace v_1 par v_2/A dans la première relation, on a :

$$\frac{e_g}{R_g} = \frac{v_1\,(R_0 + R_B)}{R_0 R_B} - \frac{v_2}{R_B} = \frac{R_B + R_0\,(1 - A)}{A R_0 R_B} v_2$$

$$\frac{v_2}{e_g} = \frac{A R_0 R_B}{R_g\,[R_B + R_0\,(1 - A)]} = - \frac{65 \times 1{,}67 \times 50}{10\,(50 + 1{,}67 \times 66)} = - 3{,}4$$

Pour $\qquad E_g = 0{,}1 \text{ V} \quad , \quad V_2 = 0{,}34 \text{ V}$

d'où :

$$P = \frac{V_2^2}{R_u} = \frac{0{,}34^2}{2\,000}$$

$$\boxed{P = 57 \ \mu\text{W}}$$

VII-12 Calculer les éléments A_0, $\mathfrak{R}_e$, $\mathfrak{R}_s$ du circuit équivalent à l'amplificateur précédent par les deux méthodes suivantes :

a) Méthode de Thévenin.

b) Méthode de Miller.

a) Méthode de Thévenin.

Le gain à vide (R_u débranché) est donné par la même relation que le gain en charge à condition de remplacer la résistance R par :

$$R_1 = \rho // R_C = 4\ \Omega$$

d'où :

$$A_0 = \frac{v_{20}}{v_1} = -\frac{\beta R_1 R_B}{r\,(R_1 + R_B)} = -\frac{100 \times 4 \times 50}{2 \times 54}$$

$$\boxed{A_0 = -185}$$

Pour calculer la résistance d'entrée, on remplace la résistance R_B qui fonctionne sous la tension $v_1\,(1 - A)$ par une résistance R'_B qui absorbe la même intensité sous la tension v_1. On a :

$$\mathcal{R}_e = \frac{v_s}{i_0} = r // R'_B \quad , \quad \text{avec : } R'_B = \frac{R_B}{1 - A} = \frac{50}{66} = 0{,}76\ \text{k}\Omega$$

$$\boxed{\mathcal{R}_e = 0{,}55\ \text{k}\Omega}$$

Pour calculer la résistance de sortie, on court-circuite la tension d'entrée ($v_1 = 0$), on enlève l'ensemble $R = \rho // R_C // R_u$, on applique une tension u qui débite un courant i puis on calcule le quotient $\mathcal{R}'_s = u/i = R_B$. La résistance de sortie du générateur de Thévenin qui alimente R_u est : $\mathcal{R}_s = \mathcal{R}_s // R_1$. On a :

$$\mathcal{R}_s = R_B // R_1 = 50 // 4$$

$$\boxed{\mathcal{R}_s = 3{,}7\ \text{k}\Omega}$$

b) Méthode de Miller.

On suppose a priori que le module du gain en tension $A = v_2/v_1$ est élevé (soit : $|A| > 10$) puis on applique le théorème de Miller (C. II, par. VII-1) ce qui conduit à un circuit équivalent simplifié (fig. VII-11).

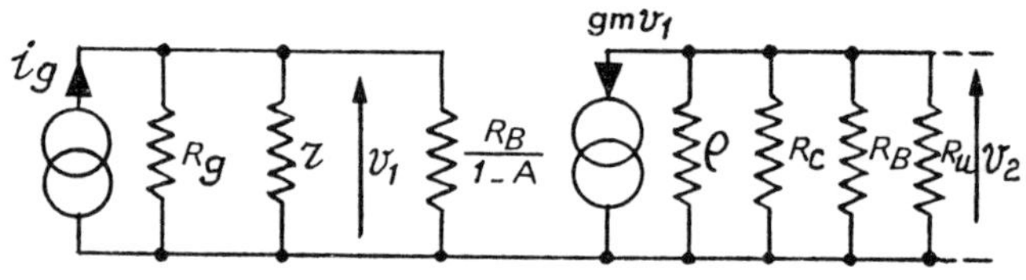

FIG. VII-11.

Avec ce nouveau circuit équivalent on calcule le gain en tension $A = v_2/v_1$ et on s'assure que la condition de Miller est bien réalisée. Alors s'il en est ainsi, on peut poursuivre le problème avec ce circuit simplifié. On a :

$$A = \frac{v_2}{v_1} = -g_m R \quad , \quad \text{avec :} \quad R = \rho // R_C // R_B // R_u = 1{,}3 \text{ k}\Omega$$

d'où :

$$A = -\frac{100}{2} \times 1{,}3 = -65$$

Le module de ce gain étant très supérieur à 10, l'hypothèse faite au départ est bien valable. On a :

$$\mathcal{R}_e = r // \frac{R_B}{1 - A} = 2 // \frac{50}{66} = 0{,}55 \text{ k}\Omega$$

$$\mathcal{R}_s = \rho // R_C // R_B = 20 // 5 // 50 = 3{,}7 \text{ k}\Omega$$

$$A_0 = -g_m \mathcal{R}_s = -100 \times 3{,}7/2 = -185$$

c) Remarque.

Il est intéressant de retrouver avec le circuit équivalent de Thévenin l'expression de la puissance calculée par la méthode directe. On a :

$$\frac{v_1}{e_g} = \frac{\mathcal{R}_e}{R_g + \mathcal{R}_e} = \frac{0{,}55}{10 + 0{,}55} = 0{,}052$$

$$\frac{v_2}{v_1} = \frac{A_0 R_u}{\mathcal{R}_s + R_u} = -\frac{185 \times 2}{3{,}7 + 2} = -65$$

d'où :

$$\frac{v_2}{e_g} = -0{,}052 \times 65 = -3{,}4$$

Pour $\quad E_g = 0{,}1 \text{ V} \quad , \quad V_2 = 0{,}34 \text{ V} \quad , \quad P = 0{,}34^2/2\,000 = 57 \text{ µW}$

VII-13 L'amplificateur (fig. VII-12*a*) utilise un transistor monté en collecteur commun avec les valeurs suivantes :

$R_g = 10 \text{ k}\Omega \quad , \quad R_1 = 10 \text{ k}\Omega \quad , \quad R_2 = 5 \text{ k}\Omega \quad , \quad R_E = 3 \text{ k}\Omega$

$r = 2 \text{ k}\Omega \quad , \quad \beta = 50 \quad , \quad \rho = 20 \text{ k}\Omega \quad , \quad R_u = 50 \text{ k}\Omega$

déterminer :

a) Les éléments ($\mathcal{R}_e$, $\mathcal{R}_s$, A_0) du circuit équivalent.

b) La puissance reçue par l'utilisation aux fréquences élevées pour $E_g = 1$ V (efficace).

c) Les diagrammes d'amplitude et de phase du gain complexe $\boldsymbol{A} = \boldsymbol{V}_2/\boldsymbol{E}_g$ sachant que l'on a : $C_1 = 0{,}05$ µF, $C_2 = 50$ µF.

a) Le circuit équivalent en régime variable est représenté (fig. VII-12*b*)

$$v_1 = ri_1 + (\beta + 1) Ri_1 \quad , \quad \text{avec :} \quad R = \rho // R_E // R_u \simeq 50\ \Omega$$

Ainsi du point de vue du générateur d'attaque est-on ramené au circuit équivalent (fig. VII-10*c*) d'où :

$$\mathcal{R}_e = \frac{v_1}{i_0} = R_B // [r + (\beta + 1)\ R] \quad , \quad \text{avec :} \quad R_B = R_1 // R_2 = 3{,}34\ \text{k}\Omega$$

$$\mathcal{R}_e = 3{,}34 // (2 + 2{,}55) = \frac{3{,}34 \times 4{,}55}{7{,}89}$$

$$\boxed{\mathcal{R}_e = 1{,}9\ \text{k}\Omega}$$

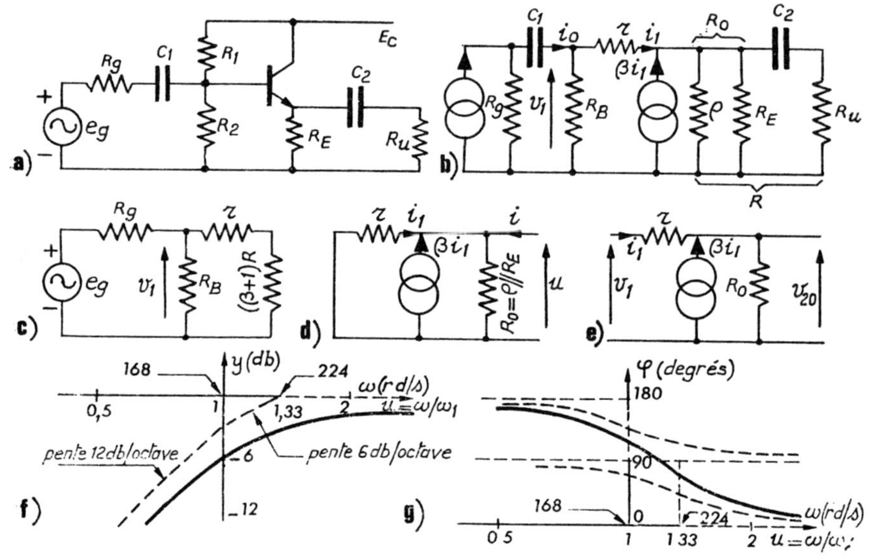

FIG. VII-12.

Pour calculer la résistance de sortie, on débranche la résistance R_u puis on court-circuite la tension d'entrée (fig. VII-12*a*), il vient :

$$i = -(\beta + 1)\ i_1 + \frac{u}{R_0} = \frac{(\beta + 1)\ u}{r} + \frac{u}{R_0}, \ \text{avec: } R_0 = \rho // R_E = 2{,}6\ \text{k}\Omega$$

$$\mathcal{R}_s = \frac{r}{\beta + 1} // R_0 = 39{,}3 // 2\ 600$$

$$\boxed{\mathcal{R}_s = 39\ \Omega}$$

Pour calculer le gain $A_0 = v_{20}/v_1$, on débranche R_u (fig. VII-12*e*). On a :

$$v_1 = [r + (\beta + 1) R_0] i_1 \qquad \text{et} \qquad v_{20} = (\beta + 1) R_0 i_1$$

d'où :

$$A_0 = \frac{v_{20}}{v_1} = \frac{(\beta + 1) R_0}{r + (\beta + 1) R_0} = \frac{51 \times 2{,}6}{2 + 51 \times 2{,}6}$$

$$\boxed{A_0 = 1}$$

b)

$$\frac{v_1}{e_g} = \frac{\mathcal{R}_e}{R_g + \mathcal{R}_e} = \frac{1{,}9}{10 + 1{,}9} = 0{,}16$$

$$\frac{v_2}{v_1} = \frac{A_0 R_u}{\mathcal{R}_s + R_u} = \frac{50}{39 + 50} = 0{,}56$$

$$\frac{v_2}{e_g} = 0{,}16 \times 0{,}56 = 0{,}09$$

Pour $E_g = 1 \text{ V}$, $V_2 = 0{,}09 \text{ V}$ $\quad P = \dfrac{0{,}09^2}{50}$

$$\boxed{P = 160 \ \mu\text{W}}$$

c) En notations complexes, on a :

$$\frac{\mathbf{V}_1}{\mathbf{E}_g} = \frac{\mathcal{R}_e}{R_g + \mathcal{R}_e} \times \frac{1}{1 - j\omega_1/\omega} \text{ , avec : } \omega_1 = \frac{1}{(R_g + \mathcal{R}_e) C_1}$$

$$\frac{\mathbf{V}_2}{\mathbf{V}_1} = \frac{A_0 R_u}{\mathcal{R}_s + R_u} \times \frac{1}{1 - j\omega_2/\omega} \text{ , avec : } \omega_2 = \frac{1}{(\mathcal{R}_s + R_u) C_2}$$

$$\mathbf{A} = \frac{\mathbf{V}_2}{\mathbf{E}_g} = A_\infty \times \frac{1}{1 - j\omega_1/\omega} \times \frac{1}{1 - j\omega_2/\omega}$$

$$\boxed{\mathbf{y} = \frac{\mathbf{A}}{A_\infty} = \frac{1}{(1 - j\omega_1/\omega)(1 - j\omega_2/\omega)}} \text{ , avec : } A_\infty = 0{,}09$$

Pour représenter le diagramme de Bode, on détermine en premier lieu les pulsations de cassure :

$$\omega_1 = \frac{10^3}{(10 + 1{,}9) \times 0{,}5} = 168 \text{ rd/s} \quad , \quad \omega_2 = \frac{10^6}{(39 + 50) \times 50} = 224 \text{ rd/s}$$

si l'on pose $u = \omega/\omega_1$, on en déduit le diagramme d'amplitude (fig. VII-12*f*) et de phase (fig. VII-12*g*). La réponse idéalisée présente deux cassures, l'une pour $\omega = \omega_1$ (soit $u = 1$), l'autre pour $\omega = \omega_2$ (soit $u = \omega_2/\omega_1 = 224/168 = 1{,}33$).

VII-14 L'amplificateur (fig. ex. VII-6) utilise un transistor au silicium dont on ne connaît pas les caractéristiques. On demande :

a) Le circuit équivalent de l'étage aux fréquences élevées.

b) Les paramètres internes du circuit équivalent de Giacoletto pour le courant de repos $I_C = 1$ mA, sachant que l'on a relevé les valeurs suivantes :

$$\beta_0 = 50 \quad , \quad r_{bb'} = 50\ \Omega \quad , \quad r_{ce} = 30\ \text{k}\Omega$$
$$f_T = 200\ \text{MHz} \quad , \quad C_{b'c} = 3\ \text{pF}$$

c) Les courbes d'amplitude et de phase du gain en tension $\boldsymbol{V}_u/\boldsymbol{E}_g$ aux fréquences élevées. Préciser la fréquence pour laquelle l'affaiblissement du gain est de 3 dB.

a) Aux fréquences élevées, le circuit équivalent du transistor est identique à celui du TEC. Comme pour le TEC, on peut remplacer la capacité $C_{b'c}$

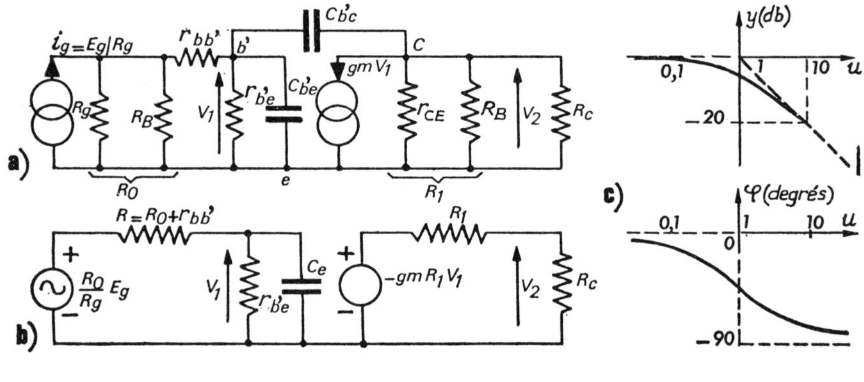

FIG. VII-13.

qui établit une liaison entre la base et le collecteur par une capacité équivalente branchée en parallèle avec la capacité $C_{b'e}$ (fig. VII-13), soit :

$$C = C_{b'e} + C_{b'c}(1 + g_m R) \quad , \quad \text{avec :} \quad R = r_{CE}//R_B//R_C = 1{,}7\ \text{k}\Omega$$

b) On a :

$$g_m = \frac{I_E\,(\text{mA})}{25} = \frac{1}{25} \quad , \quad \text{car : } |I_E| \simeq |I_C|$$

$$\boxed{g_m = 0{,}04 \text{ A/V}}$$

$$r_{b'e} = \frac{\beta_0}{g_m} = 50 \times 25$$

$$\boxed{r_{b'e} = 1\,250\ \Omega}$$

$$C_{b'e} + C_{b'C} = \frac{g_m}{2\,\pi f_T} = \frac{1}{25 \times 2\,\pi \times 200 \times 10^6} = 32 \times 10^{12} \text{ F}$$

$$\boxed{C_{b'e} = 29 \text{ pF}}$$

On en déduit de ces résultats :

$$C = 29 + 3\,(1 + 0{,}04 = 1\,700) = 236 \text{ pF}$$

c) On peut remplacer le générateur de courant du circuit d'entrée par un générateur de tension, soit :

$$e'_g = \frac{R_0}{R_g}\,e_g, \text{ avec: } R_0 = R_g // R_B = 6{,}25 \text{ k}\Omega \quad \text{et} \quad R_1 = R_0 + r_{bb'} = 6{,}3 \text{ k}\Omega$$

Avec les notations complexes, il vient :

$$\frac{\boldsymbol{V}_1}{\boldsymbol{E}_g} = \frac{\boldsymbol{r}}{R_1 + \boldsymbol{r}} = \frac{1}{1 + R_1 Y} \quad , \quad \text{avec : } \boldsymbol{Y} = \frac{1}{r_{b'e}} + jC\omega$$

Comme $\boldsymbol{V}_2 = -\,g_m R \boldsymbol{V}_1$ avec $R = r_{ce} // R_B // R_C = 1{,}7 \text{ k}\Omega$, il vient :

$$\boldsymbol{A} = \frac{\boldsymbol{V}_2}{E_g} = -\,\frac{g_m R R_0 r_{b'e}}{R_g\,(R_1 + r_{b'e})} \times \frac{1}{1 + j\,\dfrac{R_1 r_{b'e}}{R_1 + r_{b'e}}\,C\omega}$$

Aux fréquences basses ($\omega \to 0$). le terme complexe est négligeable et l'on a :

$$\boldsymbol{A}_0 = -\,\frac{g_m R R_0 r_{b'e}}{R_r\,(R_1 + r_{b'e})} = -\,\frac{0{,}04 \times 1{,}7 \times 6{,}3 \times 1{,}25 \times 1\,000}{20\,(6{,}3 + 1{,}25)} = -\,3{,}56$$

d'où :
$$\boxed{y = \frac{A}{A_0} = \frac{1}{1 + j\omega/\omega_C}}$$

avec :
$$\omega_C = \frac{R_1 + r_{b'e}}{R_1 r_{b'} C} = \frac{7{,}55 \times 10^9}{6{,}3 \times 1{,}25 \times 236} = 4 \times 10^6 \text{ rd/s}$$

On peut alors construire les courbes d'amplitude et de phase (fig. VII-13*c*).

VII-14 Un amplificateur comporte trois étages à transistors qui ont les mêmes paramètres internes à savoir :

$$r = 2 \text{ k}\Omega \quad , \quad \beta = 50 \quad , \quad \rho = 20 \text{ k}\Omega \quad , \quad \gamma = 0$$

Calculer :

a) La puissance reçue par la résistance d'utilisation si la f.é.m. du générateur d'attaque est $E_a = 0{,}1$ V efficace, l'impédance des capacités étant supposée négligeable aux fréquences considérées.

b) Les paramètres internes ($\mathcal{R}_e$, $\mathcal{R}_s$, A_0) de l'amplificateur.

c) Les capacités C_1, C_2, C_3, C_4 si l'on admet un affaiblissement de 3 dB par capacité à la fréquence $f_b = 40$ Hz.

a) Cet amplificateur comporte trois étages, les deux premiers sont à émetteur commun alors que le dernier est à collecteur commun. Ainsi a-t-on une bonne adaptation d'impédance entre la résistance d'utilisation ($R_u = 500\ \Omega$) et le générateur de Thévenin qui l'alimente. D'autre part, on constate que les deux premiers étages sont à liaison résistance-capacité avec polarisation par un pont $R_1 — R_2$ tandis que le dernier étage est à liaison directe, la polarisation de sa base étant assurée par la tension de sortie de l'étage précédent. Enfin la résistance d'émetteur du deuxième étage n'est pas découplée ce qui a pour effet de rendre plus stable le fonctionnement en régime variable. Le circuit équivalent en régime variable est représenté (fig. VII-14*b*).

On calcule les gains en courant des différents étages ce qui permet de remplacer l'amplificateur par des blocs indépendants (fig. VII-14*c*). On a :

$$v_1 = \frac{R_0 r}{R_0 + r}\, i_g = r i_1 \quad , \quad \text{avec :} \quad R_0 = R_g // R_B \simeq 5 \text{ k}\Omega$$

d'où :
$$\frac{i_1}{i_g} = \frac{R_0}{R_0 + r} = \frac{5}{5 + 2} = \frac{5}{7}$$

$$\mathcal{R}_{e_2} = \frac{v_2}{i_2} = r_2 + (\beta + 1)\, R_E = 2 + 51 \times 2 = 104 \text{ k}\Omega$$

$$v_2 = -\beta\, \frac{R_1 \mathcal{R}_{e_2}}{R_1 + \mathcal{R}_{e_2}}\, i_1 = \mathcal{R}_{e_2} i_2 \quad , \quad \text{avec :} \quad R_1 = \rho // R_C // R_B \simeq 5 \text{ k}\Omega$$

d'où $$\frac{i_2}{i_1} = -\frac{\beta R_1}{R_1 + \mathcal{R}_{e_2}} = -\frac{50 \times 5}{109} = -2{,}28$$

$$\mathcal{R}_{e_3} = \frac{v_3}{i_3} = r + (\beta + 1)\, R_3 = 24{,}7\,\mathrm{k\Omega} \simeq \beta R_3 \text{ car } R_3 = \rho // R_E // R_u = 0{,}445\,\mathrm{k\Omega}$$

$$v_3 = -\beta\,\frac{R_C \mathcal{R}_{e_3}}{R_C}\, i_2 = \mathcal{R}_{e_3} i_3 \quad , \quad \text{avec : } \quad R_C = 10\,\mathrm{k\Omega}$$

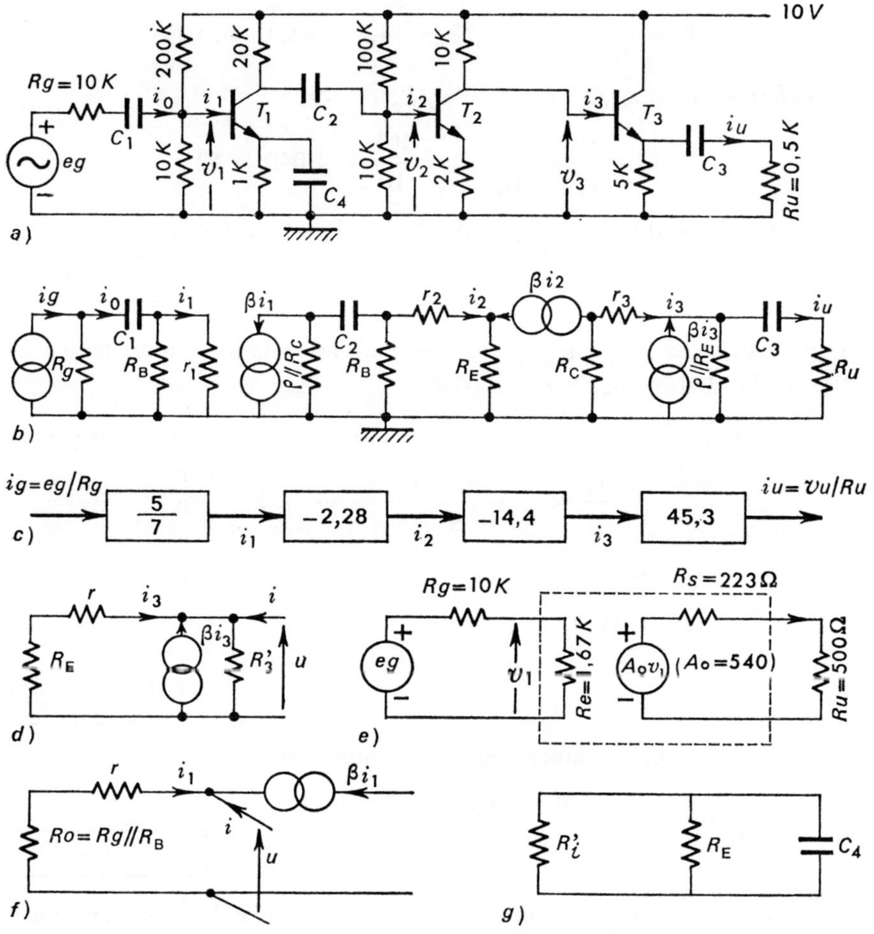

FIG. VII-14.

d'où :
$$\frac{i_3}{i_2} = -\frac{\beta R_C}{R_C + \mathcal{R}_{e_3}} = -\frac{50 \times 10}{10 + 24{,}7} = -14{,}4$$
$$v_u = (\beta + 1)\, R_3 i_3 = R_u i_u$$

d'où :
$$\frac{i_u}{i_3} = \frac{(\beta + 1)\, R_3}{R_u} = \frac{51 \times 0{,}445}{0{,}5} = 45{,}3$$

A partir de ces différents blocs, il est facile de calculer le gain en intensité de l'amplificateur, soit :

$$A_i = \frac{i_u}{i_g} = \frac{5}{7} \times 2{,}28 \times 14{,}4 \times 45{,}3 = 1\,040$$

Comme $i_u = v_u/R_u$ et $i_g = e_g/R_g$, on a :

$$A_v = \frac{v_u}{e_g} = \frac{R_u}{R_g} A_i = \frac{0{,}5}{10} \times 1\,040 = 52$$

Pour $E_g = 0{,}1$ V , $V_u = 5{,}2$ V , $P_u = 5{,}2^2/500$

$$\boxed{P_u = 54 \text{ mW}}$$

b) Pour calculer $A_0 = v_{u0}/v_1$, on reprend les relations précédentes en enlevant la charge ($R_u \to \infty$). Il vient :

$$\mathcal{R}'_{e_3} = r + (\beta + 1)\, R'_3 = 206 \text{ k}\Omega \qquad \text{car} \qquad R'_3 = \rho // R_E = 4 \text{ k}\Omega$$

$$\frac{i_3}{i_2} = -\frac{50 \times 10}{10 + 206} = -2{,}32$$

Or : $v_1 = r_1 i_1$, $v_{40} = (\beta + 1)\, R'_3 i_3$, $i_2/i_1 = -2{,}28$

d'où :
$$A_0 = \frac{(\beta + 1)\, R'_3}{r_1} \times \frac{i_3}{i_2} \times \frac{i_2}{i_1} = \frac{51 \times 4}{2} \times 2{,}28 \times 2{,}32$$

$$\boxed{A_0 = 540}$$

Le calcul de la résistance d'entrée est immédiat :

$$\mathcal{R}_e = R_B // r = 10 \text{ k} // 2 \text{ k}$$

$$\boxed{\mathcal{R}_e = 1{,}67 \text{ k}\Omega}$$

Enfin pour calculer la résistance de sortie, on enlève R_u, on court-circuite la tension d'entrée ($v_1 = 0$), puis on applique une tension u (fig. VII-14*d*).

Comme $v_1 = 0$, $i_1 = 0$ et $i_2 = 0$. On a :

$$i = \frac{u}{R'_3} - (\beta + 1)\, i_3 \quad , \quad \text{avec : } \; -i_3 = \frac{u}{r + R_E}$$

d'où :

$$i = \frac{u}{R'_3} + \frac{\beta + 1}{r + R_E}\, u$$

soit :

$$\mathcal{R}_s = R'_3 // (r + R_E)/(\beta + 1) = 4//(12/51)$$

$$\boxed{\mathcal{R}_s = 223\ \Omega}$$

Remarque.

Il est intéressant d'utiliser ce circuit équivalent pour retrouver les résultats de la 2ᵉ question

$$\frac{v_1}{e_g} = \frac{\mathcal{R}_e}{R_g + \mathcal{R}_e} = \frac{1{,}67}{10 + 1{,}67} = 0{,}143, \frac{v_2}{v_1} = \frac{A_0 R_u}{\mathcal{R}_s + R_u} = \frac{540 \times 0{,}5}{0{,}5 + 0{,}223} = 374$$

d'où :

$$A_v = \frac{v_2}{e_g} = 0{,}143 \times 374 = 52$$

c) Calculons en premier lieu les condensateurs de liaison.

— A l'entrée on remplace le générateur de courant par un générateur de tension et l'on a : $R_{i_1} = R_g + \mathcal{R}_{e_1} = 11{,}67\ \text{k}\Omega$.

$$C_1 = \frac{1}{R_{i_1}\omega_b} = \frac{1}{11{,}67 \times 10^3 \times 2\,\pi \times 40}$$

$$\boxed{C_1 = 0{,}34\ \mu\text{F}}$$

— Pour la deuxième capacité :

$$R_{i_2} = (\rho // R_C) + (R_B // \mathcal{R}_{e_2}) = 10\ \text{k} + (10\ \text{k}//100\ \text{k}//104\ \text{k}) = 18{,}35\ \text{k}\Omega$$

$$C_2 = \frac{1}{R_{i_2}\omega_b} = \frac{1}{18{,}35 \times 10^3 \times 2\,\pi \times 40}$$

$$\boxed{C_2 = 0{,}22\ \mu\text{F}}$$

— Pour la troisième capacité :

$$R_{i_3} = \mathcal{R}_s + R_u = 223 + 500 = 723\ \Omega$$

$$C_3 = \frac{1}{R_{i_3}\omega_b} = \frac{1}{723 \times 2\,\pi \times 40}$$

$$\boxed{C_3 = 5{,}5\ \mu\text{F}}$$

Calculons enfin le condensateur d'émetteur. A cet effet, on détermine d'abord la résistance interne R_i du générateur de Thévenin qui alimente la cellule. Pour cela on débranche l'impédance d'émetteur Z_E puis on applique une tension u après avoir annulé la f.é.m. du générateur d'attaque (fig. VII-14*f*). On a :

$$i = -\,i_1\,(\beta + 1) = \frac{(\beta + 1)\,u}{R_0 + r}$$

d'où :

$$R_i' = \frac{u}{i} = \frac{R_0 + r}{\beta + 1} = \frac{5 + 2}{51} = 0{,}137\ \text{k}\Omega$$

Comme R_i et R_E sont en parallèle (fig. VII-14*g*), il vient :

$$R_i = R_i' // R_E = 0{,}137\ K // 1\ K = 0{,}12\ \text{k}\Omega$$

d'où :

$$C_E = \frac{1}{R_i\omega_b} = \frac{1}{120 \times 2\,\pi \times 40}$$

$$\boxed{C_E = 33\ \mu\text{F}}$$

VII-15 L'étage à transistor (fig. VII-15*a*) fonctionne dans les conditions suivantes :

$$E_B = E_C = 10\ \text{V} \quad , \quad R_1 = 20\ \text{k}\Omega \quad , \quad R_2 = 100\ \text{k}\Omega$$

$$R_C = 0{,}5\ \text{k}\Omega \quad , \quad \beta_{\min} = 100$$

A l'état bloqué $I_B = I_C = 0$, $V_{BE} \simeq 0$.

A l'état saturé $V_{BE} \simeq 0{,}7$ V , $V_{CE} \simeq 0{,}3$ V.

La f.é.m. du générateur d'attaque appliqué entre la borne d'entrée et la masse est une impulsion rectangulaire de valeur nulle pour $t < 0$ et de valeur positive $E = 10$ V pour $0 < t < \tau$.

Montrer que le transistor est soit bloqué soit saturé. En déduire les variations de i_B, i_C, v_B, v_C en fonction du temps.

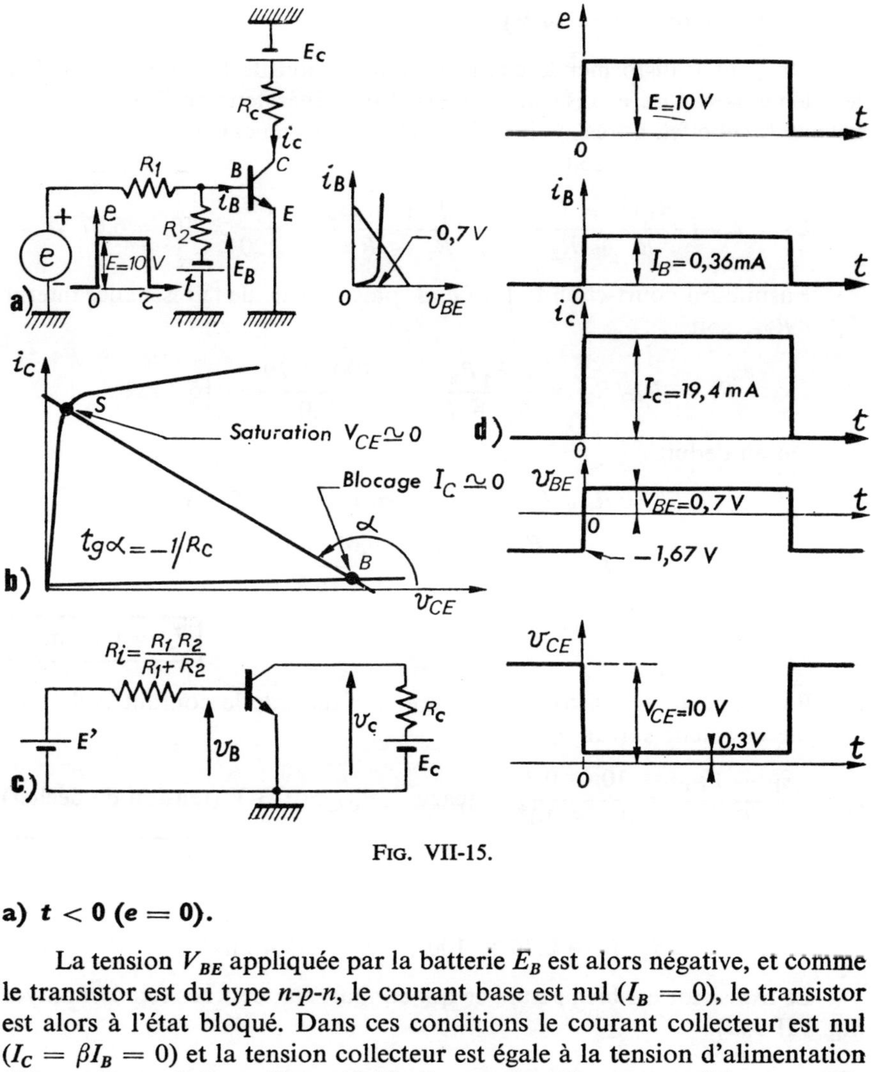

FIG. VII-15.

a) $t < 0$ $(e = 0)$**.**

La tension V_{BE} appliquée par la batterie E_B est alors négative, et comme le transistor est du type *n-p-n*, le courant base est nul ($I_B = 0$), le transistor est alors à l'état bloqué. Dans ces conditions le courant collecteur est nul ($I_C = \beta I_B = 0$) et la tension collecteur est égale à la tension d'alimentation ($V_{CE} = E_C - R_C I_C = E_C = 10$ V). La tension V_{BE} est sensiblement nulle mais on peut calculer sa valeur précise d'après le circuit équivalent. On a :

$$V_{BE} = E_B - \frac{R_2 E_B}{R_1 + R_2} = \frac{R_1 E_B}{R_1 + R_2} = \frac{20}{120} \times -10$$

$$\boxed{V_{BE} = -1{,}67 \text{ V}}$$

b) $0 < t < \tau$ ($e = E = 10$ V).

On peut transformer le circuit d'alimentation de la base en calculant les éléments (f.é.m. et résistance interne) du générateur de Thévenin équivalent. A cet effet, après avoir déconnecté la base on calcule en premier lieu la f.é.m. : $E' = V_{BE_0}$, soit :

$$E' = E - \frac{R_1 (E - E_B)}{R_1 + R_2} = \frac{R_2 E + R_1 E_B}{R_1 + R_2} = \frac{80}{120} \times 10 = 6{,}67 \text{ V}$$

Ensuite on court-circuite les f.é.m. puis on calcule la résistance interne $R_i = R_{BE}$, soit :

$$R_i = R_1 // R_2 = \frac{R_1 R_2}{R_1 + R_2} = \frac{100 \times 20}{120} = 16{,}7 \text{ k}\Omega$$

On en déduit

$$E' = R_i I_B + V_{BE} \quad , \quad \text{avec : } V_{BE} \simeq 0{,}7 \text{ V}$$

$$I_B = \frac{E' - V_{BE}}{R_i} = \frac{6{,}67 - 0{,}7}{16{,}7}$$

$$\boxed{I_B = 0{,}36 \text{ mA}}$$

Pour que le transistor soit saturé, il faut que le courant collecteur atteigne la valeur suivante :

$$I_C = \frac{E_C - V_{CE}}{R_C} = \frac{10 - 0{,}3}{0{,}5 \times 10^3} \quad \text{car} \quad V_{CE} \simeq 0{,}3 \text{ V (tension de déchet)}$$

$$\boxed{I_C = 19{,}4 \text{ mA}}$$

Or on a :

$$\beta_{\min} I_B = 0{,}36 \times 100 > (I_C = 19{,}4 \text{ mA})$$

Le transistor est bien saturé ce qui conduit aux courbes représentatives (fig. VII-15*d*).

VII-16 Un circuit OU-NON à transistors (fig. VII-16) fonctionne avec les valeurs suivantes :

$E_C = 20$ V , $E_B = -10$ V , $R_1 = R_2 = 10$ kΩ , $R_C = 5$ kΩ

a) Calculer la valeur minimale du coefficient d'amplification β.

b) Déterminer combien de transistors OU-NON identiques ce transistor peut commander (fig. XII-8) si le coefficient d'amplification des transistors est $\beta = 100$.

a) Pour calculer le courant I_B quand l'interrupteur x est fermé, la méthode la plus simple consiste à appliquer le théorème de superposition (fig. VII-16*a*). On a :

$$I_B = \frac{E_C}{R_1} + \frac{E_B}{R_2} \quad , \quad \text{avec :} \quad V_{BE} \simeq 0$$

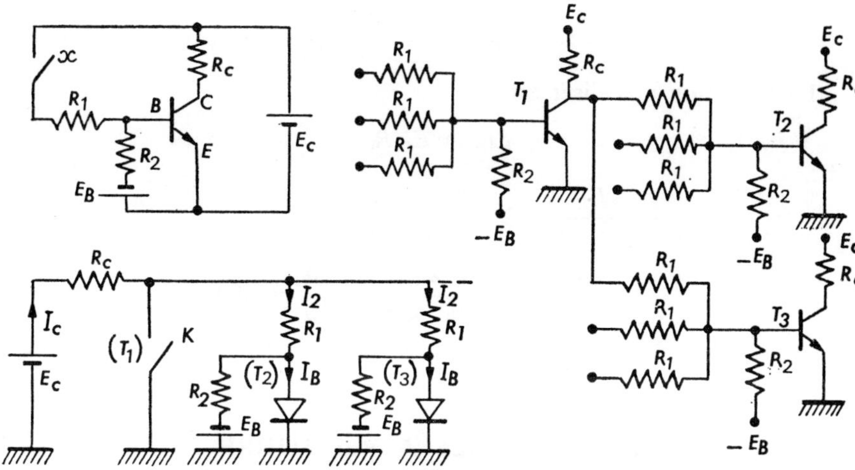

FIG. VII-16.

On aurait pu également appliquer le théorème de Thévenin, soit :

$$E = \frac{R_2 E_C + R_1 E_B}{R_1 + R_2} \quad , \quad R_i = \frac{R_1 R_2}{R_1 + R_2}$$

d'où

$$I_B = \frac{E}{R_i} = \frac{R_2 E_C + R_1 E_B}{R_1 R_2}$$

Pour que le transistor puisse passer à l'état saturé on doit réaliser la condition :

$$\beta I_B \geqslant E_C / R_C \quad , \quad \text{avec :} \quad V_{CE} \simeq 0$$

$$\beta \left(\frac{2}{10^3} + \frac{1}{10^3} \right) \geqslant \frac{20}{5 \times 10^3}$$

$$\boxed{\beta \geqslant 4}$$

b) Quand le transistor T_1 est à l'état saturé (interrupteur K fermé), les transistors T_2 et T_3 sont bloqués par les tensions négatives E_B (fig. VII-16*b*). Quand le transistor T_1 passe à l'état bloqué (interrupteur K ouvert) le courant I_C qui se répartit entre les transistors T_2, T_3... doit leur permettre de passer à l'état saturé (fig. VII-16*c*). On a :

$$I_C = \frac{E_C}{R_C + R_1/m} \quad \text{et} \quad I_2 = \frac{I_C}{m} = \frac{E_C}{R_1 + mR_C}$$

d'où :

$$I_B = \frac{E_B}{R_2} + \frac{E_C}{R_1 + mR_C}$$

La condition à réaliser est :

$$\beta I_B \geqslant E_C/R_C$$

soit :

$$\frac{E_C}{R_1 + mR_C} \geqslant \frac{E_C}{\beta R_C} - \frac{E_B}{R_2}$$

$$\frac{20}{10 + 5\,m} \geqslant \frac{20}{100 \times 5} + \frac{10}{10} = 1{,}04$$

$$\boxed{m \leqslant 2}$$

B) PROBLÈMES A RÉSOUDRE

VII-17 Calculer le gain $A = V_s/E_G$ à 1 kHz de l'amplificateur à TEC de paramètres $g_m = 2$ mA/V et $\rho = 10$ kΩ (fig. ex. VII-17) dans les deux cas suivants :

a) La capacité C est très grande.

b) $C = 0{,}003$ μF.

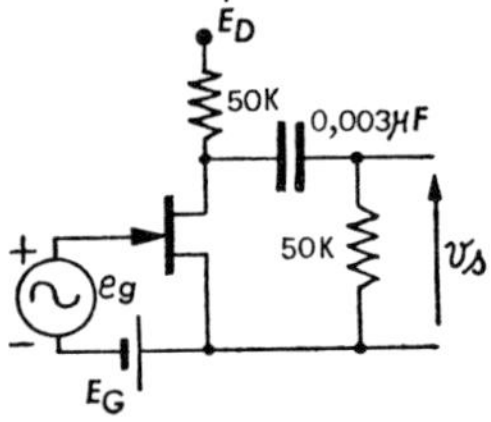

FIG, ex. VII-17.

VII-18 Si le signal d'entrée est appliqué entre la grille et la masse (fig. ex. VII-18) calculer le gain $A = V_s/V_e$ par application du théorème de Miller sachant que l'on a :

$$\mu = 30 \quad , \quad \rho = 5 \text{ k}\Omega$$

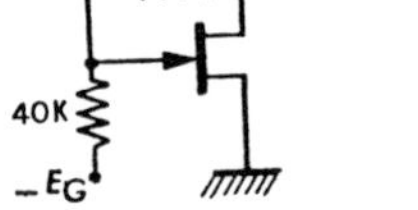

FIG. ex. VII-18.

VII-19 Refaire le problème précédent dans le cas où le signal d'entrée est en série avec la résistance de 40 kΩ.

VII-20 Dans le circuit (fig. ex. VII-20), le TEC est utilisé comme impédance variable en faisant varier la polarisation continue et par suite la conductance g_m.

a) Montrer que l'impédance vue des bornes *A* et *B* est assimilable à une capacité C_S shuntée par une résistance R_S.

b) Montrer que si l'on permute *R* et *C* la capacité C_S est remplacée par une inductance L_S.

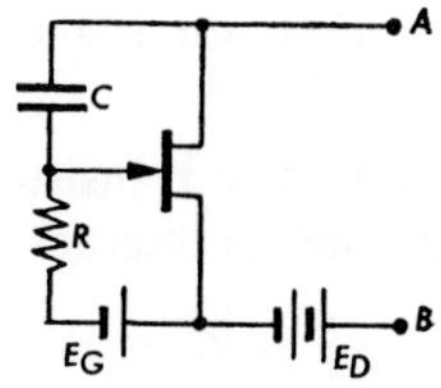

FIG. ex. VII-20.

Application numérique.

$R = 100$ kΩ , $C = 1\,000$ pF , $\omega = 10^4$ rd/s

1) $g_m = 5\,000$ µA/V pour $V_G = -1$ V

2) $g_m = 3\,500$ µA/V pour $V_G = -3$ V

En déduire une application pratique.

VII-21 Le montage électronique (fig. VII-21) est un inverseur de phase. Il transforme une tension d'entrée sinusoïdale en deux tensions de même amplitude mais déphasées de 180 degrés. Les résistances R_1 et R_2 assurent une polarisation convenable du circuit grille alors que les capacités fonctionnent comme des courts-circuits pour le régime sinusoïdal. Le fonctionnement étant linéaire sans courant grille, déterminer :

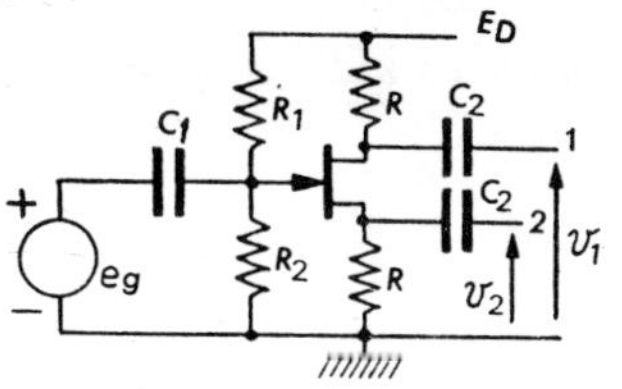

FIG. ex. VII-21.

a) Le circuit équivalent.

b) Les gains $\boldsymbol{V_1/E_g}$ et $\boldsymbol{V_2/E_g}$.

c) Les résistances de sortie vues des bornes 1 et 2. Comment peut-on équilibrer les deux sorties.

VII-22 Un TEC à source suiveuse fonctionne avec les valeurs suivantes :

$\mu = 20$, $\rho = 10$ kΩ , $R_G = 0{,}5$ MΩ , $R_S = 500$ Ω

$\omega = 10^6$ rd/s , $C_{gd} = 4$ pF , $C_{gs} = 8$ pF , $C_{ds} = 10$ pF on demande :

a) Le gain si l'on néglige les capacités parasites.

b) L'admittance et l'impédance d'entrée si l'on tient compte des capacités parasites.

c) L'admittance de sortie avec les capacités parasites.

VII-23 Un transistor à jonction branché en émetteur commun a pour paramètres internes :

$$g_m = 0{,}2\ \text{A/V} \quad , \quad r_{bb'} = 100\ \Omega \quad , \quad r_{b'e} = 1\,000\ \Omega$$
$$r_{ce} = 20\ \text{k}\Omega \quad , \quad C_{b'e} = 200\ \text{pF} \quad , \quad C_{b'c} = 5\ \text{pF}$$

Le générateur d'attaque et la charge ont pour résistances :

$$R_g = 900\ \Omega \qquad \text{et} \qquad R_C = 1\,000\ \Omega \quad , \quad \text{avec :} \quad R_B = R_1 // R_2 \gg R_g$$

Sachant que le fil de câblage est équivalent à une capacité $C_s = 10$ pF branchée entre le collecteur et la masse, on demande :

a) Les pulsations de coupure.

b) Les courbes d'amplitude et de phase du gain $\boldsymbol{A} = \boldsymbol{V_s}/\boldsymbol{E_g}$.

VII-24 L'amplificateur (fig. ex. VII-24) comporte deux étages à transistors qui ont pour paramètres internes :

Transistor T_1 : $r = 2$ kΩ , $\beta = 50$, $\rho = 20$ kΩ , $\gamma = 0$
Transistor T_2 : $r = 1$ kΩ , $\beta = 80$, $\rho = 25$ kΩ , $\gamma = 0$

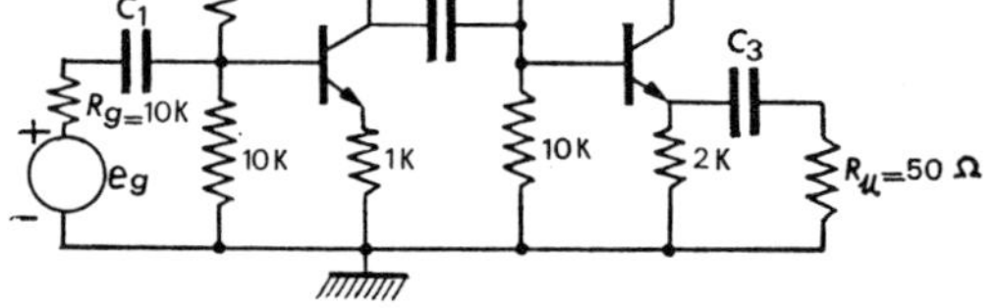

FIG. ex. VII-24.

Les capacités de liaison étant supposées très grandes, déterminer :

a) Le gain en tension $A = V_s/E_g$.

b) La puissance reçue par l'utilisation si la f.é.m. du générateur d'attaque a pour valeur $E_g = 0{,}1$ V efficace.

VII-25 Les capacités de liaison du problème précédent étant de valeur finie à savoir :

$$C_1 = 0{,}2\ \mu\text{F} \quad , \quad C_2 = 1\ \mu\text{F} \quad , \quad C_3 = 50\ \mu\text{F}$$

représenter les courbes d'amplitude et de phase du gain en tension $\boldsymbol{A} = \boldsymbol{V}_s/\boldsymbol{E}_g$.

CHAPITRE VIII

UTILISATION DES SEMICONDUCTEURS

A) PROBLÈMES RÉSOLUS

VIII-1 Une thermistance a donné pour les températures de 100 °C et de 150 °C les résultats suivants : $R_{100} = 54\ \Omega$, $R_{150} = 32\ \Omega$.
On se propose de la brancher en parallèle avec une résistance R' de coefficient de température $a = 0{,}005$. Sachant que l'on veut obtenir la même résistance X à 100 °C et à 150 °C, calculer :

a) La résistance R' à 100 °C.

b) La résistance de l'ensemble des deux résistances à 100 °C et à 150 °C.

a) Si R_{100} désigne la résistance linéaire à $t_1 = 100$ °C, celle-ci a pour valeur R'_{150} à $t_2 = 150°$, soit :

$$R'_{100} = R_0\,(1 + at_1) \quad , \quad R'_{150} = R_0\,(1 + at_2)$$

d'où :

$$\frac{R'_{150}}{R'_{100}} = \frac{1 + at_2}{1 + at_1} = \frac{1 + 0{,}005 \times 150}{1 + 0{,}005 \times 100} = \frac{7}{6}$$

La condition à réaliser peut s'écrire :

$$R'_{100}//R_{100} = R'_{150}//R_{150}$$

soit en divisant les deux membres par R'_{100} :

$$\frac{R_{100}}{R'_{100} + R_{100}} = \frac{R_{150} \times 7/6}{7\ R'_{100}/6 + R_{150}} = \frac{7\ R_{150}}{7\ R'_{100} + 6\ R_{150}}$$

d'où :

$$R'_{100} = \frac{R_{150} \times R_{100}}{7\,(R_{100} - R_{150})} = \frac{32 \times 54}{7\,(54 - 32)}$$

$$\boxed{R'_{100} = 11{,}2\ \Omega}$$

b)
$$X_{100} = X_{150} = \frac{R_{100} \times R'_{100}}{R_{100} + R'_{100}} = \frac{54 \times 11{,}2}{54 + 11{,}2}$$

$$\boxed{X = 9{,}3\ \Omega}$$

VIII-2 La résistivité d'un semiconducteur à la température absolue T est donnée par l'expression $\rho = \rho_0 \exp (T_0/T)$, ρ_0 et T_0 étant des constantes caractéristiques du semiconducteur. Sachant que la résistivité devient 20 fois plus petite quand la température passe de 25 °C à 100 °C, déterminer le coefficient de température de la résistivité à 25 °C ($\alpha = \Delta\rho/\rho\,\Delta T$).

La loi de variation de la résistivité d'un semiconducteur étant $\rho = \rho_0 \exp (T_0/T)$, on a :

$$\frac{d\rho}{dT} = -\frac{T_0}{T^2}\rho$$

d'où :

$$\alpha = \frac{\Delta\rho}{\rho\Delta T} = -\frac{T_0}{T^2}$$

Application numérique.

$$\rho_{25} = \rho_0 \exp\frac{T_0}{25 + 273}\ ,\ \rho_{100} = \rho \exp\frac{T_0}{100 + 273}\ ,\ \text{avec :}\ \rho_{25} = 20 \times \rho_{100}$$

d'où :

$$\frac{\rho_{25}}{\rho_{100}} = 20 = \exp T_0 \left(\frac{1}{298} - \frac{1}{373}\right)$$

$$\text{Log}_{10}\, 20 = 1{,}3 = T_0 \times \frac{75}{298 \times 373} \times 0{,}43$$

$$T_0 = \frac{1{,}3 \times 298 \times 373}{75 \times 0{,}43} = 4\,500$$

$$\alpha = -\frac{T_0}{T^2} = -\frac{4\,500}{298^2}$$

$$\boxed{\alpha = -\,0{,}05/\text{degré}}$$

VIII-3 Une varistance a donné aux essais les résultats suivants :

$V_1 = 33$ V , $I_1 = 0{,}1$ A ; $V_2 = 45$ V , $I_2 = 0{,}3$ A

a) Sachant que la caractéristique est de la forme $i = Kv^n$, calculer les constantes K et n.

b) Tracer la caractéristique $v = f(i)$ entre 0 et 45 V.

a) La caractéristique de la varistance est de la forme $i = Kv^n$.

Pour deux paires de valeurs $(I_1 V_1, I_2 V_2)$, on a les relations :

$$I_1 = KV_1^n \quad , \quad I_2 = KV_2^n$$

soit :

$$\frac{I_2}{I_1} = 3 = \left(\frac{V_2}{V_1}\right)^n = \left(\frac{45}{33}\right)^n$$

$$\log 3 = n \log 1{,}36$$

$$n = \frac{0{,}477}{0{,}134}$$

$$\boxed{n = 3{,}54}$$

D'autre part :

$$0{,}1 = K \times 33^{3{,}54}$$

$$\log K = \log 0{,}1 - 3{,}54 \log 33$$

$$= \bar{1} - 3{,}54 \times 1{,}518$$

$$= \bar{1} - 5{,}376 = \bar{7}{,}624$$

$$\boxed{K = 4{,}21 \times 10^{-7}\ uSI}$$

b) Pour tracer la caractéristique $v = f(i)$, on rassemble les différentes valeurs dans le tableau suivant :

v (V)	0	10	20	30	35	40	45
$n \log v$		3,54	4,62	5,22	5,46	5,67	5,85
v^n		$3{,}47 \times 10^3$	$4{,}17 \times 10^4$	$1{,}70 \times 10^5$	$2{,}95 \times 10^5$	$4{,}57 \times 10^5$	$6{,}92 \times 10^5$
i (A)	0	$1{,}46 \times 10^{-3}$	$1{,}75 \times 10^{-2}$	$7{,}14 \times 10^{-2}$	$1{,}24 \times 10^{-1}$	$1{,}54 \times 10^{-1}$	3×10^{-1}

On peut alors construire la caractéristique demandée (fig. VIII-1).

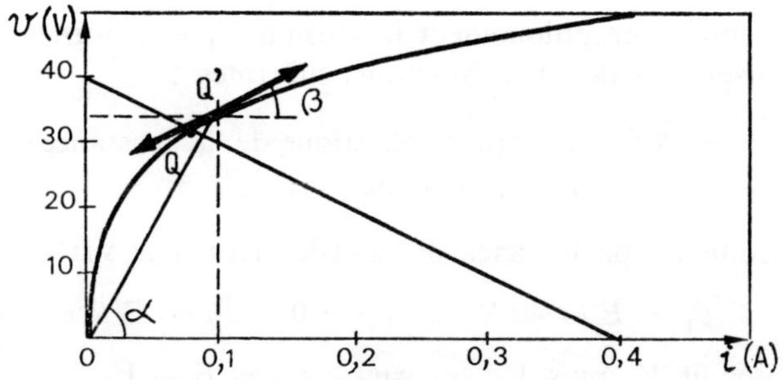

FIG. VIII-1.

VIII-4 Dans un montage la varistance du problème precédent est soumise à une tension V puis $V + 0{,}1$ V, calculer la variation relative $\Delta I/I$ du courant.
Inversement calculer la variation ΔV de la tension lorsque le courant étant de 0,2 A, on le fait varier de $\pm$ 10 %.

a) Comme $I = KV^n$, on a : $\Delta I = nKV^{n-1}\Delta V$

soit :

$$\frac{\Delta I}{I} = n\frac{\Delta V}{V} = 3{,}54 \times 0{,}1$$

$$\boxed{\Delta I/I = 0{,}354}$$

b)
$$\frac{\Delta V}{V} = \frac{1}{n}\frac{\Delta I}{I} = \frac{1}{3{,}54} \times \frac{0{,}02}{0{,}2} = 0{,}0282$$

Calculons V pour $I = 0{,}2$ A

$$0{,}2 = 4{,}2 \times 10^{-7} \times V^{3{,}54}$$

$$\log V = \frac{1}{3{,}54}\log\frac{0{,}2}{4{,}2} \times 10^7 = 1{,}603 \quad , \quad \text{d'où :} \quad V = 40{,}1 \text{ V}$$

$$\Delta V = 40{,}1 \times 0{,}0282$$

$$\boxed{\Delta V = \pm\ 1{,}13 \text{ V}}$$

VIII-5 On alimente la varistance par une tension continue $E = 40$ volts et par une résistance invariable $r = 100\ \Omega$ disposées en série (fig. VIII-2).
a) Déterminer par une méthode graphique les tensions V_1 et V_2 aux bornes de la varistance et de r.
b) Calculer la variation relative $\Delta I/I$ du courant dans la résistance r lorsque $\Delta E/E = 0{,}1$ pour les deux cas suivants :
1) r est alimenté directement par la tension E sans la varistance en série avec elle.
2) r est en série avec la varistance sous la tension E appliquée aux bornes de l'ensemble.

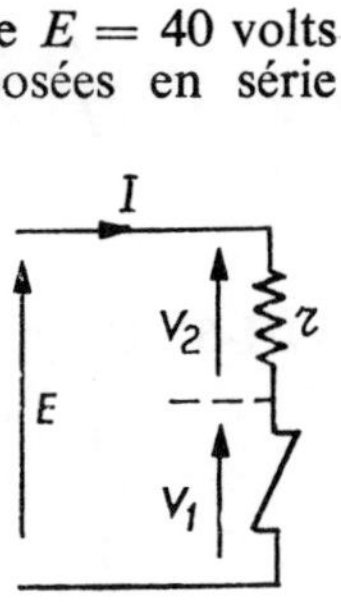

FIG. VIII-2.

a) Pour déterminer graphiquement la tension V_1 aux bornes de la varistance nous disposons des deux relations suivantes :

$$i = Kv_1^n \quad \text{(caractéristique de la varistance)}$$
$$v_1 = E - ri \quad \text{(droite de charge)}$$

Cette droite coupe les axes de coordonnées (fig. VIII-1) aux points

$$i = 0 \;,\; v_1 = E = 40 \text{ V} \;;\; v_1 = 0 \;,\; i = E/R = 0{,}4 \text{ A}$$

On en déduit V_1 puis V_2 , car : $V_2 = E - V_1$.

$$\boxed{V_1 = 32 \text{ V} \;,\; V_2 = 9 \text{ V}}$$

b) Sans la varistance en série, on a :

$$E = rI \;,\; \text{d'où : } \frac{\Delta E}{E} = \frac{\Delta I}{I}$$

$$\boxed{\Delta I/I = 0{,}1}$$

— Avec la varistance en série, on a :

$$E = V_1 + V_2 \;,\; \text{d'où : } \Delta E = \Delta V_1 + \Delta V_2 = 0{,}1\,E$$

$$V_2 = rI \;,\; \text{d'où : } \frac{\Delta V_2}{V_2} = \frac{\Delta I}{I} = n\frac{\Delta V_1}{V_1} \quad \text{car} \quad I = KV_1^n$$

Exprimons V_1 en fonction de V_2, il vient :

$$\frac{\Delta V_2}{V_2} = n\,\frac{0{,}1\,E - \Delta V_2}{E - V_2}$$

$$\Delta V_2 = \frac{0{,}1\,En}{E + V_2\,(n-1)} = \frac{0{,}1 \times 40 \times 3{,}54}{40 + 9 \times 2{,}54} = 0{,}25 \text{ V}$$

$$\frac{\Delta I}{I} = \frac{\Delta V_2}{V_2} = \frac{0{,}25}{9}$$

$$\boxed{\Delta I/I = 0{,}028}$$

VIII-6 On réalise le montage (fig. VIII-3*a*) dans lequel R est la résistance d'un récepteur qui doit être alimenté par une tension V aussi constante que possible lorsque la tension d'alimentation E varie de $\pm$ 10 %.

a) Expliquer qualitativement le rôle régulateur de la varistance.

b) Exprimer dV/dE en fonction de r, K, n, R, V.

c) Calculer le rapport de régulation $k = \frac{dV}{V} \frac{dE}{E}$, montrer que ce rapport permet d'exprimer qualitativement la stabilisation de la tension V.

Application : $V = 33$ volts, $R = r = 330\ \Omega$.

a) Si E croît, I_1 croît donc I et I_2 augmentent.

Comme $V = RI_2$, V augmente. Or on a :

$$\frac{\Delta I_2}{I_2} = \frac{\Delta V}{V} \quad \text{et} \quad \frac{\Delta I}{I} = n\frac{\Delta V}{V}, \quad \text{puisque : } I = KV^n$$

Ainsi pour un accroissement donné de V, I croît-il beaucoup plus vite que I_2. Dans ces conditions l'augmentation de I_1 a pour conséquence une augmentation importante de I et en vertu de la loi des nœuds l'augmentation de I_2 demeure faible.

b)

$$E = V + r(I_2 + I) = V + r\left(\frac{V}{R} + KV^n\right)$$

d'où :

$$dE = dV + \frac{r}{R}dV + nKrV^{n-1}$$

soit :

$$\frac{dV}{dE} = \frac{1}{nKrV^{n-1} + 1 + r/R} = \frac{1}{3{,}54 \times 4{,}2 \times 10^{-7} \times 330 \times 33^{2{,}54} + 1 + 1}$$

$$\boxed{dV/dE = 0{,}182}$$

c)

$$k = \frac{dV/V}{dE/E} = \frac{dV}{dE} \times \frac{E}{V}$$

$$E = rI_1 + V = r(KV^n + V/R) + V = (rKV^{n-1} + 1 + r/R)V$$

d'où :

$$\frac{E}{V} = rKV^{n-1} + 1 + \frac{r}{R} = 4{,}2 \times 10^{-7} \times 330 \times 33^{2{,}54} + 2 = 3$$

$$k = 0{,}182 \times 3$$

$$\boxed{k = 0{,}546}$$

d) Remarque.

Il est intéressant de retrouver les résultats précédents d'après les schémas équivalents. En effet, la varistance (fig. VIII-1) n'a pas la même résistance en régime continu et en régime variable avec des signaux faibles. On a :

En régime continu : $\bar{\rho} = \frac{V}{I} = \text{tg}\ \alpha = \frac{33}{0{,}1} = 330\ \Omega$

En régime variable : $\rho = \frac{\Delta V}{\Delta I} = \text{tg}\ \beta \simeq 90\ \Omega$

On peut obtenir plus de précision pour cette deuxième valeur en la calculant. On a :

$$I = KV^n \quad , \quad \text{d'où :} \quad \Delta I = nKV^{n-1}\Delta V$$

$$\rho = \frac{\Delta V}{\Delta I} = \frac{1}{nKV^{n-1}} = \frac{V}{nI} = \frac{\bar{\rho}}{n} = \frac{330}{3{,}54} = 93\ \Omega$$

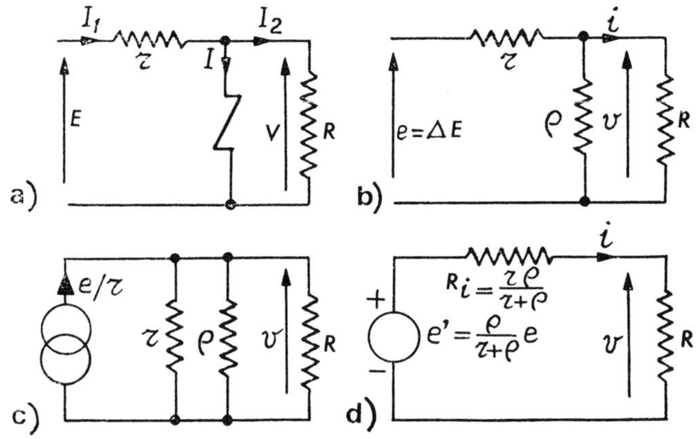

FIG. VIII-3.

Pour les signaux faibles, si l'on pose $e = \Delta E$, $v = \Delta V$, $i = \Delta I$ on a le circuit équivalent (fig. VIII-3*b*). On peut remplacer le générateur de tension par un générateur de courant (fig. VIII-3*c*) puis revenir au générateur de tension (fig. VIII-3*d*). On a :

$$\frac{v}{e'} = \frac{R}{R + R_i} = \frac{R(r+\rho)}{R(r+\rho) + r\rho}$$

$$\frac{v}{e} = \frac{\Delta V}{\Delta E} = \frac{R\rho}{R(r+\rho) + r\rho} = \frac{1}{1 + r/\rho + r/R} = 0{,}18$$

Dans ces conditions le rôle régulateur de la varistance est facile à expliquer. Comme sa résistance ρ en régime variable est faible, la résistance interne du générateur de Thévenin qui alimente la charge c'est-à-dire la résistance de sortie $\mathcal{R}_s = r//\rho$ est également faible. Aussi la tension v demeure-t-elle peu différente de e'.

VIII-7 Une diode Zener de résistance thermique $K = 0{,}45$ °C/mW admet pour température maximale de la jonction $t_j = 150$ °C. Calculer la puissance maximale qu'elle peut dissiper sachant que la température maximale est de 45 °C.

On utilise pour les diodes Zener la même relation que pour les transistors, soit :

$$P_d = \frac{1}{K}(t_j - t_a) = \frac{150 - 45}{0{,}45}$$

$$\boxed{P_d = 233 \text{ mW}}$$

VIII-8 Calculer la capacité d'une jonction *p-n* de section 1 mm × 1 mm et dont la couche de transition a pour épaisseur 2×10^{-4} cm. La constante diélectrique du germanium par rapport à l'air est 16.

La valeur de cette capacité est donnée par la formule du condensateur plan :

$$C = \frac{\varepsilon S}{e}\ , \quad \text{avec : } \quad \varepsilon = \varepsilon_0 \varepsilon_r = \frac{10^{-9}}{36\,\pi} \times 16$$

$$C = \frac{10^{-9} \times 16 \times 10^{-6}}{36 \times 3{,}14 \times 2 \times 10^{-6}} = 0{,}07 \times 10^{-9} \text{ F}$$

$$\boxed{C = 70 \text{ pF}}$$

VIII-9 Un transistor unijonction (fig. VIII-4*a*) fonctionne dans les conditions suivantes :

$$I_{B_2} = 0 \quad \text{pour} \quad I_E < 0 \quad , \quad V_D = 0 \quad , \quad V_{e_0} = 0.$$

Si l'on suppose que la décharge du condensateur est instantanée déterminer la fréquence des oscillations de relaxation ainsi obtenues.

Application numérique

$$R = 10 \text{ k}\Omega \quad , \quad C = 0{,}2\ \mu\text{F} \quad , \quad \eta = 0{,}5$$

On peut remplacer le montage par son circuit équivalent (fig. VIII-4*b*). La capacité C est chargée par l'intermédiaire de la résistance R. Tant que la tension émetteur v_E demeure inférieure à la tension $V_A = \eta E$, la diode EA demeure bloquée, on a :

$$E = Ri + v \quad , \quad \text{avec :} \quad i = \frac{dq}{dt} = C\frac{dv}{dt}$$

soit :

$$RC\frac{dv}{dt} + v = E$$

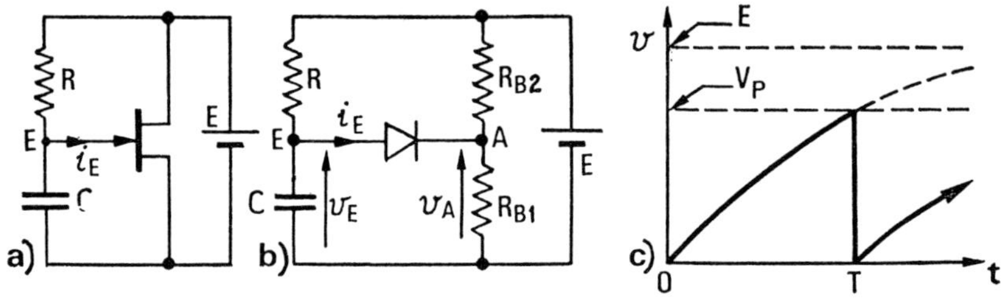

FIG. VIII-4.

On sait que la solution générale d'une telle équation comporte la somme de deux termes $v = v_1 + v_2$.

v_1 est la solution générale de l'équation sans second membre.

v_2 est une solution particulière de l'équation avec second nombre.

$$RC\frac{dv_1}{dt} + v_1 = 0$$

soit :

$$\frac{dv_1}{v_1} = -\frac{dt}{RC}$$

d'où : $$v_1 = A \exp(-t/RC)$$

D'autre part, pour le choix de la solution particulière, on considère toujours le régime définitif ($v_2 = E$) qui est théoriquement atteint quand le condensateur est chargé ($i = 0$). En effet dans le cas présent ce régime n'est jamais atteint en raison de l'existence du transistor. On a :

$$v = A \exp(-t/RC) + E$$

On doit alors déterminer la constante A en considérant les conditions initiales : $t = 0$, $v = V_{E_0} \simeq 0$, d'où $A = -E$. Il vient :

$$v = E\,[1 - \exp(-t/RC)]$$

Le courant émetteur qui est sensiblement nul augmente brusquement dès que la jonction pn est débloquée ce qui a lieu quand la tension d'émetteur atteint la tension de pic, soit :

$$v = V_P = V_D + \eta E \simeq \eta E \qquad \text{car} \qquad V_D \simeq 0$$

Comme la décharge est supposée instantanée, on en déduit la période T des oscillations de relaxation soit :

$$\eta E = E\,[1 - \exp(-T/RC)]$$

$$T = RC\,\mathrm{Log}_e\,\frac{1}{1-\eta}$$

Application numérique.

$$T = 2{,}3 \times 10 \times 0{,}2 \times 10^{-3}\,\mathrm{Log}_{10}\,2 = 13{,}8 \times 10^{-4}\ \mathrm{s}$$

$$f = \frac{1}{T} = \frac{10^4}{13{,}8}$$

$$\boxed{f = 725\ \mathrm{Hz}}$$

VIII-10 Calculer le seuil d'une cellule photodiode :

a) Au germanium (Gap = 0,75 eV).

b) Au silicium (Gap = 1,12 eV).

La relation de Planck $W = hf$ (C. II., p. 27) permet de calculer la fréquence $f = W/h$, soit en longueur d'onde :

$$\lambda = \frac{c}{f} = \frac{ch}{W}$$

c (célérité de la lumière) = 3×10^8 m/s.

h (constante de Planck) = $6{,}6 \times 10^{-34}$ J/s.

$$1\ \mathrm{eV} = 1{,}6 \times 10^{-19}\ \mathrm{J} \quad , \quad 1\ \text{Å} = 10^{-10}\ \mathrm{m}$$

Application.

a) Cellule au germanium.

$$\lambda = \frac{3 \times 10^8 \times 6,6 \times 10^{-34}}{0,75 \times 1,6 \times 10^{-19}} = 164 \times 10^{-8} \text{ m}$$

$$\boxed{\lambda = 16\,400 \text{ Å}}$$

b) Cellule au silicium.

$$\lambda = \frac{3 \times 10^8 \times 6,6 \times 10^{-34}}{1,12 \times 1,6 \times 10^{-19}} = 110 \times 10^{-8} \text{ m}$$

$$\boxed{\lambda = 11\,000 \text{ Å}}$$

VIII-11 Un thyristor est réglé pour s'amorcer à chaque période pour un angle φ donné, calculer :

a) L'intensité efficace du courant dans le tube.

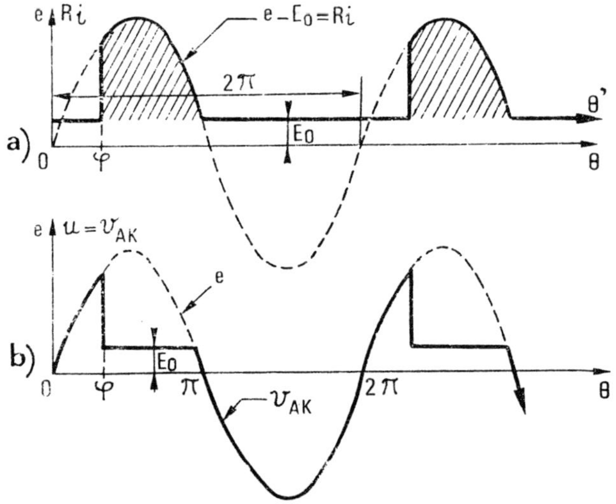

FIG. VIII-5.

b) La tension efficace aux bornes du tube.

c) La puissance totale de sortie.

On suppose E_0 négligeable par rapport à E_M.

a) Pendant la conduction ($\varphi < \theta < \pi$), l'intensité a pour valeur instantanée (fig. VIII-5*a*) :

$$i = \frac{E \sin\theta - E_0}{R} \simeq \frac{E_M \sin\theta}{R} \qquad \text{car} \qquad E_0 \ll E_M$$

$$I_e^2 = \frac{E_M}{2\pi R^2}\int_\varphi^\pi \sin^2\theta \, d\theta = \frac{E_M^2}{4\pi R^2}\left(\pi - \varphi + \frac{\sin 2\varphi}{2}\right)$$

$$\boxed{I_e = \frac{E_M}{2R}\left(\frac{\pi - \varphi}{\pi} + \frac{\sin 2\varphi}{2\pi}\right)^{1/2}}$$

b) Quand le courant ne passe pas, $u = v_{AK} = E_M \sin\theta$ ce qui conduit à la courbe (fig. VIII-5*b*).

$$U_e^2 = \frac{E_M^2}{2\pi}\int_0^\varphi \sin^2\theta \, d\theta + \frac{E_M^2}{2\pi}\int_\pi^{3\pi/2} \sin^2\theta \, d\theta$$

$$= \frac{E_M^2}{4\pi}\left(\pi + \varphi - \frac{\sin 2\varphi}{2}\right)$$

$$\boxed{U_e = \frac{E_M}{2}\left(\frac{\pi + \varphi}{\pi} - \frac{\sin 2\varphi}{2\pi}\right)^{1/2}}$$

c)

$$P = RI_e^2$$

$$\boxed{P = \frac{E_M^2}{4\pi R}\left(\pi - \varphi + \frac{\sin 2\varphi}{2}\right)}$$

VIII-12 Un thyristor alimenté par une tension sinusoïdale de valeur efficace 320 V a pour récepteur une résistance $R = 15\ \Omega$. Sa chute de tension interne a pour valeur $E_0 = 1$ V et son amorçage est assuré avec un retard $\varphi = 30°$. Indiquer les lectures d'appareils à courant continu du type électromagnétique qui sont branchés de la façon suivante.

a) Ampèremètre en série avec la charge.

b) Voltmètre aux bornes de la charge.

c) Voltmètre aux bornes du thyristor. Expliquer l'existence du signe moins dans le calcul. Comment doit-on brancher le voltmètre pour qu'il dévie?

a) La courbe de Ri et par suite de i en fonction de $\theta = \omega t$ est représentée (fig. VIII-5*a*). Un appareil à courant continu du type électromagnétique indique la valeur moyenne soit :

$$I_{moy} = \frac{1}{2\pi} \int_{\varphi}^{\pi} \frac{E_M \sin \theta - E_0}{R} d\theta = \frac{1}{2\pi} \int_{\pi/6}^{\pi} \frac{320\sqrt{2} \sin \theta - 1}{15} d\theta$$

Comme on peut le noter, la chute de tension ($E_0 = 1$ V) est négligeable par rapport à la tension appliquée d'où :

$$I_{moy} \simeq -\frac{30,2}{2\pi}\left(-1 - \frac{\sqrt{3}}{2}\right)$$

$$\boxed{I_{moy} = 9 \text{ A}}$$

b) Aux bornes de la résistance de charge, le voltmètre à courant continu indique la tension moyenne :

$$V_{moy} = RI_{moy} = 9 \times 15$$

$$\boxed{V_{moy} = 135 \text{ V}}$$

c) La courbe de la tension $u = v_{AK}$ aux bornes du thyristor est représentée (fig. VIII-5*b*)

$$U_{moy} = \frac{1}{2\pi}\int_0^{\varphi} E_M \sin \theta \, d\theta + \frac{1}{2\pi}\int_{\varphi}^{\pi} E_0 d\theta + \frac{1}{2\pi}\int_{\pi}^{2\pi} E_M \sin \theta \, d\theta$$

$$= -\frac{E_M}{2\pi}(\cos \varphi - 1) + \frac{E_0}{2\pi}(\pi - \varphi) - \frac{E_M}{\pi}$$

$$= -\frac{320\sqrt{2}}{2\pi}\left(\frac{\sqrt{3}}{2} + 1\right) + \frac{1}{2}\left(1 - \frac{1}{6}\right)$$

$$\boxed{U_{moy} = 134 \text{ V}}$$

La tension moyenne est négative car pendant une période, la tension v_{AK} est plus longtemps négative que positive. Pour que le voltmètre dévie, on doit relier la borne positive à la cathode.

VIII-13 Le montage (fig. VIII-6) représente un redresseur à thyristor commandé par transistor unijonction. Les caractéristiques des éléments sont :

— diode Zener : alimentée par une tension redressée double alternance de valeur efficace 110 V, fréquence de la tension alternative 50 Hz, tension de Zener de cette diode : $V_z = 15$ V,

— résistance $R = 15\,000\ \Omega$, condensateur $C = 0{,}2\ \mu F$, transistor unijonction : $\eta = 0{,}5$ (le condensateur C se décharge instantanément dans le circuit EM dès que $V_{EM} = \eta V_{BM}$),
— thyristor alimenté à travers la résistance de charge sous une tension alternative de valeur efficace 110 V et de fréquence 50 Hz (le thyristor est amorcé par la décharge du condensateur C).

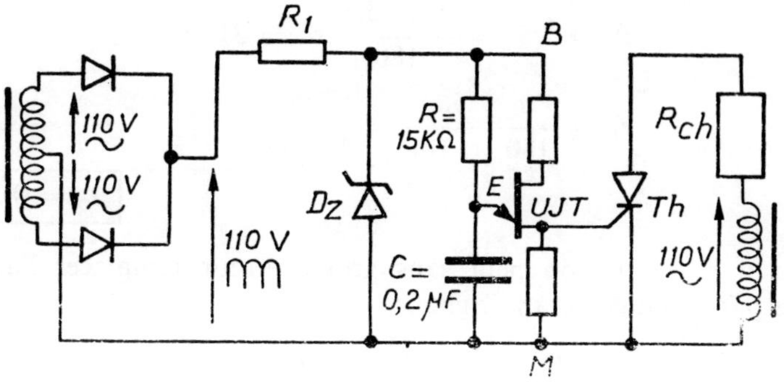

FIG. VIII-6.

Sachant que la chute de tension due à la résistance R_1 est négligeable tant que la tension aux bornes de D_z est inférieure à V_z, on demande :

a) Le temps t_0 au bout duquel la tension aux bornes de la diode Zener atteint la valeur V_z (on supposera la tension redressée nulle à l'origine des temps).
Tracer la courbe représentant la tension aux bornes de la diode Zener en fonction du temps (on supposera nulle la résistance dynamique de D_z lorsqu'elle est conductrice).
En assimilant la première partie de cette courbe à une droite passant par l'origine, donner l'expression et la valeur du coefficient directeur a de cette droite.

b) L'étude de la charge du condensateur C entre les instants O et t_0, la tension aux bornes du circuit R-C ayant alors pour expression : $u = at$.
Ecrire l'équation différentielle *relative à l'intensité i du courant* de charge. Intégrer cette équation et donner l'expression de i en fonction du temps.
En déduire l'expression de la tension v aux bornes du condensateur en fonction du temps.

c) Application numérique : calculer la valeur v_0 de la tension v à l'instant t_0.

a) La tension appliquée à la diode Zener est une arche de sinusoïde :

$$u = 110\sqrt{2}\,|\sin \theta t| \quad , \quad \text{avec} \quad \theta = 314\, t$$

La diode Zener sera conductrice pour $v = 15$ V, soit :

$$\sin\theta = \frac{15}{110\sqrt{2}} = 0{,}0965$$

D'après la table des sinus, on a :

$$\theta = 5{,}5° = \frac{\pi \times 5{,}5}{180}\ rd = 314\ t_0$$

$$t_0 = \frac{\pi \times 5{,}5}{180 \times 314} = \frac{5{,}5}{18\,000}$$

$$\boxed{t_0 = 0{,}31 \text{ ms}}$$

Pour $0 < t < t_0$, on peut sans grosse erreur remplacer l'arche de sinusoïde par sa tangente à l'origine :

$$v = 110\sqrt{2}\,\omega t = at$$

$$a = 110\sqrt{2} \times 2\pi \times 50$$

$$\boxed{a = 49 \text{ V/ms}}$$

b) $$u = Ri + \frac{q}{C} = at \quad , \quad \text{avec : } \quad i = \frac{dq}{dt}$$

soit en dérivant les deux membres :

$$R\frac{di}{dt} + \frac{i}{C} = a$$

La solution générale de cette équation est de la forme $i = i_1 + i_2$, i_1 est une solution particulière de l'équation générale à savoir le régime définitif ($i_1 = aC$), i_2 est la solution générale de l'équation sans second membre à savoir le régime transitoire [$i_2 = A \exp(-\,t/RC)$] d'où :

$$i = aC + A \exp(-\,t/RC)$$

La constante A est déterminée par les conditions à l'origine ($i = 0$, pour $t = 0$), soit :

$$aC + A = 0$$

d'où :

$$\boxed{i = aC\,[1 - \exp(-\,t/RC)]}$$

On peut alors déterminer la tension aux bornes du condensateur :

$$v = \frac{q}{C} = at - Ri$$
$$= at - aRC\,[1 - \exp(- t/RC)]$$

c) Application numérique.

$$e^{-\varepsilon} = 1 - \varepsilon + \frac{\varepsilon^2}{2} + \ldots$$

$$v = at - aRC\left(\frac{t}{RC} - \frac{t^2}{2\,R^2C^2}\ldots\right) \simeq \frac{at^2}{2\,RC}$$

Ainsi pour $0 < t < t_0$, le graphe est-il assimilable à un arc de parabole. En *MKSA*, on a :

$$v_0 = \frac{49\,000 \times (0{,}305 \times 10^{-3})}{2 \times 15\,000 \times 0{,}2 \times 10^{-6}}$$

$$\boxed{v_0 = 0{,}76\ \text{V}}$$

VIII-14 1° Etant donné le problème précédent, on se propose dans une deuxième partie d'étudier la charge du condensateur à partir de l'instant t_0. La tension aux bornes du circuit R-C étant alors constante et égale à V_z, donner l'expression de la tension u en fonction du temps $t' = t - t_0$.

2° Le condensateur se décharge à travers le transistor unijonction quand la tension atteint la valeur $\eta \cdot V_{BM} = \eta \cdot V_z$. Calculer le temps t_a au bout duquel cette décharge se produit (compté à partir de l'origine des temps). En déduire l'angle de retard θ_a de l'amorçage du thyristor.

3° Mêmes questions en supposant que la charge se fait dès l'origine des temps sous la tension constante V_z. Quel est le pourcentage d'erreur introduit par cette approximation dans le calcul de l'angle de retard?

4° Le condensateur C se décharge instantanément jusqu'à une tension V_{E_0} très inférieure à $\eta \cdot V_z$. Donner, dans l'hypothèse de la question 3, l'expression de la période des oscillations de relaxation de la tension v. Que devient cette expression si on néglige V_{E_0} devant V_z? Quelle est la valeur numérique de la fréquence f de ces oscillations?

5° Expliquer comment le fait d'alimenter le circuit R-C par l'ensemble redresseur-diode Zener plutôt que sous une tension continue permet une stabilisation de la valeur de l'angle de retard à l'amorçage θ.

1° Comme le condensateur se charge sous tension constante ($V_z = 15$ V), il vient :

$$V_z = Ri + v \quad , \quad \text{avec : } i = \frac{dq}{dt} \quad , \quad q = Cv$$

d'où :

$$RC \frac{dv}{dt'} + v = 15$$

On retrouve la même équation différentielle que dans le problème précédent, soit :

$$v = 15 + A \exp(-t'/RC) \quad , \quad \text{avec : } v_0 = 0{,}76 \text{ V} \quad \text{pour} \quad t' = 0$$

$$0{,}76 = 15 + A$$

d'où :

$$\boxed{v = 15 - 14{,}24 \exp(-t'/RC)}$$

2° Le condensateur continue à se charger jusqu'à ce que sa tension atteigne la valeur $\eta V_{BM} = \eta V_z = 0{,}5 \times 15 = 7{,}5$ V.

$$7{,}5 = 15 - 14{,}24 \exp(-t'/RC)$$

$$\exp\left(\frac{t'}{RC}\right) = \frac{14{,}24}{7{,}5} = 1{,}9$$

$$t' = 2{,}3\, RC \lg 1{,}9 = 2{,}3 \times 15\,000 \times 0{,}2 \times 10^{-6} \times 0{,}28 = 1{,}93 \times 10^{-3} \text{ s}$$

d'où :

$$t_a = 0{,}31 + 1{,}93 = 2{,}24 \text{ ms}$$

Angle de retard

$$\theta_a = \omega t_a = 314 \times 2{,}24 \times 10^{-3} = 7 \text{ rd} = \frac{180 \times 7}{\pi} \text{ degrés}$$

$$\boxed{\theta_a = 40°}$$

3° Admettons pour simplifier que la charge se soit faite sous tension constante ($V_z = 15$ V) depuis l'origine des temps, on a :

$$v = 15\,[1 - \exp(-t/RC)] = 7{,}5$$

$$t = 2{,}3\, RC \lg 2 = 2{,}3 \times 15\,000 \times 0{,}2 \times 10^{-6} \times 0{,}301 = 2{,}08 \text{ ms}$$

$$\Delta t = 2{,}24 - 2{,}08 = 0{,}16 \text{ ms}$$

Comme $\theta = \omega t$, on a :

$$\varepsilon = \frac{\Delta\theta}{\theta} = \frac{\Delta t}{t} = \frac{0{,}16}{2{,}24}$$

$$\boxed{\varepsilon = 7{,}2\ \%}$$

4° Charge du condensateur entre les tensions V_{E_0} et V_z :

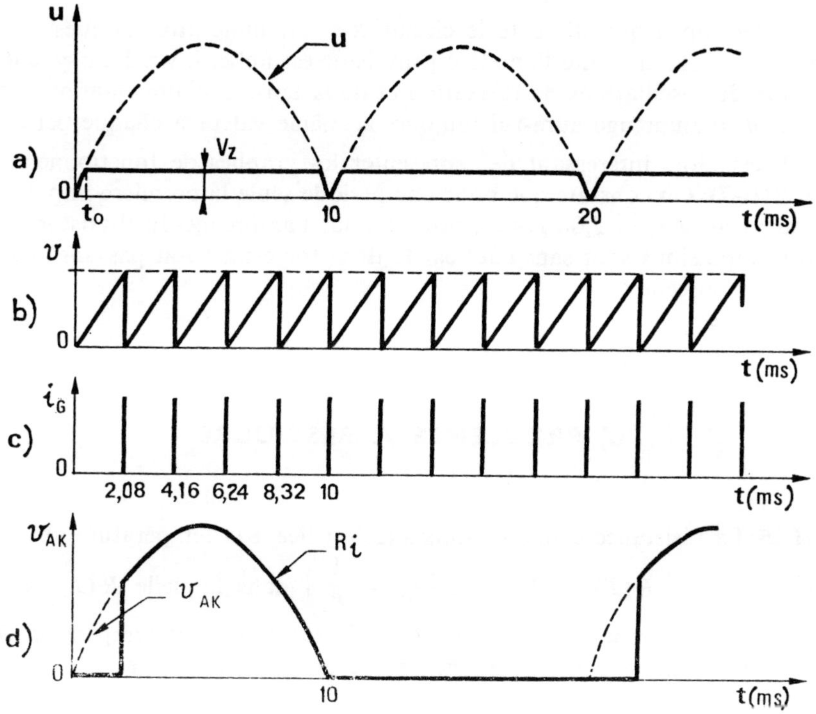

FIG. VIII-7.

$$v = V_z - (V_z - V_{E_0}) \exp(-t/RC)$$

Pour $t = T$, on a : $v = \eta V_z$ (tension de pic), d'où :

$$(1 - \eta) V_z = (V_z - V_{E_0}) \exp(-T/RC)$$

soit :

$$T = RC \ln \frac{V_z - V_{E_0}}{(1 - \eta) V_z} \simeq RC \ln \frac{1}{1 - \eta}$$

Avec la formule simplifiée on retrouve la valeur calculée dans la question précédente soit : $T = 2{,}08$ ms. On en déduit la fréquence de ces oscillations :

$$F = \frac{1}{T} = \frac{1\,000}{2{,}08}$$

$$\boxed{F = 480 \text{ Hz}}$$

5° La tension u qui alimente le circuit *R-C* est nulle aux époques où la tension v_{AK} qui alimente l'anode du thyristor est nulle, il y a donc synchronisation des oscillations de relaxation et de la tension d'alimentation aussi l'angle θ_a d'amorçage aura-t-il toujours la même valeur à chaque période.

Il est alors intéressant de représenter les graphes de fonctionnement (fig. VIII-7). On constate que pour une période seule la première impulsion qui apparaît à $t_a = 2{,}08$ ms est utilisée pour l'amorçage du thyristor. Les autres impulsions sont sans effet car le thyristor est à l'état passant quand elles apparaissent.

B) PROBLÈMES A RÉSOUDRE

VIII-15 La résistance d'une thermistance est liée à la température absolue par la relation $R(T) = R_0 \exp B\left(\frac{1}{T} - \frac{1}{T_0}\right)$ dans laquelle $R(T)$ est la résistance à la température absolue T, R_0 la résistance à la température T_0 et B une constante positive caractéristique de la thermistance.

1) Calculer B, connaissant :

$R_0 = 970\ \Omega$ à $t_0 = 25$ °C

$R = 3\,400\ \Omega$ à $t = 0$ °C (ou $T = 273$ °K)

2) Déterminer le coefficient de température $k = \frac{1}{R} \times \frac{dR}{dT}$ et donner sa valeur numérique à 25 °C.

VIII-16 On se propose d'utiliser la thermistance étudiée précédemment pour mesurer des températures entre 0 °C et 60 °C.

1) On monte en série avec la thermistance un milliampèremètre gradué de 0 à 10 mA, dont la résistance intérieure est $\rho = 575\ \Omega$ et un générateur de tension réglable U, dont on négligera la résistance interne.

Faire un schéma du montage. Quelle est la valeur à donner à la tension U pour que l'aiguille du milliampèremètre soit au milieu du cadran ($I = 5$ mA) quand la thermistance est portée à 30 °C?

2) Donner un tableau des valeurs de l'intensité I du courant pour $t = 0$ °C; 25 °C; 30 °C; 60 °C; U ayant la valeur du 1. Indiquer comment varie l'intensité quand la température T tend vers le zéro absolu et l'infini.

3) Tracer la courbe $I = f(t)$ en s'aidant des considérations précédentes. Quelle est l'allure de cette courbe dans la région de température voisine de 30 °C? L'intensité correspondante étant lue à 0,5 % près donner une estimation de l'incertitude sur la mesure de la température.

VIII-17 On a relevé la caractéristique d'une varistance en courant continu :

I	(mA)	0,1	0,2	0,5	1	2	5	10
U	(V)	38	44	52,5	60	69	83	95

1) Tracer pour cet élément :

— le graphe $U = f(I)$ en coordonnées cartésiennes (n° 1);

— le graphe $U = f(I)$ en coordonnées bi-logarithmiques (n° 2).

2) Déduire du graphe n° 2 les valeurs de K et n d'une loi

$$U = KI^n$$

qui représenterait la caractéristique relevée.

3) Calculer $R_s = U/I$ et $R_d = \Delta U/\Delta I$ en fonction de I.

Représenter les variations de ces deux grandeurs sur un papier bi-logarithmique.

VIII-18 1) On veut écrêter une tension de 150 V à l'aide de la VDR du problème précédent montée en parallèle avec une résistance balast de 5,5 kΩ. Trouver le point de fonctionnement. Calculer numériquement R_s et R_d pour ce point (Le montage est alors à vide).

2) Montrer qu'on peut réaliser un voltmètre à échelle dilatée en mettant la VDR en série avec un milliampèremètre dont la résistance est de 30 ohms.

3) Stabilisation de tension en charge : même résistance balast; la charge est $R_a = 10$ kΩ.

Trouver le point de repos. Calculer alors le coefficient de stabilisation $\dfrac{\Delta E}{\Delta U}$.

VIII-19 La commande d'un thyristor qui fonctionne à la fréquence $f = 50$ Hz est assurée par un circuit R-C alimenté par une batterie $E = 60$ V (fig. ex. VIII-19). Sachant que la tension nécessaire pour amorcer le thyristor est $V_G = 32$ V, calculer R pour un amorçage $\theta_0 = 45°$ avec $C = 0{,}1$ μF.

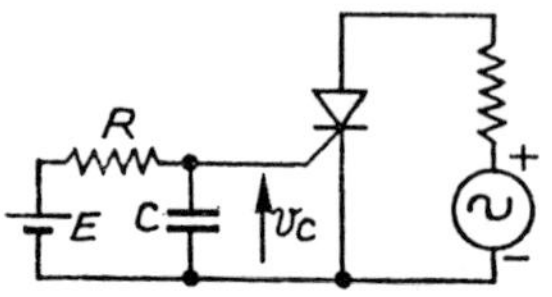

Fig. ex. VIII-19.

VIII-20 Un thyristor est alimenté par une tension sinusoïdale de valeur efficace 440 V avec une charge $R = 100$ Ω. Déterminer la valeur moyenne du courant plaque.

a) Si la tension de commande et la tension d'alimentation sont en phase.

b) Si la tension de commande est en retard de $\theta_0 = 30°$.

c) Si la tension de commande est en avance de $\theta_0 = 30°$.

VIII-21 Etant donné le montage (fig. ex. VIII-21), on admet d'une part que le condensateur se décharge instantanément dès que sa tension atteint

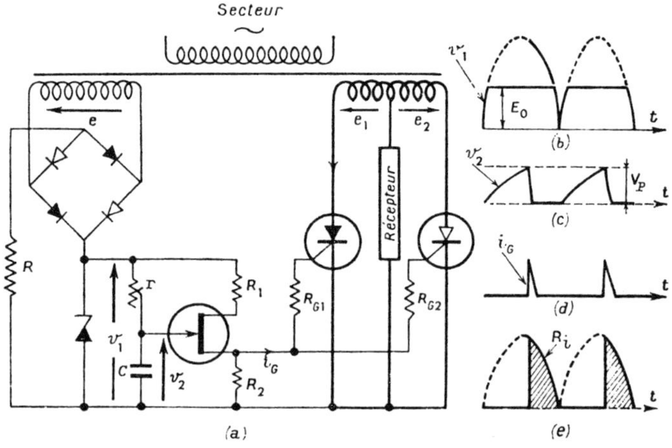

Fig. ex. VIII-21.

le pic, d'autre part que la tension v_1 aux bornes de la diode Zener présente un temps de montée négligeable après chaque passage par zéro. On demande :

1) La période des oscillations.

2) L'angle de retard d'un thyristor commandé par cet oscillateur avec les valeurs suivantes :

$$r = 48 \text{ k}\Omega \quad , \quad C = 0{,}1 \ \mu\text{F} \quad , \quad \eta = 0{,}5$$

3) La tension continue moyenne et l'intensité moyenne dans la charge $R_u = 20 \ \Omega$ pour une alimentation de valeur efficace 220 V.

VIII-22 On réalise avec deux thyristors montés tête-bêche le courant périodique (fig. ex. VIII-22).

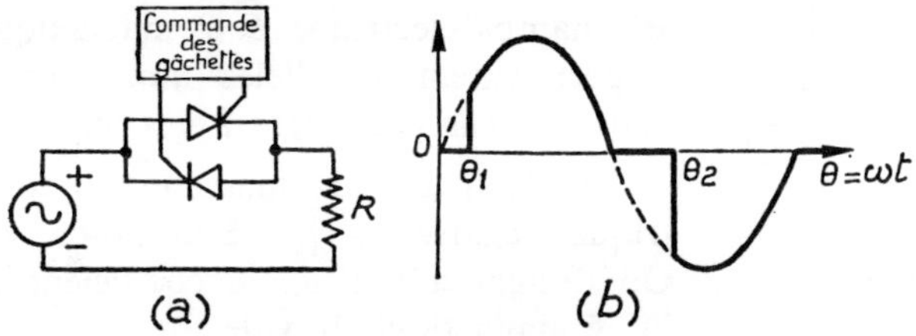

FIG. ex. VIII-22.

Calculer la valeur moyenne et la valeur efficace de l'intensité qui traverse la charge dans les deux cas suivants :

a) Les angles d'amorçage θ_1 et θ_2 des deux thyristors sont indépendants.

b) Les angles d'amorçage sont liés par la relation : $\theta_2 = \theta_1 + \pi$.

CHAPITRE IX

PROBLÈMES DE RÉVISION

IX-1 Etude des divers mouvements d'un électron dans un champ électro-magnétique constant.

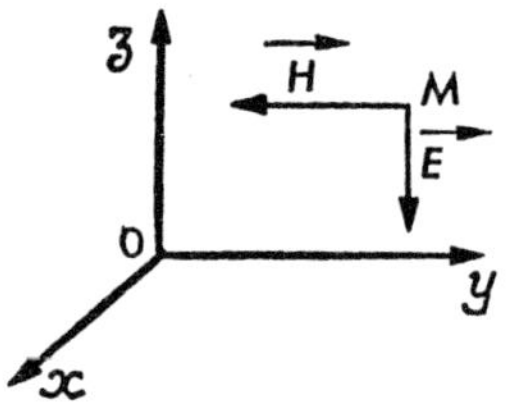

FIG. IX-1.

Les axes de coordonnées cartésiens, supposés tri-rectangles, seront choisis de manière, à ce que les champs électrique $\vec{E}$ et magnétique $\vec{H}$ soient respectivement parallèles aux axes Oz et Oy mais de sens contraires à ces axes (fig. IX-1).

L'électron à une masse m et une charge électrique négative $-|e|$. Son poids sera négligé. On désignera par μ_0 le coefficient de perméabilité magnétique du vide.

Pour simplifier l'écriture, on posera : $\alpha = \dfrac{|e|}{m}$, $\omega = \mu_0 \dfrac{|e|}{m}$

1) Les conditions initiales, à l'instant $t = 0$, étant quelconques :

$$M_0\,(x_0, y_0, z_0) \qquad \text{et} \qquad \vec{V}_0\,(x_0', y_0', z_0')$$

Trouver les coordonnées x, y, z de l'électron M en fonction du temps t.

2) Déterminer et tracer les trajectoires dans les cas suivants :

a) M_0 quelconque et vitesse initiale $\vec{v}_0$ nulle.

b) M_0 quelconque et vitesse initiale $\vec{v}_0$ orientée parallèlement à Ox.

$$(x_0' = 0, y_0' = z_0' = 0)$$

c) M_0 quelconque et vitesse initiale parallèle au plan xOy

$$(z_0' = 0, y_0 \neq 0, x_0' \neq 0)$$

d) Est-il possible que la trajectoire soit rectiligne? Quelles sont alors les conditions initiales et quelle sera la loi du mouvement de l'électron.

3) Dans chacun des quatre cas précédents donner l'expression de l'énergie cinétique de l'électron. Dire à quels instants et dans quelles positions de l'électron sur la trajectoire cette énergie est maximale ou minimale.

IX-2 A) Soit le circuit attaqué par un échelon de tension négatif (fig. IX-2*a*)

$$u_{(t)} = 0 \qquad \text{pour} \qquad t < 0$$

$$u_{(t)} = -U \qquad \text{pour} \qquad t \geqslant 0$$

En partant de la loi des nœuds au point A, écrire l'équation différentielle qui relie les tensions $u_{(t)}$ et $s_{(t)}$ en fonction des éléments du circuit.

Calculer $s_{(t)}$ et la constante de temps de remontée de $s_{(t)}$ à sa position d'équilibre. Montrer tout d'abord que physiquement $s_{(t)}$ diminue brutalement et chute de U en dessous de sa valeur d'équilibre.

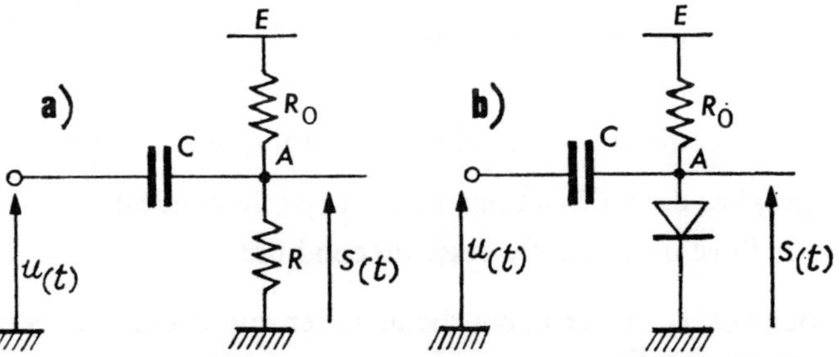

FIG. IX-2.

B) On remplace R par une diode, cathode à la masse (fig. IX-2*b*).

Passante cette diode a une résistance r, bloquée elle a une impédance infinie.

1) Calculer $s_{(t)}$ en absence de signal d'attaque.

2) Si $u_{(t)}$ pour $t \geqslant 0$ a une amplitude inférieure à $E\dfrac{r}{R_0 + r}$ que se passe-t-il? Evolution de $s_{(t)}$ en fonction du temps.

3) On considère que $u_{(t)} = -U'$ pour $t \geqslant 0$ avec $U' > E\dfrac{r}{R_0 + r}$ que se passe-t-il?

On décompose l'étude en deux étapes $s_{(t)} < 0$ et $s_{(t)} > 0$. Pour quelle valeur θ du temps change-t-on de régime de fonctionnement dans le circuit.

NOTA. — L'équation écrite au début n'est pas valable durant la 1re étape. Il faut reprendre l'étude. Pendant la 2e étape l'équation générale est valable, elle est ajustée en tenant compte de la nouvelle « condition initiale ».

IX-3 Tension redressée filtrée par capacité.

Le montage redresseur est fait d'un transformateur (secondaire à point milieu) et deux diodes, D_1 et D_2. Le transformateur est supposé parfait et les diodes idéales. Le montage délivre la tension

$$v = 100\,|\sin \omega t| \quad , \quad \omega = 314 \text{ rad/s}$$

La charge est une résistance $R = 300$ ohms; on filtre par un condensateur de 33,3 μF placé en dérivation.

1) Pour une première mise sous tension ($v = 0$ à $t = 0$), calculer en valeurs instantanées :

i_R, courant dans la charge

i_C, courant dans le condensateur

i , courant dans la diode D_1, tant que D_1 conduit

(Les graphes de ces fonctions ne sont pas demandés).

Préciser l'instant t_1 où D_1 cesse de conduire.

2) Pour $t \geqslant t_1$, tracer la courbe de la tension u aux bornes du condensateur, avec les échelles :

OY : 1 cm pour 100 V ; OX : 1 cm pour 1 ms

Donner la loi de variation de u.

3) Préciser par une construction graphique l'instant t_2 où D_2 se met à conduire.

Donner la loi de variation de i_R dans l'intervalle t_1, t_2.

4) Dessiner sur la même figure, à l'échelle de 1 A pour 10 cm, et en pointillés, la courbe représentant i entre les instants t_2 et $t_1 + \pi/\omega$.

Préciser la valeur de crête de ce courant et la tension inverse maximale que chaque diode devra supporter.

5) Le condensateur C est remplacé par un autre de capacité :

$$C' = 333 \text{ μF}$$

Tracer la courbe $u(t)$ en acceptant une approximation du premier ordre. Indiquer les nouvelles valeurs de t_1 et t_2.

6) Calculer le courant débité par le condensateur, assimilé à un courant constant.

7) Dessiner la forme du courant dans une diode (à échelle plus réduite) et calculer sa valeur de pointe.

8) Calculer la variation relative $\dfrac{\Delta U}{U}$ de la tension aux bornes de la charge R.

IX-4 Un amplificateur pour audio-fréquences est réalisé suivant le schéma ci-dessous :

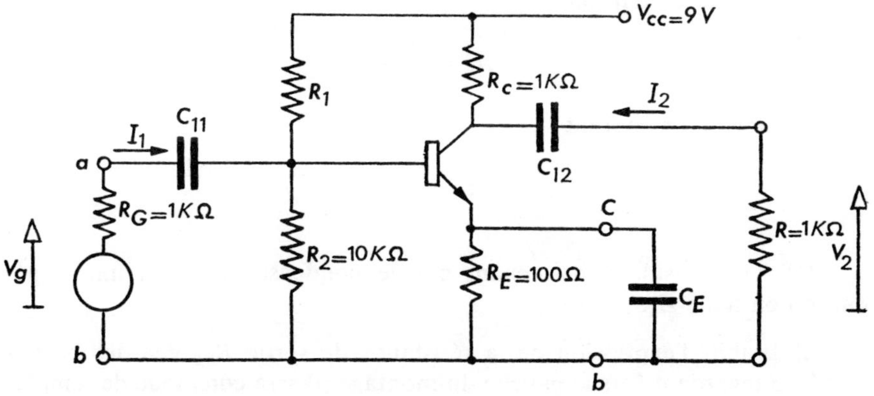

FIG. IX-3.

Les paramètres du transistor sont :

$$h_{11e} = 1\ \text{k}\Omega \quad , \quad h_{21e} = 100$$

$$h_{12e} \simeq 0 \quad , \quad \frac{1}{h_{22e}} \text{ grand devant la charge}$$

I. On admettra pour l'étude de la polarisation du montage que :

$$\frac{I_C}{I_B} \simeq \beta_0 = 100 \quad , \quad V_{BE} = 0{,}2\ \text{V}$$

et que C_{12} et C_E se comportent comme des courts-circuits.

a) En utilisant la feuille de papier millimétré jointe et en choisissant une échelle convenable déterminer graphiquement les coordonnées I_{CQ} V_{CQ} du point de repos Q pour que celui-ci soit au milieu de la droite de charge dynamique.

b) Calculer la valeur à donner à R_1.

c) Calculer le facteur de stabilité du montage en négligeant les variations de V_{BE} avec la température.

II. En admettant toujours que C_{11}, C_{12} et C_E sont assimilables à des courts-circuits calculer :

a) La résistance d'entrée de l'amplificateur (aux bornes *a* et *b*).

b) Le gain en tension

$$A_v = \frac{V_2}{Vg}$$

c) Le gain en courant

$$A_i = \frac{I_2}{I_1}$$

III. On considère maintenant que le condensateur C_E a une impédance non nulle Z_E.

a) Etablir l'expression de la résistance de sortie R_{SE} vue des bornes *c* et *b* en regardant vers la gauche du montage (il sera commode de remplacer les résistances R_1, R_2 ,R_G par leur résistance équivalente R'_G).

b) Donner la valeur de R_{SE}.

Etablir l'expression du gain en tension du montage, le mettre sous la forme :

$$A_v = K \frac{1 + j\dfrac{\omega}{\omega_4}}{1 + j\dfrac{\omega}{\omega_3}}$$

c) Donner l'expression de *K*. Que représente cette quantité?

d) Donner l'expression de ω_4.

e) Donner l'expression de ω_3 en fonction de R_{SE}.

IX-5 Le montage (fig. IX-4) est un préamplificateur *AF* destiné à être attaqué par un générateur de tension et fournissant la tension d'entrée d'un étage de puissance.

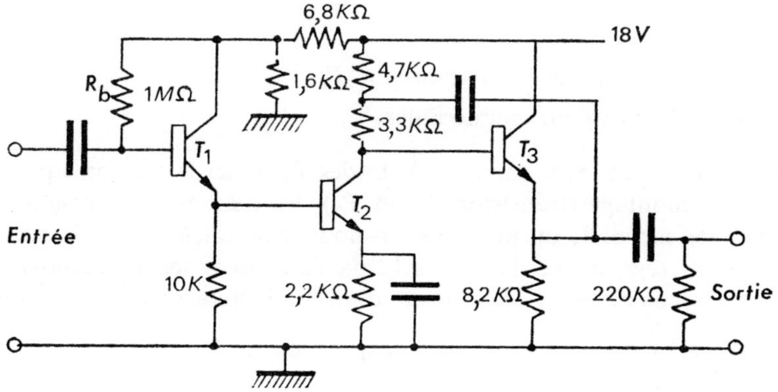

FIG. IX-4.

Tous les condensateurs du schéma sont assimilables à des courts-circuits du point de vue dynamique.

Les capacités parasites des transistors sont négligeables aux fréquences considérées, les schémas équivalents seront établis en fonction des paramètres hybrides émetteur commun, on ne tiendra pas compte de h_{12} et de h_{22}.

Le paramètre h_{21} a les valeurs suivantes pour les trois transistors du montage :

$$T_1 : h_{21} = 100 \quad , \quad T_2 : h_{21} = 150 \quad , \quad T_3 : h_{21} = 150$$

on prendra à la température ambiante $\dfrac{K_B T}{q} = 25\ 10^{-3}$ V.

1) En admettant que la chute de tension émetteur base v_{BE} est pour les trois transistors de 0,2 V, calculer le courant émetteur du point de repos de chaque transistor en déduire la valeur du paramètre h_{11e} (on pourra ne pas tenir compte de $r_{bb'}$).

2) En utilisant les paramètres hybrides *E* tracer le schéma équivalent du premier étage du montage (transistor T_1). On désignera sur ce schéma par R'_e la résistance dynamique apparaissant en série avec l'émetteur et par R'_L la résistance dynamique apparaissant en série avec le collecteur.

Donner les valeurs numériques de ces deux résistances.

3) A partir de ce schéma donner les expressions :

a) de la résistance d'entrée du montage (on pourra considérer que R_b est très grande par rapport à R'_L);

b) du gain en tension du transistor T_1.

Calculer leurs valeurs numériques.

4) En utilisant les paramètres hybrides *E*, tracer le schéma équivalent du reste du montage (transistors T_1 et T_2). En déduire l'expression de la résistance de sortie R_S du montage, en donner la valeur. Pour la suite du problème on regroupera dans le schéma équivalent les résistances dont l'assemblage constitue R_S sous forme d'une résistance équivalente unique.

5) A partir du schéma donner l'expression de la résistance de charge dynamique du transistor T_2.

6) En déduire la valeur du gain en tension des deux derniers étages puis du montage total en utilisant un résultat du 3.

IX-6 Amplificateur à grande impédance d'entrée.

Le transistor T_1 est un TEC de type *N*; T_2 est un *NPN* (à jonction) monté en collecteur commun (fig. IX-5).

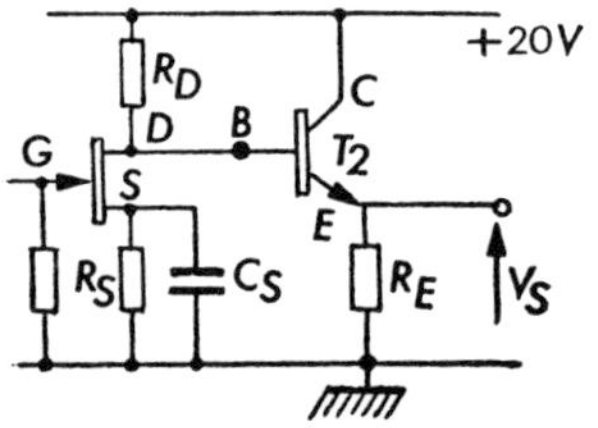

FIG. IX-5.

I. *Etude en continu.*

On désire les valeurs de repos suivantes, avec :

$V_{cc} = +\ 20\ \text{V}$, $V_{gs} = -1\ V$ pour T_1

$I_E = -\ 5\ \text{mA}$, $V_{CE} = 10\ \text{V}$ pour T_2

Les caractéristiques des transistors nous apprennent que l'on aura alors :

$I_{DS} = 3\ \text{mA}$ pour T_1

$V_{BE} = 0{,}2\ \text{V}$ pour T_2

Calculer les résistances de polarisation R_D, R_S et R_E.

II. *Etude en alternatif, petits signaux, milieu de bande passante.*

Le condensateur est considéré comme un court-circuit pour l'alternatif.

Les paramètres des transistors, considérés comme constants, sont :

pour T_1 : $g = \dfrac{\Delta I_{DS}}{\Delta V_{GS}} = 2\ 10^{-3}\ S$, $y = \dfrac{\Delta I_{DS}}{\Delta V_{DS}} = 6\ 10^{-6}\ S$

our T_2 : $h_{11e} = 1{,}5\ \mathrm{k}\Omega$, $h_{21e} = 150$, $h_{12e} = 0$, $h_{22e} = 125\ 10^{-6}\ S$.

1) Etablir le schéma équivalent pour l'alternatif.

2) Calculer sur ce schéma :

— la résistance d'entrée du deuxième étage,
— l'amplification en tension du deuxième étage,
— l'amplification en tension du montage complet,
— la résistance de sortie du montage.

III. *Fréquence de coupure basse.*

On admet que les paramètres différentiels gardent leur valeur aux basses fréquences.

1) Dessiner le schéma équivalent du montage, pour l'alternatif sinusoïdal, pour des fréquences telles que le condensateur ne puisse plus être considéré comme un court-circuit. On donne : $C = 120$ microfarads.

2) Calculer alors la valeur complexe de l'amplification $\bar{A}_v = \dfrac{\bar{V}_s}{\bar{E}_g}$.

3) Mettre cette expression sous la forme $\bar{A}_v = A_0 \dfrac{1 + j\dfrac{\omega}{\omega_4}}{1 + j\dfrac{\omega}{\omega_2}}$

Calculer, en lettres puis en valeur numérique, A_0, ω_1 et ω_2.

4) Quelle est à votre avis la valeur de la fréquence de coupure basse du montage?

IX-7 Etude de thermistance.

I. Une thermistance est un élément non linéaire : sa résistance dépend fortement de la température absolue T de la thermistance, supposée uniforme; on peut admettre une loi de la forme :

$$R(T) = Ae^{\frac{B}{T}} \quad (e \text{ est la base des log népériens})$$

(d'autres lois peuvent également être proposées).

A et B sont des constantes. On admet qu'on peut représenter le flux de chaleur entre le point M pour lequel la température T est celle de la thermistance et le point H (Temp. ambiante) par le schéma (fig. IX-6).

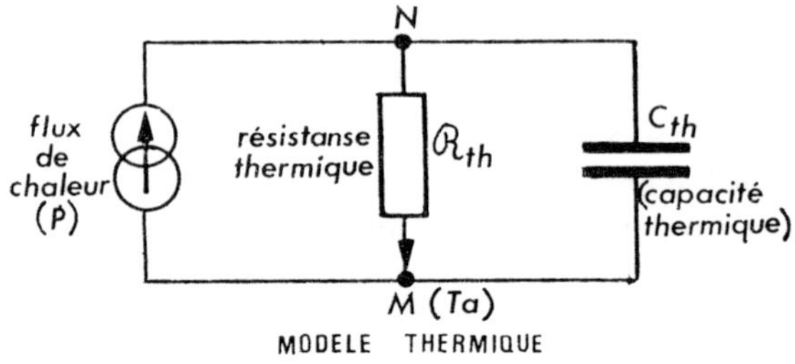

FIG. IX-6.

On a mesuré :

$$\begin{cases} T = 300\ °K \rightarrow R_{300} = 5\,000 \text{ ohms} \\ T = 400\ °K \rightarrow R_{400} = 410 \text{ ohms} \end{cases}$$

Calculer A et B (quelles précautions expérimentales doit-on prendre pour mesurer R?).

II. La thermistance est maintenant alimentée par un générateur électrique continu de tension U réglable; on appelle U la d.d.p. aux bornes de la thermistance et I l'intensité du courant qui la traverse; à l'équilibre thermique, lorsque la température ambiante $T_a = 300$ °K est constante, la courbe $U = f(I)$ passe par un maximum que l'on mesure : $U = 20$ V. En déduire la résistance thermique R_{th} dans ce fonctionnement. On peut donc exprimer la puissance rayonnée par seconde sous la forme :

$$P = \frac{1}{\mathcal{R}}(T - T_a)$$

Montrer que si le générateur électrique est du type générateur de tension, un emballement thermique est à craindre, alors qu'il n'en est rien si le générateur est du type générateur de courant.

NOTA. — La valeur de C_{th} peut se déduire de l'étude du refroidissement de la thermistance.

(d'après Agrégation de Physique appliquée, 1969)

IX-8 Thyristor commandé par un déphaseur.

A) Etude du déphaseur.

I. On donne le circuit (fig. IX-7*a*) :

— T_2 est un transformateur parfait à prise médiane.

— On posera $RC\omega = x$.

— Déterminer le déphasage $\theta_1 = (\vec{V_0}, \vec{V_1})$ entre les vecteurs représentatifs de V et V_1.

— Donner les expressions, de tg θ_1 en fonction de x, et de l'amplitude de V_1.

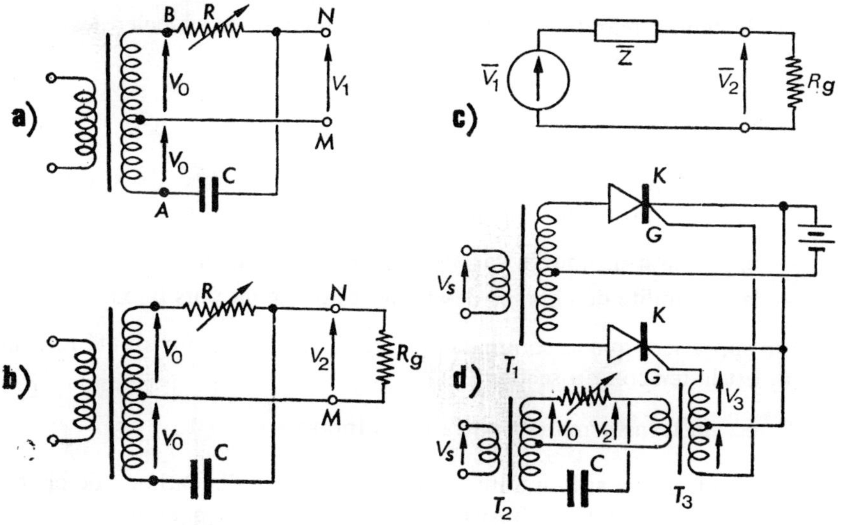

FIG. IX-7.

II. Le déphaseur est maintenant chargé par une résistance R_g placée entre M et N.

1) Montrer que l'étude de la tension V_2 peut être faite à partir du schéma équivalent ci-dessous, où : $\overline{V_1}$ est en grandeur et en phase la tension calculée en *I* et $\overline{Z}$ une impédance que l'on calculera.

2) Calculer l'expression complexe $\dfrac{\overline{V_2}}{\overline{V_1}}$ en fonction de x et de $a = R_g C\omega$ et calculer tg θ, où θ_2 est l'angle : $\theta_2 = (\vec{V_1}, \vec{V_2})$.

3) Calculer tg θ_3 = tg $(\vec{V_0}, \vec{V_2})$ en fonction de tg θ_1 et tg θ_2.

Montrer que l'on a :

$$\text{tg } \theta_3 = - \frac{x(x + 2a)}{a(1 - x^2) + x}$$

4) Application :

— On donne $R_g C\omega = a = 2$.

— Tracer l'allure des courbes

$$\left|\frac{V_2}{V_0}\right| = f(x) \qquad \theta_3 = f(x)$$

(Si le temps manque, on pourra se contenter de calculer les points $x = 0$, $x = 2$, $x \to \infty$).

B) Etude du chargeur à thyristor.

Le redresseur précédemment étudié est monté avec deux thyristors (fig. IX-7*d*) afin d'obtenir :

— un courant de charge variable de façon continue,

— la possibilité de charger des batteries de f.é.m. plus faible.

On supposera que la commande de grille par déphaseur ait été retenue.
V_S est la tension du secteur.

T_3 est un transformateur parfait de rapport $\dfrac{V_3}{V_2} = 1$.

1) Montrer que si l'on admet que la jonction grille cathode de chaque thyristor est une diode de résistance directe R_g le déphaseur est chargé pendant toute la période par la résistance R_g.

2) La résistance R_g de la diode grille cathode est $R_g \# 125\ \Omega$.
Le condensateur C a pour valeur 50 µF.

En admettant que le thyristor s'amorce dès que la tension V_{gK} devient positive, calculer :

— la valeur minimale de R correspondant à un débit moyen ($I_{\text{moy}} = 0$),

— la valeur maximale de R correspondant à un débit moyen maximal ($I_{\text{moy}} = 10$ A).

3) On donne $V_0 = 9$ V d'amplitude. Calculer l'amplitude approximative de V_3 et la puissance maximale dissipée sur chaque grille.

4) Quels sont les inconvénients de la méthode de commande de grille utilisée?

Proposez un montage plus simple.

IX-9 Etude d'une tension redressée par thyristors.

Le redressement commandé permet d'obtenir des tensions dont la valeur moyenne est réglable; l'étude suivante a été faite pour un angle de retard de 45°.

On définit une fonction y de la variable θ ($\theta = \omega t$) de la façon suivante :

$$\begin{cases} y \text{ est périodique, de période } \pi \text{ (redressement double voie)} \\ y = 0 \quad \text{si} \quad 0 \leqslant \theta < \frac{\pi}{4} \\ y = \sin \theta \quad \text{si} \quad \frac{\pi}{4} \leqslant \theta \leqslant \pi \end{cases}$$

1) Calculer la valeur moyenne Y_{moy} de y.

Calculer la valeur efficace Y de y.

Calculer le facteur de forme F de y.

2) On admettra que le développement de y en série de Fourier est :

$$y = Y_{moy} + \sqrt{2}\, Y_2 \sin(2\theta + \varphi_2) + y_n$$

La fonction y_n représente en valeur instantanée l'ensemble des harmoniques de rang $n > 2$.

Y_2 est la valeur efficace de l'onde fondamentale, qui est ici l'harmonique de rang 2. Démontrer que $Y_2 = 0{,}378$.

3) En déduire par des calculs simples : Y_n (valeur efficace de y_n), le taux d'ondulation T.

4) Pour l'ondulation de y (c'est la fonction obtenue en faisant abstraction de Y_{moy}), calculer :

— le taux d'harmoniques d

— le facteur de déformation $v = \sqrt{1 - d^2}$.

5) Un transformateur à point milieu permet, avec deux thyristors, de réaliser un redressement commandé double alternance. La charge est une résistance pure et le courant dans la charge a même forme que la

fonction y précédente. Le transformateur a 100 spires au primaire et 200 spires au secondaire. On place un ampèremètre ferromagnétique en série avec un thyristor qui indique I_a, valeur efficace du courant dans un redresseur, et un ampèremètre à cadre en série avec la charge, qui indique I_0, valeur moyenne du courant continu redressé.

Calculer I_a et I_0 en fonction de I_{max}, valeur de crête du courant appelé au primaire. On négligera les chutes de tension dans les thyristors et le transformateur.

6) Calculer S_1 et S_2, puissances apparentes au primaire et au secondaire du transformateur, à l'aide des lectures faites sur les appareils.

Calculer le facteur de puissance de l'installation.

IX-10 Transistors en commutation.

On considère le schéma de la figure IX-8, qui comporte les notations à adopter ainsi que les sens positifs (indiqués par les flèches) choisis pour les

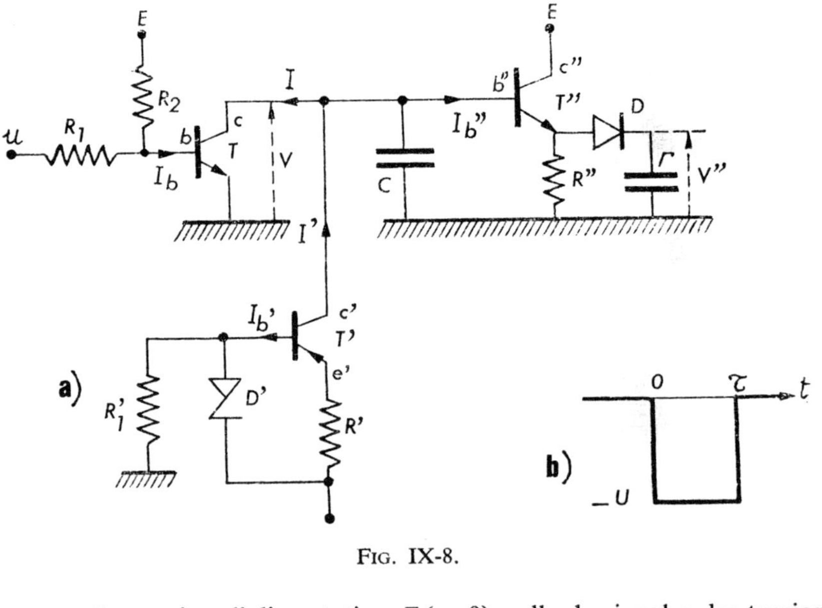

FIG. IX-8.

courants. La tension d'alimentation E (> 0), celle de signal u, les tensions des bases et collecteurs (V_b, V,...), sont comptées à partir de la masse.

On notera la présence de deux transistors *n-p-n* (T, T'') et celle d'un transistor *p-n-p* (T'). Ces transistors seront traités à l'approximation statique suivante :

a) Dans le domaine « d'activité », les courants base et collecteur sont reliés par une simple proportionnalité, de rapport β, β ayant la même valeur pour les trois transistors.

b) Dans le domaine conducteur (« activité » ou saturation) la tension base-émetteur est constante, égale à $\pm\,\sigma$ (signe $+$ dans le cas d'un transistor *n-p-n*, signe — dans le cas d'un transistor *p-n-p*); σ a la même valeur pour les trois transistors.

c) Dans le domaine de saturation la tension collecteur-émetteur sera regardée comme négligeable.

La diode D sera considérée comme équivalente, lorsqu'elle est conductrice, à une simple force électromotrice, égale elle-même à σ.

D' est une diode Zener dont la tension de claquage est Z en valeur absolue.

Les valeurs destinées aux applications numériques sont données à la fin de l'énoncé.

1. On considère le transistor T.

a) Exprimer la condition à laquelle T est conducteur lorsqu'on fait $u = 0$.

On supposera cette condition réalisée dans toute la suite.

Montrer qu'elle s'accorde avec les valeurs numériques. Quelle est alors la valeur de I_b?

Montrer que si T est actif il en résulte pour le courant collecteur I une valeur I_0 qu'on calculera avec application numérique.

Lorsque T est saturé, que peut-on dire de la valeur de I par rapport à I_0?

b) Calculer la tension $-\,U_0$ de u à partir de laquelle T est bloqué; en donner la valeur numérique.

2. On considère le transistor T'. R'_1 est assez faible pour que le courant de base $I_{b'}$ seul ne puisse créer aux bornes de R'_1 qu'une tension négligeable (en revanche la tension aux bornes de R'_1 peut n'être pas négligeable si la diode Zener débite).

a) On suppose que la tension V soit fixée à zéro (par exemple T étant saturé). On fait croître progressivement E à partir de zéro. Comment varie I'? (On explicitera la variation $I'(E)$ à l'aide d'un graphique simple).

Montrer notamment que quand $E > Z$, I' se fixe à une valeur I'_0 qu'on calculera.

Calculer numériquement la valeur à donner à R' de manière à avoir $I'_0 = 5$ mA.

La condition $E > Z$ sera supposée satisfaite dans toute la suite (cas de l'application numérique).

b) E satisfaisant à la condition ci-dessus, on fait croître progressivement V à partir de zéro. Montrer que I' reste égal à I'_0 tant que V reste inférieure à une certaine valeur V_m qu'on calculera avec application numérique.

3. On envisage le circuit à l'état statique correspondant à $u = 0$. On rappelle que T est alors conducteur.

On fait en sorte que T soit en outre saturé.

a) Montrer que cela implique une condition très simple entre les courants I_0, I'_0 calculés ci-dessus, condition réalisée dans l'application numérique. Quel est l'état du transistor T''?

b) A partir de l'état statique ci-dessus on applique, à l'instant $t = 0$, une tension $u(t)$ en impulsion rectangulaire de durée τ et d'amplitude négative — U; on prend $U > U_0$ de sorte que cette impulsion bloque le transistor T.

Montrer qu'il en résulte la charge du condensateur C suivant une loi linéaire V (t), si du moins τ reste inférieur à une certaine valeur τ_m; on négligera le courant de base $I_{b''}$.

Quelle est la valeur $V(\tau)$ alors obtenue en fin d'impulsion (pour $\tau < \tau_m$)?

Donner la valeur de τ_m avec application numérique.

On ne demande pas d'étudier le retour à l'état statique, lequel s'effectue lorsque l'impulsion a cessé.

c) Indiquer à l'aide d'un graphique simple la variation correspondante de la tension V'' aux bornes de la capacité Γ.

d) Réexaminer la loi $V(t)$ ci-dessus en tenant compte du courant $I_{b''}$, mais en négligeant la tension σ ainsi que le courant de charge de Γ.

Valeurs numériques.

$R_1 = 5\ \mathrm{k\Omega}$	$R_2 = 15\ \mathrm{k\Omega}$
$I'_0 = 5\ \mathrm{mA}$	
$E = 20\ \mathrm{V}$	$Z = 8\ \mathrm{V}$
$C = 0{,}1\ \mu\mathrm{F}$	
$\beta = 50$	$\sigma = 0{,}6\ \mathrm{V}$

RÉPONSES AUX PROBLÈMES

I-11 $m = 2\,m_0$.

I-12 $0{,}33 \times 10^{-26}$ kg , 3×10^{-26} kg.

I-13 2 Å.

I-14 $n = 3{,}54 \times 10^{22}$ molécules/m^3.

I-15 48×10^{-6} m.

I-16 100 eV , $1{,}6 \times 10^{-17}$ J.

I-17 3×10^{7} Hz.

I-19 $e^2 / 4\pi\,\varepsilon_0\,r$.

II-13 $0{,}87 \times 10^{-4}$ m/s.

II-14 $1{,}1 \times 10^{-3}$ *uSI* , $3{,}15 \times 10^{-8}$ Ω-m.

II-16 40 V/m , 267 A/m^2.

II-17 0,25 Ω-m.

II-18 7,7 % par degré.

III-16 $1{,}065 \times 10^{-9}$ s.

III-17 $1{,}03 \times 10^{-6}$ s.

III-18 $4{,}4 \times 10^{5}$ m/s , $x = 0{,}73$ cm , $1{,}58 \times 10^{6}$ m/s.

III-19 $1{,}17 \times 10^{-8}$ s.

III-20 Parabole , 2 cm , $4{,}77 \times 10^{-9}$ s.

III-21 Hélice , 2,84 cm , 3,56 μs, 30 cm.

III-22 $x = 0{,}21$ cm , $y = 0{,}23$ cm.
$v_x = 4 \times 10^{6}$ m/s , $v_y = 0{,}35 \times 10^{6}$ m/s , $v_z = 5{,}9 \times 10^{6}$ m/s.

III-23 Mouvement cycloïdal dans le plan xOy.
$x = -\,0{,}89$ cm , $y = 0{,}27$ cm.

IV-20 0,037 , 2,2 μA.

IV-21 $0{,}54 \,.\, 10^{-12}$ A , $4{,}37 \,.\, 10^{-18}$ A , 10^{-9} A.

IV-22 12,5 Ω.

IV-24 2,5 A , 4,1 A.

IV-25 600 W , 76,4 V.

IV-26 2,12 A , 2,83 A, 3,53 A.

V-9 16 kΩ , 670 Ω.

V-10 1,5 mA , 8 V.

VI-14 15 μA , 11,6 V , 3,7 mA , 0,57 V.

VI-15 20 μA , 26 mW , 24,2 V , 11,6 μW.
– 1,3 mA , – 6,3 V , 0,011 V , – 3 μW , – 67 mW.

VII-20 $C_s = g_m RC/2$, $R_s = 2/g_m$.

VII-22 0,49 , $Ze = 29{,}4\,(1 - 4j)$, $Y_s = 2{,}1\ \angle 0°$ mA/V.

VII-23 $1{,}67 \times 10^6$ rd/s , 100×10^6 rd/s.

VIII-15 $B = 4\,060°$ K , $-0{,}046°\ \mathrm{K}^{-1}$.

VIII-16 6,75 V , 1,69 mA , 4,36 mA , 5,06 mA , 8,45 mA , 0,15° K.

VIII-17 $R_s = 9{,}5$ kΩ , $R_d = 1{,}9$ kΩ.

VIII-20 1,98 , 1,85 , 1,98.

VIII-21 $2{,}3\, RC\, lg \dfrac{1}{1-\eta}$, 60°.

BIBLIOGRAPHIE

BENADA et VANDEVILLE, *Électronique des petits signaux*, Eyrolles, 1986.

CHAMPENOIS, *Électronique industrielle*, Renouveau pédagogique, 1984.

DELUZURIEUX et RAMI, *Problèmes d'électronique analogique*, Eyrolles, 1988.

FOGIEL, *Electronics problem solver*, Research and éducation association, 1990.

GORGOL, *Problèmes d'électronique*, Eyrolles, 1987.

MILSANT, *Machines électriques*, Ellipses, 1992.

Imprimé en France. - JOUVE, 18, rue Saint-Denis, 75001 PARIS
N° 204654X Dépôt légal : Septembre 1992
N° d'éditeur : 5486